DENNIS HOLLMANN

DAS BUSINESS COACHING BUCH

Bibliografische Information der Deutschen Nationalbibliothek
Die Deutsche Nationalbibliothek verzeichnet diese Publikation in der Deutschen Nationalbibliografie; detaillierte bibliografische Daten sind im Internet über http://dnb.de abrufbar.

Wir sind ein relativ junger Verlag und sehr dankbar für jede Art von Feedback. Sollten Sie daher Anregungen oder Fragen haben, würden wir uns sehr freuen, von Ihnen zu lesen.
info@cherrymedia.de

Neuauflage

978-3-96583-425-5 Softcover
978-3-96583-426-2 Hardcover
978-3-96583-427-9 Kindle eBook

Redaktion: Felix Seifert
Lektorat: Matthias Kramer
Cover- und Grafik-Design: Denis Herrera Flores
Satz: Daniel Förster
Druck/Auslieferung: WirMachenDruck/Runge Verlagsauslieferung

Impressum:

Cherry Media GmbH
Bräugasse 9
94469 Deggendorf
Deutschland

Weitere Informationen zum Verlag finden Sie unter:
www.cherrymedia.de
Wir wünschen viel Vergnügen beim Lesen!

DENNIS HOLLMANN

DAS BUSINESS COACHING BUCH

Leadership inklusive digitaler Transformation, Prozessmanagement und Startup Coaching

KOSTENFREIES EBOOK & HÖRBUCH INKLUSIVE

Beim Kauf jedes Taschenbuches von Cherry Media ist das eBook, spannende Bonusinhalte sowie das Hörbuch kostenfrei für Sie inkludiert. Gehen Sie dazu einfach auf https://cherrymedia.de/epub-download/

oder scannen Sie den abgebildeten QR Code. Auf der Website können Sie dann Ihren einmalig gültigen Zugangscode eingeben.

Den Zugangscode zu Ihrem kostenfreien eBook, Hörbuch und zu den Bonusinhalten finden Sie auf der Seite: 250.

Wir wünschen viel Freude mit Ihren kostenfreien Inhalten!
Haben Sie Fragen zu Ihrem eBook? Wir sind gerne für Sie da!
Sie erreichen Sie uns unter info@cherrymedia.de
https://link.cherrymedia.de/EPUB

INHALT

VORWORT

Lieber Leser, liebe Leserin,

ich freue mich sehr, dass Sie dieses Buch gekauft haben und mir damit Ihr Vertrauen schenken. Dieses Buch ist speziell für Sie geschrieben, wenn Sie das Gefühl haben, dass Abläufe in Ihrem Unternehmen geändert werden müssten, aber nicht genau wissen, wie Sie das angehen sollen. Heutzutage wird mit so vielen „Buzzwords" um sich geworfen, dass man schnell den Überblick verlieren kann. Einigen davon, wie beispielsweise dem Wort „Digitalisierung", werden wir auf den Grund gehen. Sie dürfen dieses Buch gerne als Nachschlagewerk in Ihren Alltag integrieren. Sobald wieder mal ein Thema aufkommt, bei dem Sie nicht mehr weiter wissen, lesen Sie sich das passende Kapitel durch und versuchen Sie, die Ratschläge in Ihrem Unternehmen umzusetzen. Falls eine Empfehlung nicht 1:1 anwendbar in Ihrem speziellen Fall ist, dann passen Sie sie gerne an und kombinieren Sie sie. Wir können nur erfolgreich sein, wenn wir genauso agil sind wie unser Umfeld.

Aber zunächst ein paar Worte zu mir: Ich bin in diesem Jahr 30 Jahre geworden, bin in Deutschland geboren und in einer sechsköpfigen Familie aufgewachsen. Ich liebe es, Neues zu lernen, weshalb ich gerne Sprachen lerne und reise. Letztes Jahr war ich auf einer Weltreise, die mich unter anderem auch zu diesem Buch inspiriert hat. In meinem Leben habe ich schon sehr viele verschiedene Jobs gemacht, wofür ich auch sehr dankbar bin. Denn, wenn man von der Reinigungskraft bis zum CEO schon verschiedene Positionen besetzt hat, dann lernt man zu schätzen, was jeder Einzelne in einem

Unternehmen tut. Mein Verständnis eines Unternehmens ist ein Körper, der nur dann vital und hochleistungsfähig sein kann, wenn alle Körperteile gut zusammenarbeiten. Die Lektion für mich: Jeder ist wichtig im Unternehmen und man kann von jedem etwas lernen. So gehe ich mein berufliches und privates Leben an.

Aber zunächst zu der wichtigen Frage: **Warum habe ich dieses Buch geschrieben?** Über die Jahre durfte ich bei großen und namenhaften Unternehmen in Deutschland Erfahrungen sammeln. Darunter fällt die Würth Group, die Bausparkasse Schwäbisch Hall AG oder die Dr. Ing. h.c. F. Porsche AG. Bei diesen Unternehmen war ich in diversen Funktionen tätig. Unter anderem als Application Manager, Senior Systems Engineer, IT Project Manager, Product Owner, Agile Coach, SCRUM-Master, IT Consultant und viele weitere. Dazu kommt noch, dass ich als Freelancer beratend für verschiedene Unternehmen tätig war. Zu guter Letzt habe ich vor kurzem mein eigenes Start-up in der Technologie-Branche gegründet und bin auch noch aktiv als CEO der devmetal GmbH (*www.devmetal.tech*) tätig.

Aber warum erzähle ich Ihnen das alles? Nun, ich bin davon überzeugt, dass wir jeden Tag zu einer besseren Version unserer selbst werden können als am Tag zuvor. Und da ich durch die Welt wie ein Schwamm gehe und Wissen aufsauge, möchte ich Sie gerne an diesem Wissen in meinem Business Coaching Buch teilhaben lassen.

Dass ich da bin, wo ich heute bin, liegt zu einem großen Teil daran, dass ich viele tolle Menschen um mich rum habe, die mich lieben und die an mich glauben. Allen von ihnen aus meinem Familien- und Freundeskreis möchte ich deshalb von Herzen danken, dass ihr immer für mich da seid.

Im konkreten Fall dieses Buches haben mich einige ganz besonders unterstützt, begleitet und inspiriert. Danke für die tollen Interviews und dass Ihr so freimütig Euer Wissen mit mir geteilt habt:

- **Peter W.** | Manager im IT-Umfeld
  Firma | anonym
  Branche | Bankenumfeld
  Besonderer Dank geht an Peter. Er war nicht nur einer meiner ersten Interview-Partner, er war auch mein ehemaliger Ausbilder und Wegweiser. Was meine berufliche und persönliche Entwicklung anbelangt, habe ich ihm also sehr viel zu verdanken. Ohne dich wäre ich nicht da, wo ich heute bin.

- **Robert-Riemann** | Leiter IT Forschung & Entwicklung + Start-up Co-Founder
  Website | https://www.blondine-brunette-beer.com/
  Firma | anonym (Automotive) + JuLeo GmbH
  Branche | Luxus-Sportwagenhersteller + Luxus-Bier
  Verantwortung | ca. 600 Mitarbeiter
  Umsatz | liegt im mehrstelligen Milliardenbereich

- **Sven Scharf** | CEO
  Firma | BKT Bauer Kunststofftechnik GmbH
  Website | www.bkt-kunststoff.de
  Branche | Fertigungsindustrie für Kunststoffteile
  Verantwortung | 95 Mitarbeiter
  Umsatz | ca. 12 Mio. Euro
  Kontakt | E-Mail an info@bkt-kunststoff.de

- **Kai-Uwe Aecht** | CEO und Gründer
  Firma | PTA Center
  Website | www.ptacenter.com
  Branche | Medizin / Physiotherapie
  Verantwortung | 11 Mitarbeiter
  Umsatz | ca. 750.000 Euro
  Kontakt | E-Mail an info@ptacenter.com

- **Frank Mercier** | CEO und Gründer
  Firma | ewocon Advisory GmbH
  Website | www.ewocon.de
  Branche | IT / Unternehmensberatung
  Verantwortung | über 100 Mitarbeiter
  Umsatz | ca. 14 Mio. Euro
  Kontakt | E-Mail an info@ewocon.de

Am allermeisten möchte ich mich bei denen bedanken, die mir ermöglicht haben, überhaupt so weit zu kommen: meinen Eltern und meinen Geschwistern. Ihr habt mich auf meinem ganzen Lebensweg begleitet und immer hinter mir gestanden, mich motiviert, mir zugehört, mir guten Rat gegeben. Ihr wart immer auf meiner Seite. Egal was ist: Ich kann mich immer auf Euch verlassen. Ich glaube dieses Gefühl lässt sich nur schwer in Worte fassen. Deshalb sage ich Euch einfach: Ich liebe Euch. Danke.

Nun aber auf zum Buch: Kommen Sie mit auf die Reise, Ihr Unternehmen aus verschiedenen Blickwinkeln zu betrachten, verschiedene Details zu optimieren, um als Ergebnis ein vitaleres und erfolgreicheres Unternehmen zu gestalten, das Ihnen hilft, sich in diesen wilden digitalen Zeiten richtig auf dem Markt zu positionieren.

Wünsche Ihnen viel Freude beim Lesen,
Ihr Dennis Hollmann

P.S.: Ab jetzt schreibe ich dieses Buch in der DU-Form. Eine Lektion, die ich bei meiner Arbeit mit internationalen agilen Teams gelernt habe: Gegenseitiger Respekt ist unglaublich wichtig. Aber dieser wird nicht dadurch geschaffen, dass man Höflichkeitsfloskeln verwendet, sondern dadurch, wie man im täglichen Leben miteinander umgeht. Das „DU“ schafft Nähe. Eine Nähe, die wir für unsere tägliche Arbeit benötigen und die unser Team produktiver und agiler arbeiten lässt. Denn: Wir wollen mit unseren Freunden etwas gestalten und nicht mit verkrampften Bürokraten arbeiten. So solltest Du auch dieses Buch verstehen, als ehrlichen, ungefilterten und gutgemeinten Rat eines Freundes.

EINLEITUNG

Auf Kleinunternehmen und den Mittelstand kommen immer größere Herausforderungen zu. So muss jeder Prozess schneller, effizienter und optimierter werden und das bei gleichzeitigem Mangel an Experten, um genau diese Verbesserungen durchzuführen. Alle Welt spricht von „digitaler Transformation" und „digitaler Zukunft", die vor uns liegen. Aber nur die wenigsten wissen genau, was das bedeutet, und noch wenige, wie man Digitalisierung im eigenen Unternehmen umsetzen kann.

Mitarbeiter haben heutzutage ganz andere Bedürfnisse, wie das früher der Fall war. Sie wollen kreativ mitgestalten, ihren Arbeitsplatz frei von Ort und Zeit wählen und bei ihrer Arbeit immer die neuesten Tools einsetzen. Und dann ist da noch der internationale Druck auf dem Weltmarkt, bei dem man mit Preisen konkurrieren muss, die hart an die Schmerzgrenze gehen oder sogar darüber hinaus. Deshalb kommen auch auf Führungskräfte ganz neue Anforderungen zu. Damit Du bei diesen komplexen Abläufen den Überblick nicht verlierst, bekommst Du mit diesem Buch den richtigen Coach an die Hand.

Du kannst das Buch als Deinen „Business Coach" verstehen, der Dich jedes Mal, wenn Du darin liest, auf Verbesserungspotenziale aufmerksam macht.

Aus meiner Sicht ist es immer schlauer, einen Fehler nicht zu machen, den andere bereits gemacht haben. Lieber macht man eigene Fehler und lernt daraus. Im konkreten Fall dieses Buches teile ich meine Erfahrung und mein Wissen, jedoch angereichert um Best Practices erfahrener Manager von Klein- und mittelständischen Unternehmen, mit Dir. Deshalb wirst Du an verschiedenen Stellen im Buch auf Zitate von erfahrenen Managern, CEO's und Beratern treffen, die sich bereit erklärt haben, ihr Wissen mit Dir zu teilen. Insbesondere die Rubrik „Business Talk" enthält viele Ratschläge von ihnen.

Falls Du gerne mit einigen von ihnen in Kontakt treten möchtest, kannst Du Dich gerne bei ihnen persönlich melden. Die Kontaktdaten von einigen findest Du im „Vorwort". Scheue Dich also nicht, über die angegebenen Kommunikationskanäle direkt mit ihnen Kontakt aufzunehmen.

Also, legen wir los. Hier beginnt das Business Coaching Buch.

GOOD LEADERSHIP – DAS UPDATE FÜR DIE FÜHRUNG

WAS BEDEUTET „GOOD LEADERSHIP"?

Wenn Dich jemand fragt: **Was glaubst Du, ist ein wichtigeres Ereignis in Deinem Leben: Deine Geburt oder Dein Tod?** Was würdest Du antworten?

Sicher gibt es hier viele verschiedene Meinungen. Meine Antwort wäre: mein Tod. Warum das? Denn in der Regel ist es für uns bei weitem ein positiverer Moment, wenn jemand das Licht der Welt erblickt, als wenn jemand sein Leben verliert.

Hier die Erklärung dazu: Wenn wir als Baby geboren werden, sind wir zunächst ein unbeschriebenes Blatt. Wir haben zwar einen Namen, aber bis dato hat der noch keine große Bedeutung. Wir haben bisher nichts Positives und auch nichts Negatives getan. Bisher verstehen wir nicht mal, was unsere Eltern von uns wollen, wenn sie uns als Frischgeborenes im Krankenhaus mit unserem

Namen ansprechen. Wir haben noch viele Tage unseres Lebens vor uns, um uns einen Namen zu machen. Also, unserem Namen eine Bedeutung zu geben.

Und genau deshalb ist der Tod eines Menschen bei weitem wichtiger als seine Geburt. Und deshalb definiert sich „Good Leadership" darüber, welchen Einfluss man auf andere hatte, bis man das Unternehmen wechselt oder sogar ablebt. Die Frage, die wir uns stellen sollten, ist:

„Welchen Fußabdruck lässt meine Art zu führen in meinem Unternehmen und, global gesehen, damit in der Gesellschaft?"

„Good Leadership" sollte nicht nur nach erreichten Zahlen und der Optimierung von Cashflows sowie der Rendite bemessen werden, sondern auch daran, ob man Menschen mit seinen Worten und Taten mitreißen, zum Nachdenken anregen und inspirieren konnte. Ob man ihr Potenzial identifiziert hat und das Beste aus ihnen rausholen konnte. Denn, wenn man das schafft, dann kommt der wirtschaftliche und persönliche Erfolg von ganz alleine.

Deshalb ist „Good Leadership" nicht einfach nur eine wissenschaftliche oder betriebswirtschaftliche Methode, die man anwendet, sondern **es ist ein Lebensstil, den man kultivieren und täglich von neuem daran arbeiten muss, diesen auch in seinem Leben anzuwenden.** Wir fangen also an, zu lernen, uns selber richtig zu führen, bevor wir versuchen, andere im Rahmen unserer Führungsaufgabe anzuleiten. Sonst wäre es, als würden wir im 100-Meter-Sprint gegen Usain Bolt antreten, ohne überhaupt krabbeln zu können.

Lektion:

- **Inspiriere Menschen**, anstatt sie zu instruieren.
- **Führe durch Dein Beispiel.**
- **Good Leadership** ist **eine Lebensphilosophie.**

Vertrauen

„Vertrauen ist gut, Kontrolle ist besser“: Ein alter Satz, der heute nicht mehr 1:1 anwendbar ist. Heute musst Du Deinen Mitarbeitern, ihren Freiraum für Kreativität lassen, damit sie die größtmögliche Performance liefern können. Und das geht nur, wenn Du ihnen einen klar definierten Aufgabenbereich zuweist und ihnen dann auch das Vertrauen schenkst, dass sie das Thema eigenverantwortlich erfolgreich zu Ende bringen. Also ist es eher kontraproduktiv, wenn Du sie so eng kontrollierst, dass sie in ihrem Nacken bereits deinen kalten Atem spüren können. So jemand fühlt sich beobachtet, nicht respektiert und in seiner Kreativität beschnitten. So will keiner arbeiten.

Hier mal ein paar Nachteile, die so ein Führungsstil mit sich bringt:

- Der Mitarbeiter fühlt sich bei seiner Arbeit immer beobachtet. Kreatives unternehmerisches Denken, was essentiell für Innovationen ist, wird somit sehr eingeschränkt oder ist gar nicht möglich.

- Der Mitarbeiter glaubt, Du vertraust ihm nicht. Eine engere Mitarbeiter-Bindung an Dein Unternehmen wirst Du so nicht aufbauen können. Die Fluktuationsrate steigt. Das bringt für Dich und Dein Unternehmen höhere Investitionen in der Personalakquise mit sich.

- Der Mitarbeiter lernt mit jeder Herausforderung, der er sich stellt und die er erfolgreich bewältigen konnte. Wenn Du ihm nicht den Raum dazu gibst, wird er sich auch nicht weiterentwickeln. Streng nach dem Motto „ein gutes Springpferd springt nur so hoch wie es muss“.

- Wenn Du eine Aufgabe delegierst und Deinen Mitarbeiter dann zu eng führst, kostet Dich das nicht nur Zeit für die Kontrolle, sondern es dämpft auch die Produktivität Deines Mitarbeiters. Dieses Vorgehen ist also auch ökonomisch nicht ratsam.

Deine Hauptaufgabe liegt darin, klare und verständliche (was Du als verständlich ansiehst, bedeutet noch lange nicht, dass Dein Mitarbeiter das auch so sieht) Zielvorgaben zu geben. Biete maximal an, zu unterstützen, wenn Dein Mitarbeiter wirklich nicht mehr alleine weiterkommt. So gibst Du Deinem Mitarbeiter die Sicherheit, dass er seine Aufgabe bewältigen kann und er hat immer noch das „Rettungsnetz Führungskraft" auf, das er im Zweifel zurückfallen kann.

Wenn Du diese Methodik häufiger anwendest, dann wirst Du sehen, dass sich Dein Mitarbeiter weiterentwickelt und seine Aufgaben immer selbstständiger und erfolgreicher bearbeiten kann. Am Anfang mag es Fehler geben. Deshalb solltest Du Deine Mitarbeiter ermutigen, Fehler zu machen und daraus zu lernen. Diese Entwicklung ist ein Prozess, der – je nach Persönlichkeit Deines Mitarbeiters – seine Zeit braucht. Also, gib ihm auch seine Zeit. Du kannst Dich in der Zwischenzeit auf strategische Entscheidungen konzentrieren. Den Rahmen, damit er sich weiterentwickeln kann, setzt aber Du als Vorgesetzter. Deshalb sind eine gute Aufgabenbeschreibung und Zieldefinition so wichtig.

Lektion:

- Echtes **Vertrauen schenken**
- Motivieren, **aus Fehlern** zu **lernen**

Ice Cream Fail vs. „Failing is Fantastic"

Magst Du Eiscreme? Ich liebe sie. Das war schon als kleines Kind so. Außerdem war ich schon immer sehr begeisterungsfähig. Und ich weiß noch wie heute: Meine Eltern hatten mir ein Eis gekauft, überglücklich über mein Eis und hochmotiviert, sprang ich vor ihnen her. Was passierte? Eine ungeschickte Bewegung – und mein Eis wurde in hohem Bogen von der sicheren Waffel auf den Asphalt katapultiert. Du kannst Dir sicher vorstellen, wie traurig ich reagiert habe.

Fehler machen ist also bereits in unserer Kindheit nichts, was uns besonders großen Spaß macht. Die direkten Konsequenzen sind in den meisten Fällen nicht positiv. Deshalb die Frage: "Kann man Fehlern wirklich etwas Positives abgewinnen?". Viele sehr erfolgreiche Menschen haben sogar das Motto: "Failing is fantastic." Was hat es damit auf sich?

Wie kann Fehler-machen denn fantastisch sein? In Unternehmen, in denen es keine offene Fehlerkultur gibt, läuft es, in meinen Augen, immer so ab: In einem Projekt geht etwas schief. Die erste Reaktion ist, den vermeintlichen Verursacher zu finden und bloßzustellen. Diese Reaktion hilft einem Team nicht weiter und verdirbt die ganze positive Atmosphäre im Unternehmen. Wenn nämlich erst einmal das klassische „Finger Pointing" losgeht und ein Mitarbeiter als fehlerhaft gebrandmarkt wurde, dann wird er sich das nächste Mal nicht mehr die Blöße geben, auf einen eigenen Fehler hinzuweisen. Vielleicht fängt er sogar an, die Fehler zu vertuschen. Oder noch schlimmer: Er wird aufgrund von seinen schlechten Erfahrungen selbst zum „Finger Pointer".

Wie kann man also das Ruder rumreißen und eine offene Fehlerkultur etablieren? Als Erstes muss klar kommuniziert werden:

„Keiner von uns ist vollkommen.
Jeder von uns macht Fehler.
Auch die Chefs."

Wie zeigst Du als Manager, dass Ihr als Unternehmen hinter dieser Aussage steht? Indem Du selbst Größe zeigst und zugibst, wenn Du einen Fehler gemacht hast. Das ist nicht etwa ein Zeichen von Schwäche, sondern ein Zeichen von Stärke und ein Zeichen dafür, dass Du wirklich eine offene Fehlerkultur lebst. Deine Mitarbeiter lernen mehr von Deinem Beispiel als von Deinen Worten.

Zusätzlich solltest Du eine konstruktive und positive Vorgehensweise etablieren, wie mit Fehlern umgegangen wird. Ziel sollte es sein, herauszufinden, warum und wie es zu diesem Fehler kam. Es steht nicht im Fokus, wer für den Fehler verantwortlich ist. **Mache klar, dass Du Fehler als wichtige Indikator verstehst, um zu erkennen, welche Prozesse wie verbessert werden können. Sie sind für Dich ein wichtiger Signalgeber, an welchen Stellschrauben gedreht werden muss, um Dein Prozessdesign weiter zu optimieren.**

Einige großartige Unternehmen haben einen Wettbewerb für den „Fehler des Monats" etabliert. Der wertvollste Fehler wird prämiert. Je größer die Auswirkung auf die Geschäftsprozesse, desto wertvoller ist ein Fehler. So lernt jeder Mitarbeiter, Fehlern etwas Positives abzugewinnen. Für alle ist das Ziel klar: Fehler erkennen und sie dann abstellen. Dazu müssen nach der Identifikation eines Fehlers konkrete Maßnahmen zur Behebung entwickelt werden. Ein Verantwortlicher wird bestimmt, der den Prozess weiterverfolgt und bis zu Lösung vorantreibt. Die Fortschritte werden in Reports dokumentiert und Dir als Manager präsentiert.

Dadurch bleiben die Aufmerksamkeit und die Motivation hoch, die Ursache für den Fehler zu beheben.

Ein altes amerikanisches Volkslied macht deutlich, was passiert, wenn vermeintlich kleine Fehler einfach ignoriert werden:

> *„Weil ein Nagel fehlte, ging das Hufeisen verloren;*
> *Weil ein Hufeisen verloren ging, ging das Pferd verloren;*
> *Weil ein Pferd fehlte, ging der Reiter verloren;*
> *Weil ein Reiter fehlte, ging die Schlacht verloren;*
> *Weil die Schlacht verloren war, ging auch der Krieg verloren."*
>
> (Böcher, Selbstorganisation. Verantwortung. Gesellschaft. 1996)

Je später Fehler in einem Prozess erkannt werden, desto weiter entwickeln sich seine Auswirkungen, desto aufwendiger wird es, diese zu beheben. Schon einmal den ersten Knopf von Deinem Hemd falsch geknöpft und erst am Ende gemerkt? Deswegen sind das Erkennen und Beheben von Fehlern so wichtig. **Fehler werden schneller erkannt und gründlicher behoben, wenn jeder im Unternehmen dieses Mindset entwickelt.** Baue in Deinem Unternehmen eine Kultur auf, die positiv und offen mit Fehlern umgeht. Versucht, diese gemeinsam zu beheben, dann kommt es erst gar nicht so weit, dass Ihr aufwendig zurückrudern müsst.

> Du und ich sind Strategen mit Weitblick. Wir denken groß und deswegen wollen wir bildlich gesprochen, nicht nur eine Schlacht gewinnen, sondern den Krieg.

Das heißt, die wirtschaftlichen und persönlichen Herausforderungen in unserem Leben meistern und langfristig erfolgreich sein.

Fehler tun häufig erstmal weh. Die direkten Konsequenzen bereiten selten Freude. Das zeigt mein Unfall mit dem Eis als kleiner Junge am Anfang dieses Artikels. Glücklicherweise bekam ich ein zweites Eis. Selbst aus diesem kleinen Erlebnis habe ich lernen können und war das nächste Mal vorsichtiger. Deshalb bin ich davon überzeugt, dass es sich lohnt, unsere Fehler im privaten wie auch im beruflichen Umfeld als Signal zu sehen. Sie zeigen uns, wo wir etwas verbessern können. Dazu gehört natürlich eine gewisse Demut. Wir müssen uns selbst eingestehen, dass wir nicht perfekt sind. Das heißt aber nicht, dass wir den Hunger darauf verlieren dürfen, uns täglich zu verbessern. Wenn man sich diese ausgeglichene Ansicht zu Fehlern erarbeitet, dann belasten einen Fehler nicht übermäßig. Man kann sich ihnen mit Selbstbewusstsein stellen und an ihnen wachsen – und damit sich selbst und sein Unternehmen noch besser machen!

Lektion:
- Offene und **positive Fehlerkultur** vorleben
- **Fehler beheben zur Methode machen**
- **Prämie für Fehler des Monats**

Ziele müssen SMART sein. Smarte Ziele? Was bedeutet das? SMART steht für:
- Spezifisch
- Messbar
- Attraktiv
- Realistisch
- Terminiert

Der Hintergrund davon ist der folgende: Sind Ziele nicht **spezifisch**, kann man zwar viel darüber reden - was auch gerne in unproduktiven Meetings gemacht wird -, aber das wirkliche Ergebnis ist nicht greifbar. Was Deine Mitarbeiter sich nicht vorstellen können, können sie auch nicht umsetzen.

Wenn Ziele nicht **messbar** sind, dann können die beteiligten Parteien nicht einschätzen, ob das Ziel erreicht wurde oder nicht. Das führt automatisch zur Unzufriedenheit. Denn jeder würde gerne seine gesetzten Ziele erreichen.

Wenn Ziele nicht **attraktiv** sind, haben Deine Mitarbeiter auch nicht die Motivation, sie zu erreichen. Also sollte man inhaltlich intellektuelle, finanzielle oder sonstige Anreize schaffen, um die Attraktivität der Ziele für Deinen Mitarbeiter zu steigern. Wenn Du solche Anreize mit Deinem Mitarbeiter vereinbart hast, dann musst Du diese natürlich auch einhalten. Sonst verlierst Du das Vertrauen, das in Dich gesetzt wurde, und man glaubt Dir nicht mehr, wenn Du neue Anreize aussprichst.

Ziele müssen **realistisch** sein. Warum das? Ganz einfach: Wenn Du Deinen Mitarbeitern Ziele setzt, die nicht realistisch sind, ist die Konsequenz daraus, dass Deine Mitarbeiter ihre Ziele nicht erreichen können. Sie werden auch beim nächsten Mal nur bedingt motiviert sein, vollen Einsatz zu bringen, um ihre gesetzten Ziele zu erreichen. Denn „der Chef setzt mir ja eh wieder Ziele, die ich gar nicht erreichen kann". Wenn Du Deinen Mitarbeiter völlig demotivieren willst, dann ist das die Methode, um es zu erreichen.

Zu guter Letzt sollen Ziele immer **terminiert** sein. Also, mit einem definierten Enddatum versehen. Wenn dies nicht der Fall ist, dann werden Ziele immer wieder geschoben und man wird nur wenig in der gegebenen Zeit umsetzen. Keiner kann so ein „moving target" gebrauchen. Da es aber Dein Ziel

sein sollte, so nachhaltig wie möglich, aber auch so effektiv wie möglich mit der Arbeitsleistung Deiner Mitarbeiter umzugehen, solltest Du keine Ziele ohne Endtermin akzeptieren. Und Verschiebungen nur für gute Gründe. Es sollte nie die allgegenwärtige Meinung entstehen: „ist ja halb so wild".

Wie kannst Du überprüfen, ob die Ziele, die Du Deinem Mitarbeiter gesetzt hast, SMART sind?

Wenn Dein Mitarbeiter in einem Satz präzise beschreiben kann, was das Ziel seiner Aufgabe und das angestrebte Ergebnis ist, ohne groß darüber nachzudenken, dann kannst Du davon ausgehen, dass er wirklich verstanden hat, um was es geht. Kurze Gegenfrage: **Kannst Du Dir die gesteckten Ziele ebenfalls in einem Satz präzise beschreiben?** Falls nicht, solltest Du an der Formulierung Deiner Ziele arbeiten. Denn ohne klares Ziel kommt selbst der beste Kapitän nicht im gewünschten Hafen an.

Wenn die Ziele SMART definiert sind, dann solltest Du nach ähnlicher Methodik auch die Ergebnisobjekte beschreiben. So sollte beispielsweise Deinem Mitarbeiter ganz klar sein, was genau Du als Ergebnis von ihm erwartest. Also, ab wann Du mit dem Ergebnis zufrieden bist. Wenn Du ihm die Aufgabe gegeben hast, einen Foliensatz für das nächste Status-Meeting mit deinem Kunden zu erstellen, sollte er genau wissen, welche Vorlage er nutzen soll, welches Programm zu Erstellung des Foliensatzes, welche inhaltlichen Schwerpunkte er legen soll und wo er Unterlagen findet, um die Präsentation mit Informationen anzureichern. Je detaillierter Du beschreibst, was das Ergebnis sein soll, desto weniger Schleifen musst Du mit ihm drehen, um das Ergebnis zu finalisieren.

Lektion:

- Setze **SMARTe Ziele**
- Definiere **SMARTe Ergebnisobjekte**
- Akzeptiere **kein „moving target"**

Gehirngerechte Anweisungen

Um den größtmöglichen Erfolg als Führungskraft zu haben, solltest Du so kommunizieren, dass man Dich auch versteht. Eine Kommunikationsform, die bei Deinem Gegenüber richtig ankommt, ist dafür essentiell. Sie sollte also empfänger- oder gehirngerecht sein. Um uns hier zu verbessern, macht es Sinn, sich etwas damit zu beschäftigen, wie unser hochkomplexes Rechenzentrum im Kopf funktioniert. Grundsätzlich verarbeiten wir Informationen mit all unseren Sinnen:

- Hören
- Sehen
- Schmecken
- Fühlen
- Tasten

Damit wir diese Informationen verarbeiten können, stehen uns verschiedene Werkzeuge zur Verfügung: Unsere Hände, Augen, Zunge usw. All diese Informationen werden in unserem Gehirn zusammengeführt und auf Basis dieser Informationen treffen wir dann Entscheidungen.

Interessant ist aber, dass nicht alle Sinne gleich stark daran beteiligt sind, unser Gehirn mit Informationen zu versorgen. Die Wissenschaft geht davon aus, dass 83 % auf den Sehsinn abfallen und nur 17 % auf die restlichen vier Sinne.

Die logische Konsequenz daraus für uns: Je mehr visuelle Hilfsmittel wir einsetzen, desto schneller können unsere Mitarbeiter die von uns gestellten Aufgaben verstehen und umsetzen. Die alten Ägypter mit ihren Hieroglyphen waren vielleicht fortschrittlicher, als wir denken. Warum also nicht bei der nächsten Präsentationsvorbereitung unserem Mitarbeiter Skizzen von

---

* Quellen:
https://www.videoboost.de/visuelle-darstellungen-vorteile
https://www.videoboost.de/content/aufmerksamkeitsspanne-infografik
https://www.reasonwhy.es/sites/default/files/microsoft-attention-report-reasonwhy.es_.pdf

den Folien zu senden, anstatt eine E-Mail mit reinen Textinformationen zu formulieren? Aus Text muss unser Gehirn erst einen sinnvollen Zusammenhang herstellen und es bleibt Interpretationsspielraum. Bei Bildern reduzierst Du diesen Spielraum auf ein Minimum. Wie man diese Methodik noch einsetzen kann, lernst Du später im Kapitel „Poka Yoke – ポカヨケ“.

Ein weiterer Grund, warum Du so wenig Text wie möglich einsetzen solltest, ist, dass die Menschen heute im „Smartphone-Zeitalter“ sich immer kürzere Zeitabschnitte auf eine Sache konzentrieren können. Eine Studie von Microsoft aus dem Jahr 2015 zeigt beispielsweise, dass unsere Aufmerksamkeitsspanne (die Zeit, bei der wir uns am Stück voll auf eine Sache konzentrieren können) von 12 Sekunden (2000) auf 8 Sekunden (2015) gesunken ist. Und wenn man die nachrückenden Generationen beobachtet, stehen die Zeichen eher darauf, dass diese Aufmerksamkeitsspanne weiterhin sinken wird, anstatt zu steigen. Aber nicht nur bei den Jüngeren ist das der Fall. Wer will noch gerne hauptsächlich text-basierte Websites besuchen? Heutzutage wird alles mit Videos, Storytelling und Animationen für den gemeinen Betrachter ausgeblümt, um Klick-Zahlen zu erhöhen. Die Konsequenz für uns ist, dass wir unsere Kommunikation zu Kunden, Mitarbeitern und Partnern auf so viele grafische Elemente wie möglich umstellen sollten.

Lektion:
- Unser **Gehirn verarbeitet visuelle Reize schneller** als Text
- **Aufmerksamkeitsspanne sinkt**
- **Anweisungen auf grafische Elemente umstellen**

Delegieren

„Selbstständig = selbst + ständig“ – Einer der häufigsten Sprüche, der mir entgegengesetzt wurde, wenn ich davon sprach, mich selbstständig zu machen oder ein Start-up zu gründen. Damit wollten meine Gesprächspartner darauf hinweisen, dass man als selbständiger keine ruhige Minute mehr hat und ständig am Arbeiten ist. Bei vielen Menschen wird diese Formel sehr wahrscheinlich auch aufgehen. Und man muss schon zugeben, dass man eine sehr hohe Selbstdisziplin an den Tag legen muss, um sich regelmäßig Ruhe zu gönnen und nicht ständig an neue Geschäftsideen zu denken oder beispielsweise E-Mails zu checken.

Jedoch war das nie mein Konzept eines erfolgreichen Unternehmers. Also, dachte ich mir, es muss auch einen anderen Weg geben. Deshalb machte ich mich auf die Suche nach alternativen Ansätzen. Mein Konzept beschreibt die Prozessoptimierung (im Detail gehen wir darauf noch im Kapitel „Prozessoptimierung“ ein) in Zusammenhang mit dem Thema „Delegieren“.

Delegieren hört sich zunächst nicht sehr komplex an.

Wir haben die Verantwortung für eine Aufgabe und können oder wollen diese nicht alleine bewältigen, da uns die Zeit oder schlicht weg das Wissen fehlt. Also, delegieren wir dieses Thema an jemanden anderes, der diese Aufgabe für uns durchführen soll. Aber hier kommt der Haken: Man delegiert erst vollumfänglich, wenn man Verantwortung, Budget und Entscheidungskompetenz übergibt. Ansonsten ist Dein Mitarbeiter nur ein zahnloser Tiger und kann nicht sein volles Potenzial entfalten. Das Problem fängt also dann an, wenn man glaubt, dass für den Erfolg der Sache oder des Unternehmens nur der eigene Leistungs- und Qualitätsanspruch das Maß der Dinge sein kann. Man also seinem Mitarbeiter nicht zu 100% vertraut.

Als Manager des Unternehmens solltest Du Dich auf die strategisch wichtigen Aufgaben konzentrieren. Alles, was administrativer Natur ist, ist zwar notwendig und wichtig, muss aber nicht von Dir in Personalunion durchgeführt werden. Wichtig ist also, dass Du genau weißt, welche Prozesse Dein Kerngeschäft ausmachen. Wenn Du diese identifiziert hast, solltest Du einen Großteil Deines Zeitaufwandes darauf fokussieren, diese Prozesse zu optimieren und damit auch zu automatisieren. Am leichtesten identifizierst Du diese Prozesse daran, dass sie Deinen Hauptumsatz machen und gleichzeitig auf Dein Unternehmensslogan einzahlen. Am Beispiel meiner Firma „devmetal GmbH – real digital. real agil. real design.“ Wird deutlich, auf was sich mein Start-up konzentriert. Die Grund-Botschaft ist: „devmetal ist ein Unternehmen, dass wirklich weiß, was digital bedeutet, dass dazu noch agile Methoden anwendet und das Ganze noch mit tollem Design verbindet. Genau das, was die Kunden in diesem Segment suchen."

Lektion:

- **Delegieren** heißt Verantwortung, Budget und **Vertrauen** zu übertragen.
- **Fokussiere** Dich auf Dein **Kerngeschäft.**

Werde ein "Good Leader" und lerne von Master Yoda

Von Jesus, dem Sohn Gottes, der durch seine Bildsprache, seine Lebensweise und seinen visionären Standpunkt zum harmonischen Zusammenleben in der Gesellschaft überzeugend lehrte; über den Pazifisten Mahatma Ghandi, der komplett neue visionäre politische Ideen einbrachte und mit seiner friedlichen Einstellung Generationen bewegte; über den digitalen Visionär Steve Jobs, der mit seinen auf den Anwender ausgerichteten technischen Errungenschaften ein neues IT-Zeitalter einläutete; über den genial menschgebliebenen Fußball Coach Jürgen Klopp, der nicht nur aus guten Spielern noch bessere Spieler machen kann, sondern aus einer Gruppe kreativer Einzel-Akteure immer wieder Weltklasse-Teams formen kann; bis zum Jedi-Meister Yoda, der regelmäßig sein Wissen mit jungen Nachwuchstalenten teilte, um so dafür zu sorgen, dass die nächste Generation in einer besseren Welt leben könnte.

Alle diese Führungspersönlichkeiten haben zwei Dinge gemeinsam: Sie konnten [1] klar verständliche Anweisungen geben (sogar, wenn sie Sprachbarrieren überwinden mussten) und [2] haben sie ihren Mitarbeitern vorgelebt, was sie von ihnen erwarten.

Sie haben für ihre Sache gebrannt. Sie haben Ihnen durch ihr eigenes Leben ein Beispiel gegeben.

Die Lektion für uns? Wenn wir „Good Leader" sein wollen, müssen wir durch unser gutes Beispiel zeigen, wie es geht. Nur wer selbst voll von einer Sache überzeugt ist, kann auch andere mitreißen.

Sprich: Wenn Du willst, dass Deine Mitarbeiter ihren Arbeitsplatz ordentlich halten, wie sieht dann Dein Büro aus? Oder wie sieht Dein Dienstwagen aus? Erwartest Du Ehrlichkeit von Deinen Mitarbeitern, bittest aber Deine Sekretärin, einen unangenehmen Kunden mit einer unwahren Ausrede abzuwimmeln? Deine Antworten auf diese Fragen helfen Dir, zu verstehen, woran Du noch arbeiten musst.

Als „Good Leader" wird man also nicht geboren. Daran kann und sollte man jeden Tag arbeiten, insbesondere, wenn man Führungsaufgaben im beruflichen oder privaten Bereich übernimmt. Aber was macht einen „Good Leader" aus?

Ein "Good Leader" sorgt dafür, dass seine Mitarbeiter die größtmögliche Performance auf der passenden Position abliefern können und dass sie das auch gerne tun.

Wir alle füllen in unserem sozialen Umfeld verschiedene Rollen aus und man kann uns an unseren prägnantesten Eigenschaften identifizieren.

Hier eine Auswahl der wichtigsten Rollen eines „Good Leaders“:

- **Stratege** ist auf langfristigen Erfolg aus.
- **„Arbeitsatmosphärenschaffer“**: Durch ihn macht die Arbeit erst richtig Spaß.
- **Makro-Politiker** sieht das große Ganze und lässt Freiräume.
- **Motivator** schafft es, jeden Einzelnen zu motivieren und damit das ganze Team.
- **Konfliktlöser** sucht Lösungen, hängt sich nicht an Konflikten auf.
- **Torwart** hält seinem Team den Rücken frei und verteidigt es, wenn nötig (Workload).
- **Entwickler** ist für die individuelle Weiterentwicklung seiner Mitarbeiter verantwortlich.
- **Netzwerker** weiß zu kommunizieren.
- **Changemanager:** Veränderungen verwandelt er als Pionier zu Chancen.
- **Kapitän** setzt klare Ziele, die jeder versteht.

Eigenschaften:

- **entscheidungsfreudig**
- **kann priorisieren**
- hat **Humor**, ist nahbar und man arbeitet gerne mit ihm
- **ehrlich**, hält seine Versprechen ein
- **loyal**, hält zum Team
- kann sich selbst reflektieren und Fehler eingestehen
- **verantwortungsvoll**, bleibt bis zuletzt an Board
- **dankbar**, lobt ehrlich
- **empathisch**, kann sich in die Mitarbeiter, Kunden und Geschäftspartner hineinversetzen

Siehst Du Dich in der einen oder anderen Rolle wieder? Findest Du Dich in den aufgeführten Eigenschaften wieder? Wahrscheinlich ist, dass ein Großteil auf Dich zutrifft. Unwahrscheinlich ist, dass bereits alles zu 100% genau auf Dein Skill-Profil passt. Aber das sollte Dich nicht entmutigen. Die Liste kannst Du als Spiegel verstehen, mit dem Du eine Selbstprüfung vornehmen kannst. Lese Dir nochmal genau alle Eigenschaften durch und notiere sie Dir auf einem Blatt Papier. Dahinter machst Du zwei Spalten. In der einen Spalte gibst Du eine Schätzung ab, wie viel Prozent einer Rolle oder Eigenschaft Du bereits entwickelt hast. Hier ein Beispiel:

Rolle/Eigenschaft	Erreichungsgrad	Maßnahmen
Stratege	90%	Monats- und Jahrespläne definieren. Die Unternehmensvision reflektieren.
Makro-Politiker	60%	Mitarbeitern klare Anweisungen geben mit mehr Grafiken und sie weniger eng kontrollieren.
Kapitän	80%	Mit noch besserem Beispiel voran gehen. Auto immer gereinigt. Büro-Tisch immer sauber. Ehrlich zu Mitarbeitern, Kunden und Geschäftspartnern.
Humor	40%	Deutlich mehr lächeln in der Firma. Meetings durch persönliche Anekdote auflockern. Über sich selber mehr lachen können.
Emphatisch	80%	Sich in die Situation von meinen Mitarbeitern hineinversetzen. Dir Fragen stellen: „Wie konkret fühlen sie in dieser Situation?", „Warum handeln sie, wie sie handeln?", „Wie kann ich ihnen helfen?"

Tabelle 1 – Selbstreflexion als "Good Leader"

Wenn Du diese Selbstreflexion durchgeführt hast, kommt jetzt die Phase zwei Deiner Analyse. Suche Dir drei Personen aus, die folgendes mitbringen:

Sie kennen Dich und Deine Eigenschaften über Jahre.

Sie geben Dir ehrliches Feedback über Dich, wenn Du sie danach fragst. Also Menschen, die Dir nicht nach dem Mund reden.

Sie können Dir in den nächsten Monaten ein erneutes Feedback geben.

Wenn Du diese Gruppe gefunden hast – meine Empfehlung ist, Ehepartner, Geschäftspartner und treue Kunden zu befragen –, dann kannst Du ihnen die oben beschriebene Tabelle zusenden. Bitte sie, die Spalten „Erreichungsgrad“ und „Maßnahmen“ auszufüllen. Bei dem „Erreichungsgrad“ gehen sie vom heutigen Stand aus. Bei den Maßnahmen beschreiben sie, was Dir, ihrer Meinung nach, helfen würde, diese jeweilige Eigenschaft zu entwickeln oder die Rolle noch besser auszufüllen. So hast Du gleich ein paar To-dos, an denen Du arbeiten kannst.

Nach einem halben Jahr wiederholst Du die Befragung, um zu sehen, wie Du Dich verbessert hast. So kannst Du ganz konkret daran arbeiten, ein „Good Leader“ zu werden.

Was bringt Dir das? Zum einen **wird Dich Dein Umfeld mehr akzeptieren und respektieren**. Du **wirst nahbarer** sein und **Deine Mitarbeiter sind motivierter**, für Dich exzellente Arbeit abzuliefern. Das führt zu einem **besseren Unternehmensklima** und Dein Unternehmen wird über die Zeit auch **wirtschaftlich solider** und **attraktiver für neue Mitarbeiter**.

> Was aber der größte Vorteil ist: Du kannst andere mit Deinem guten Beispiel inspirieren. Sie werden von Dir lernen und ebenfalls versuchen, ein „Good Leader“ zu sein. Und grundsätzlich macht es bei weitem glücklicher, anderen zu helfen, als nur an sich zu denken.

Suche Dir am besten eines der anfangs dieses Kapitels erwähnten Beispiele aus, um sie nachzuahmen. **Wenn sie es geschafft haben, ein „Good Leader" zu sein, dann schaffst Du es auch.**

Lektion:
- Brenne für Deine Sache.
- Gehe mit gutem Beispiel voran.
- **Reflektiere Dich** regelmäßig selber.
- Höre nie auf, daran zu arbeiten, ein „Good Leader" zu sein.

BUSINESS TALK

Den „Business Talk" kannst Du so verstehen wie einen lockeren Lunch mit erfahrenen CEOs. Sie geben Dir Tipps und lassen Dich an ihren Erfahrungen, an ihren Erfolgen, aber auch an ihren Rückschlägen teilhaben. Die Basis von diesen Tipps bieten die Interviews, die ich mit den im Vorwort erwähnten Experten geführt habe. Du kannst hier von Menschen lernen, die über 600 Mitarbeiter führen und für ihre Firmen Millionen Umsätze generieren. Du profitierst von den verschiedenen Sichten des Linienarbeiters über Führungskräfte bis hin zum Top-Management.

Wenn Du die kompletten Interviews der Befragten und weitere Details zu ihnen lesen möchtest, dann kannst du dies im Anhang unter „Business Interviews – Langversion" tun. Die jeweils besten Antworten zum Thema findest Du jedoch in jedem Themencluster unter „Business Talk" zusammengefasst.

Warum hast Du Dich dazu entschieden, Führungskraft zu werden?

„Ich hatte mich entschlossen, ein Unternehmen zu gründen. Führungskraft zu sein, ist eine Konsequenz daraus. **Es war in mir, meine eigene Firma zu gründen und meine Ideen umzusetzen.** Ich glaube, es gibt Leute, die dieses Gen in sich haben, und andere eher nicht."

– Kai-Uwe Aescht

„Das war keine bewusste Entscheidung. Als ich bei meinem heutigen Arbeitgeber angefangen hatte, 1998, hatte ich ein Bewerbungsgespräch bei dem Finanzvorstand. Dem sagte ich, ich will Führungskraft werden. Habe mich dann mit dem Thema ‚Führung' immer mehr beschäftigt. Dann ist es einfach passiert. Habe auch mal programmiert, aber für mich war es am Ende zu langweilig. Die Verantwortung für meinen ersten Mitarbeiter hatte ich bereits 1998, also vor 22 Jahren. Ich bin immer einen Schritt weitergegangen und habe geschaut, wie weit ich komme."

– Robert Riemann

„Weil ich der Meinung bin, es gibt Menschen, die führen Dinge aus, und es gibt Menschen, die sind Macher und führen an. Ich habe mich schon immer als derjenige gesehen, der die Verantwortung übernimmt und Entscheidungen trifft. Ich wollte immer die Vision, die ich habe, auch selber umsetzen. Ich sehe mich nicht als Arbeitnehmer, sondern als Arbeitgeber. Meine Motivation war auch monetär getrieben. Denn in einem normalen Tarifgefüge als Mitarbeiter hast Du definierte Grenzen, was Deine Gehaltsperspektiven anbelangt. **Als Unternehmer ist die Grenze eher darin gesteckt, wie viel Du bereit bist, einzusetzen.**"

– Sven Scharf

„Nachdem ich ein breites IT-Wissen erlangt hatte und Projektmanagement interessant fand, hatte ich mich dafür entschieden. Später wurde daraus ein Führungsjob in der Linie."

- Peter W.

Was ist Dein Lieblingszitat, welches im Geschäftsumfeld anwendbar ist, und von wem stammt es?

„'Wer immer das tut, was er kann, bleibt immer das, was er ist.' (Henry Ford)"

- Peter W.

„'Du musst das Unmögliche versuchen, um das Mögliche zu erreichen.' (Hermann Hesse)"

- Sven Scharf

„'Du sollst die Menschen dort abholen, wo sie stehen, nicht wo sie sein sollten.' (Lao-Tse, Gründer des Daoismus, 4. Jahrhundert v. Chr.)"

- Frank Mercier

„'Wo ich bin, will ich sein, alles andere war mir bisher in meiner Vorstellung zu teuer.' (Jens Corssen)"

- Kai-Uwe Aescht

Was macht für Dich eine gute Führungskraft aus?

„Jemand, der es schafft, die Mannschaft bei allen Changes an Board zu halten. Eine Führungskraft ist ein Veränderungsmanager, nahbar, offen, kritikfähig, transparent. **Ein Überzeugungstäter, der die Veränderung vorlebt.**"

- Robert Riemann

„**Eine gute Führungskraft ist jemand, der die Mitarbeiter jeden Tag aufs Neue motivieren kann** für das Produkt, was wir den Kunden anbieten. Sie dafür motivieren, die Vision der Geschäftsleitung 1:1 umzusetzen. Zusätzlich **benötigt man ein gutes Gespür dafür, welcher Mitarbeiter an welcher Stelle im Unternehmen die bestmögliche Performance bringen kann.** Denn ein Unternehmen ist nur so gut wie seine Mitarbeiter."

- Sven Scharf

„Dass er **sich selbst führen** kann. Das setzt voraus, dass man sich selbst kennt, und das bedeutet, dass man sich mit seinen Wurzeln beschäftigt und was einen geprägt hat. Also, den Urgrund herausfindet, warum man führen will. Das Ego, die Motivation, anderen Menschen voranzubringen. Also, **die Beweggründe müssen klar sein, warum man das tut.**"

- Kai-Uwe Aescht

„**Begeisterungsfähigkeit, Vorbild sein, Authentizität, Bescheidenheit** (ich weiß nicht alles – ihr seid die Fachleute), **Fairness.**"

- Peter W.

„Eine gute Führungskraft ist der, der seine Mitarbeiter in ihren Stärken coacht. Also, die **Stärken stärken.**"

- Frank Mercier

Was macht für Dich eine schlechte Führungskraft aus?

„Hat kein Bedürfnis, sich positiv mit den Menschen zu beschäftigen. Das heißt nicht, dass man immer nur nett sein darf. Aber die Mitarbeiter müssen immer das Gefühl haben, der interessiert sich für mich. Also, **eine Person die nicht nur auf ihren eigenen Vorteil aus ist.**"

- Robert Riemann

„**Derjenige, der seinen Mitarbeitern ihre Schwächen vorhält.** Es gibt zwei Grundmuster, die beeinflusst werden von Narzissmus und gelerntem Verhalten. Historisch ist Führung autoritär/autokratisch, da sie ursprünglich aus dem Militär stammt. Das wird deutlicher, wenn man den Taylorismus und Fordismus analysiert. Teilung der Arbeiten in einzelne Arbeitsschritte ist hier ein Haupt-Fokus gewesen."

- Frank Mercier

„**Arroganz, Egoismus, Parteilichkeit, Faulheit.**"

- Peter W.

„**Cholerisches Verhalten.** Schlechte Mitarbeiterführung. Nicht teamfähig. Ein Unternehmen ist keine One-Man-Show. **Wenn Du Deinem Mitarbeiter nicht das Vertrauen schenkst, dass er auch was selber machen kann,** dann bist Du keine gute Führungskraft."

- Sven Scharf

„Im Prinzip das Gegenteil der vorigen Antwort. Wenn Du nicht weißt, warum Du da bist, wo Du bist. Einerseits vielleicht fremdgesteuert. Oder als Beispiel: Du willst etwas sein, einen bestimmten Titel auf der Visitenkarte.

Da ist immer die Frage: „Warum will ich das? Will ich die Anerkennung meines Vaters oder Ähnliches?" Die schlechte Führungskraft ist sich des „Warums?" nicht bewusst. Das geht auf Dauer nach hinten los. Persönlich oder unternehmerisch. Der Hardcore-Narzisst wird ein

Großunternehmen führen können, aber die Frage ist, nach was man Erfolg misst. Die Zahlen verbessern oder Menschen entwickeln? Es bringt dir auch nichts, wenn man tolle Menschen entwickelt hat, aber am Ende pleite ist. Es fokussiert sich also auch viel auf die erfolgreiche Umsetzung von Zielen."

– Kai-Uwe Aescht

Was würdest Du gerne jungen Führungskräften mitgeben, um ein „Good Leader" zu werden?

1. „Mit sich selbst „im Reinen" sein. Du musst immer erst **mit Dir selbst zurechtkommen.** Wer bin ich? Was bin ich? Was kann ich?
2. Dann musst Du **Interesse** daran haben, **mit** den **Menschen zu arbeiten.** Wenn das anstrengend für Dich ist, solltest Du keine Führungskraft werden.
3. Man muss **lernbereit sein. Verantwortung übernehmen. Mutig sein,** Fehler zu machen und daraus zu lernen. Man muss **Größe zeigen** und **Fehler zugeben.** Menschen danken das enorm mit Respekt. Sie geben einem auch Feedback und man kann sie fragen, ob man seine Sache richtig macht.
4. Wichtig ist auch, **zuzuhören** und zu schauen, was die anderen sagen. Da denke ich beispielsweise an Meetings mit meinen Teamleitern.
5. Eigentlich musst Du als Führungskraft alles daransetzen, so wenige Entscheidungen treffen zu müssen wie möglich. Du musst **den Menschen um Dich herum helfen, dass sie ihre eigenen Entscheidungen treffen können.** Natürlich darf „gar nichts zu entscheiden" nicht die Maxime sein. Du musst **ab einem gewissen Punkt für das Team Entscheidungen treffen.** Dieses Gespür musst Du entwickeln.
6. Du brauchst sehr **viel Energie, Veränderungen voranzutreiben.** Wichtig ist, **nicht schnell aufzugeben, sondern langfristig zu denken.**"

– Robert Riemann

„Wirklich gute Führungskräfte gibt es wenige. Als Empfehlung für Good Leadership: **Lerne von den besten und sei selber ein gutes Vorbild.**

Eine Führungskraft ist ohne seine Mitarbeiter nutzlos. **Sich den eigenen Grenzen bewusst zu bleiben**, ist wichtig."

- Peter W.

„Hinterfrage Dich, warum möchtest Du das?

Lerne Dich kennen. Schaue nach Dir. Dann kannst Du besser in anderen erkennen, ob das Umfeld für Deinen Erfolg passt.

Ich glaube, dass bei vielen, die sich in ihrer Jugend mehr hinterfragt hätten, andere Lebenswege rausgekommen wären.

Es ist ganz wichtig, wenn Du ganz jung bist, aber ältere Personen führst: **Setze Dich mit ihrem Hintergrund und ihrem Denken auseinander.** Wenn man sich damit beschäftigt, ist es einfacher, sie zu führen, und man hat ein besseres Verständnis für ihre Situation. Ein 60-Jähriger, der kurz vor der Rente steht, hat oft weniger Motivation, in einem Change-Prozess noch mitzuwirken. Hingegen musst Du einen 30-Jährigen einbeziehen, sonst fühlt er sich nicht integriert."

- Kai-Uwe Aescht

„Er sollte in den fachlichen Themen, die sein Team bewegen, **ein Vorbild sein – fachlich wie menschlich.**"

- Frank Mercier

„Erst mal sollte ein Mitarbeiter praktische Kenntnisse sammeln – gerne auch in einer fremden Firma. Bereit sein, Opfer zu bringen, weil es immer schwieriger wird, sich in dem Marktumfeld zu behaupten. Arbeitet erst mal auch nach einem Studium, zwei, drei Jahre, lernt die internen Prozesse kennen. Und dann kann man besser entscheiden, ob man fähig, ist Menschen zu führen. Das kann man aber auch lernen. Ich hatte einen Mentor, der mich mitgenommen hat und mir Dinge erklärte, die ich im Studiengang nicht gelernt habe. Zwischenmenschliche Dinge. **Erst mal Hörner abstoßen und operativ arbeiten.**"

- Sven Scharf

Was waren die drei schwierigsten Entscheidungen, die Du in Deiner Funktion als Führungskraft getroffen hast?

„Ich musste mal einem Mitarbeiter kündigen. Das macht wirklich kein Spaß. Zu entscheiden, dass er nicht der Richtige für uns war, war nicht schwer. Aber den Weg zu gehen, sich definitiv von diesem Mitarbeiter zu trennen, war eine meiner schwersten Entscheidungen.

Als ich dem Mitarbeiter gekündigt hatte, war ich kurz davor in einem Konfliktmanagement-Seminar. Da habe ich gelernt, dass es bei einer Kündigung sehr wichtig ist, dass die Situation mich nicht persönlich kaputt macht. Dafür muss man sich auf so ein Kündigungsgespräch aber gut vorbereiten.

Wichtige Lektion für Führungskräfte: Man muss sich emotional von den Sachen lösen können. **Am Ende des Tages muss man sagen können: „Das war ein Arbeitstag." Nicht mehr und nicht weniger. Eine gewisse Distanz ist wichtig fürs Überleben. Um Mitarbeiter richtig führen zu können, brauchst Du wiederum Nähe. Also, musst Du die richtige Balance finden.**"

- Robert Riemann

„Grundsätzlich ist es immer schwer, etwas loszulassen, was nicht funktioniert, in das man Herzblut reingesteckt hat, weil man daran geglaubt hat. Konkret haben wir für eine neue Funktion der SAP im SCM (Supply Chain Management) ein neues Team aufgebaut. Das Thema haben wir als Beratungsansatz inhaltlich entwickelt. Als wir gemerkt haben, dass wir am Markt zu früh mit unserem Angebot waren, mussten wir uns entscheiden, das Thema nicht weiter zu verfolgen und die beteiligten Mitarbeiter zu entlassen (in Deutschland 6 und in den USA 4). Das ist mir dreimal widerfahren.

Learning: Das WAS ist nicht so entscheidend, sondern das WIE. Das Thema war nicht das Problem, sondern die Art und Weise und der Zeitpunkt, wie wir rangegangen sind."

– Frank Mercier

„Ich musste mich von Mitarbeitern trennen. Anfangs war das echt schwierig, da man dabei über Menschen und Schicksale entscheidet. Ich habe aber später erkannt, **dass es meine Aufgabe ist, das Wohl der Firma im Blick zu haben. Also, das große Ganze zu sehen.**

Den Weg von einer gemieteten Immobilie in eine eigene Immobilie zu gehen mit einer **Investition von 4,5 Mio. Euro**. Das Risiko war groß – nicht nur geschäftlich, sondern auch privat.

Entscheidungen treffen über **anorganisches Wachstum**. Also, den Zukauf einer anderen Firma. Ist schwierig, da es oft nicht einfach ist, zu entscheiden, ob ein Zukauf passt."

– Sven Scharf

„Einmal die Entscheidung, sowohl **räumlich als auch in der Mitarbeiteranzahl zu wachsen.** Fläche haben wir vervierfacht und die Mitarbeiteranzahl verdoppelt.

Schwierig ist es immer, **wenn Du jemanden entlassen musst**. Ich habe zu allen meinen Mitarbeitern ein sehr gutes Verhältnis gehabt und kenne auch viele privaten Dinge von ihnen. Mit einem war ich beispielsweise in der Ausbildung als Physiotherapeut. Wenn man die dann entlassen muss, dann ist es menschlich eine Herausforderung.

Es ist oft schwierig, zu entscheiden: „Will ich recht haben oder Umsatz machen?" Manchmal kann man die Mitarbeiter oder die Kunden auf den Mond schießen und Du musst zurückstecken. Keiner bekommt es mit, aber Du musst es tun, damit die Show weitergeht.

Oder **der erste Verlust ist meist der geringste.** Manchmal tut es weh, eine Sache zu beenden, wie beispielsweise ein Projekt, in das man investiert hat, bei dem man aber weiß, das es scheitern wird."

- Kai-Uwe Aescht

„Eines vielleicht: Bei einem Unternehmen zu lange bleiben, dass eigentlich keine Perspektive mehr hat, was sich im Nachhinein als Fehler herausstellte."

- Peter W.

Was sind die drei besten Entscheidungen, die Du in Deiner Funktion als Führungskraft getroffen hast?

„Meinen **Fertigungsleiter in eine Führungsposition der Geschäftsleitung zu heben.** Er ist dadurch aufgeblüht und ein anderer Mensch geworden.

Den Weg **von einer gemieteten Immobilie in eine eigene Immobilie zu gehen** - mit 4,5 Mio. Euro. Das Risiko war groß, auch privat. Deshalb war die Entscheidung schwierig, aber sie war auch die beste Entscheidung.

Grundsätzliche Entscheidung, **aus einer Insolvenz eine Firma neu aufzubauen.** Das war eine Riesenentscheidung. Habe aus einer insolventen Firma am Ende ein vitales Unternehmen aufgebaut."

- Sven Scharf

„Die beste Entscheidung war, den **Perspektivwechsel** zu machen (Abteilungswechsel von einer IT-Betriebsabteilung in einer IT-Prozessabteilung - jeweils bei meinem aktuellen Arbeitgeber). Das gibt einem viele Möglichkeiten, neue Sichten zu bekommen und viel Neues zu lernen. Habe mich bewusst aus dem operativen Geschäft herausgezogen. So kann ich meiner Funktion als Abteilungsleiter besser nachkommen.

Eine meiner besten Entscheidungen war, **zu meinem aktuellen Arbeitgeber zu gehen.**

Das Leben besteht nicht aus großen Entscheidungen. Sondern aus vielen kleinen. Im Januar 2020 war ich in Las Vegas unterwegs – auf der CES. Ich schau mir dort immer alles an. Am Ende des Besuchs bin ich 60 km gelaufen. Danach fragte mich jemand: What is the „One big thing" here? Am Beispiel vom iPhone kann man diese Frage gut beantworten, denn das iPhone ist nicht deswegen so geil, weil es das tollste Smartphone auf der Welt ist. Sondern weil es viele kleine Probleme der Anwender besser löst. Nicht die großen Entscheidungen sind die wichtigen. Die große Zahl der kleinen ist es, aus denen Großes entsteht.

Als Führungskraft muss man auch loslassen können. Den Dingen einen Impuls geben und dann schauen, wo es sich hin entwickelt. Und den Leuten ihre Möglichkeit geben, Entscheidungen zu treffen."

– Robert Riemann

„Die beste Entscheidung, die ich jemals in meinem Leben getroffen habe (Jahreswechsel 2013/2014). Da habe ich **zwei gute Nachwuchskräfte auf meinen Platz gelassen** und bin zur Seite gegangen – in eine Tochtergesellschaft.

Dadurch konnten wir uns in beiden Gesellschaften besser fokussieren, konkret in der heutigen Karon auf PLM Manufacturing. Und in der ewocon auf das heutige Portfolio. Vorher hatten wir zu viele „Menüs" auf der Speisekarte. Und wir haben den Bauchladen nicht auf die Straße bekommen."

– Frank Mercier

Was ist Deine tägliche Routine, um „Good Leadership" vorzuleben?

„Du brauchst **Disziplin. In der Kommunikation.** Ganz simpel: Wenn Du etwas willst, dann bittest Du darum und sagst unten am Ende der Mail vielen Dank. Das nehmen Menschen unterbewusst wahr.

Wenn Dich etwas spontan freut: Schreibe das Deinen Mitarbeitern und lobe sie. **Authentisch und spontan sein.** Sich nicht zu fein sein, Super, Danke, Schön, Prima, usw. zu sagen.

Wenn was schlecht ist, dann muss man nicht gleich jemanden runter machen und „Du Depp" zu seinem Mitarbeiter sagen. Da **muss man helfen.** Und zeigen: Was kann man denn besser machen? Will ja keiner böswillig was falsch machen.

Auf Anfragen von Mitarbeitern zeitnah reagieren. Die Antwort kann auch sein: „Ich schaffe es gerade nicht." Du musst alles daransetzen, dass Du nur die Mails bekommst, die für dich wichtig sind.

Ein guter Manager ist der, der keine volle Mailbox hat. Sondern derjenige, der die Leute die Mails bekommen lässt, die dafür verantwortlich sind.

Man muss **sich selbst und seine Aufgaben priorisieren können.** Sich zum Beispiel fragen: Was sind die Top-Themen, mit denen ich mich diesen Monat beschäftigen sollte?

Du solltest sehr gut verstehen, wie das menschliche Gehirn funktioniert. Wenn Du den ganzen Tag stundenweise von Termin zu Termin hetzt. Und Du hast eine Stunde dazwischen Luft. Dann wirst Du in dieser freien Stunde nicht viel leisten können. Das ist Bio-Chemie. Du musst Dir mindestens 15 Minuten Pause gönnen, um wieder runterzukommen.

Musst **Dich für Menschen interessieren.** Biochemisch solltest Du verstehen: Wie reagieren Menschen im Stress? Was ist die Motivation des anderen? Das ist wichtig, um sich einen guten Zugang zum Verstehen des Handelns anderer zu verschaffen.

Bei einem emotionalen Meeting fragst Du Dich, warum hat der andere so reagiert? Wie schaffe ich es, dass ich nicht selbst in Stress komme?"

– Robert Riemann

„Mein Motto ist: **Behandle alle Mitarbeiter, wie Du selber behandelt werden möchtest**. Ich verlange nichts von ihnen, was ich nicht selber machen würde."

– Sven Scharf

„Ich **versuche, alles, was ich in irgendeiner Form strategisch zu entscheiden habe, nicht im Geschäft zu entscheiden oder vorzudenken**. Ich gehe relativ spät ins Geschäft. Wenn ich im Geschäft ankomme, dann habe ich bereits Telefonate oder ähnliche Funktionen, die ich einfach nur noch ausführe. Wenn ich in meinem Büro im Unternehmen bin, bin ich nicht kreativ. Man muss sich Zeit und Raum schaffen, in denen man Strategisches und Kreatives entwickelt. Das ist bei jedem anders.

Ansonsten mache ich **jeden Tag etwas, was nicht mit dem Geschäft zu tun hat**. Ich höre Musik oder mache etwas anderes.

In Krisensituationen muss man natürlich Sichtbarkeit zeigen und vor Ort sein. Beispielweise während Corona habe ich über einen längeren Zeitraum mehr in der Praxis gearbeitet."

– Kai-Uwe Aescht

„Grundsätzlich kann man sagen, ich versuche mich in Achtsamkeit jeden Moment und stelle mir die Frage: **Was kann ich hier geben, meinen Mitarbeitern, meinen Kunden, meinen Kollegen?**

Früher habe ich mir, getrieben durch die Zielvorgabe, zu oft die Frage gestellt: „Was kann ich aus der jeweiligen Beziehung herausholen?"

Meine Beziehungen sind besser geworden und ich bin innerlich gelassener. Das bezieht sich nicht nur auf das Berufsleben, sondern auf alle Bereiche des Lebens."

– Frank Mercier

„Allgemein: Termin- und Zeitplanung, Besprechungen immer gut vorbereiten. **Nicht in Besprechungen reinlaufen, sondern sich gut Zeit dafür zu nehmen.** Besprechungen sind für Effizienz wichtig und man muss mit einem klaren Konzept in das Gespräch gehen. Man muss in der Lage sein das Meeting selber effektiv führen zu können.

Den Tag sollte man nicht zu mehr als 60% verplanen. Den Rest sollte man sich frei lassen, um flexibel zu bleiben."

- Peter W.

Welche Tools, Methoden und Rituale kannst Du empfehlen, die Dir in Deiner Funktion als Führungskraft helfen?

„Ich glaube nicht, dass alle Werkzeuge bei jedem in gleicher Weise anwendbar sind. Denn jeder ist ein anderer Typ. **Man braucht ein Repertoire an Werkzeugen, die man wirklich intuitiv versteht.**

Ich habe eine ganze Zeit **lang mit Microsoft Planner gearbeitet.** Du musst Dich immer fragen: „Was kann ich mit dem neuen Tool besser machen?" Man muss die Neuerungen annehmen und sich darin bewegen. Und man muss sich an die Möglichkeiten des Tools anpassen.

Persönlichkeitsprofile sind im Psychologiebereich sehr interessant. Zum Beispiel **DISG-Modell von persolog.** Das hilft mir, mich und andere richtig einzuschätzen, und man bekommt einen Zugang dazu, wie Menschen funktionieren. Warum sie handeln, wie sie handeln.

Da gibt es bei Menschen nicht nur eine Wahrheit, sondern es gibt verschiedene in verschiedenen Situationen."

- Robert Riemann

„Die Microsoft-Office-Welt, vor allen Dingen aber die **kollaborativen Tools. MS Teams, SAP** PPM (Portfolio Projektmanagement) usw.

E-Mail-Kommunikation ist sehr ineffizient. Ich kenn noch die Zeit, in der man Briefe geschrieben hat. Dann gab es E-Mails und ich arbeitete in dem Konzern IBM-Lexmark. Man hatte bei jedem kleinen Thema Gott und die Welt auf CC gesetzt. **E-Mails sollte man sehr gezielt nutzen und nicht als Ablage. „Ich habe Dir doch vor 7 Wochen eine E-Mail geschrieben". Das stört jede Beziehung.** Man sollte als Führungskraft E-Mails sehr gezielt nutzen, um die Erwartungshaltung zu kommunizieren. Wer schreibt, der bleibt. Es gibt Leute, die ihre Mitarbeiter mit E-Mails zuballern. Ihr Gedanke: „Je mehr Text, desto besser". Nur das liest am Ende keiner.

Wichtig ist generell, dass Tools nicht zum Selbstzweck eingesetzt werden sollten. Das passiert in großen Unternehmen sehr oft. **Das Tool sollte einem mehr geben, als dass es von einem abverlangt.** Jeder ist gezwungen, am Ende des Tages noch ein Report zu machen. Manche sagen: „Ich habe 10 Stunden gearbeitet und danach noch E-Mails geschrieben." Als ob E-Mails keine Arbeit sind. Wenn es mich in meiner Arbeit nicht unterstützt, sollte ich es auf ein Minimum reduzieren."

– Frank Mercier

„Ich versuche, aus dem Sport viel abzuleiten, und zwar aus den verschiedensten Sportarten. Das kann man nicht immer zu 100% übertragen. Aber **ich beschäftige mich zum Beispiel mit den Führungsstilen von gewissen Trainern**, habe Top-Trainer aus dem American Football und Fußball analysiert.

Ich frage mich dann immer: „Was kann ich über mich lernen und über die Führung?" Um ein Beispiel zu nennen: Anfangs dachte ich, ich kann alles steuern. Aber dem ist nicht so. Der Mensch ist komplex. Je mehr Du mit Menschen zu tun hast, desto mehr merkst Du, wie wenig Du vorausplanen kannst. Ich bin dazu übergegangen, nach der

Natur zu gehen. So wie die Landwirte oder Gleitschirmflieger. **Man kann alles ins Detail planen, aber wenn Du kein gutes Wetter hast, kannst Du nicht ernten oder fliegen. Aus meiner Sicht ist das die klügere Variante: flexibel zu sein und auf die Rahmenbedingungen zu reagieren.“**

– Kai-Uwe Aescht

„**Jede Woche habe ich eine Besprechung mit meinen Mitführungskräften.** Dieses Meeting geht ca. 2h. Wir sitzen zusammen und **besprechen alles, was gut und was schlecht war in der vergangenen Woche.** So sind immer alle auf dem neuesten Stand. Diesen regelmäßigen Termin haben wir vor drei Jahren eingeführt und er **hat viele Probleme gelöst.“**

– Sven Scharf

Welche Tools, Methoden und Rituale kannst Du nicht empfehlen, da Du sie bereits getestet hast, aber sie Dir keinen Mehrwert beim Thema „Führung“ gebracht haben?

„Im MBA-Studium habe ich sehr viel über verschiedene Methodiken gelernt. Ich habe gemerkt, dass man nicht alles direkt umsetzen kann. So ist es ein großer Unterschied, ob Du einen Großkonzern oder ein Kleinunternehmen führst. Aus meiner Sicht ist es **wichtig, dass die Führung authentisch bleibt. Ich versuche, nichts zu kopieren, sondern überlege mir immer, ob es zu mir passt oder nicht.** Ich habe nie etwas probiert, von dem ich am Ende nicht überzeugt war.“

– Kai-Uwe Aescht

„Man muss einfach flexibel bleiben. Sich an die jeweilige Zeit anpassen und entsprechende Tools austauschen, wenn nötig. Wir leben in einer Zeit des Changes. **Ich muss Veränderungen als etwas Positives annehmen.**"

- Robert Riemann

„**Was ich nicht empfehlen kann, ist ein laissez-fairer Führungsstil.** Manche sagen, das sei besser, um kreativer zu sein. **Wir haben die besten Erfahrungen mit einem kooperativen Führungsstil gemacht.** Das heißt, wir als Führungskräfte arbeiten eng mit den Mitarbeitern in den Projekten zusammen." - Sven Scharf

„**Überlange Besprechungen, Protokolle, unkritische Verwendung agiler Methoden und Tools.**"

- Peter W.

„Die **Steuerung** meiner Mitarbeiter **über quantitative Zielvorgaben** hat sich für mich nicht als sinnvoll erwiesen. Qualitative Zielvorgaben sind hier wichtiger.

Generell was sich nicht bewährt hat, ist kleinteiliges Mikromanagement auf Arbeitsschrittebene. Eine klare Erwartung gegenüber den zu erreichenden Zielen ausformulieren ... oder auch diskutieren. Arbeiten wir am richtigen Problem? Ist das Ziel überhaupt sinnvoll oder muss man es verändern?"

- Frank Mercier

Welches ist Dein Lieblingsbuch, Zeitschrift, Zeitung, Website, um dich als Führungskraft immer auf dem neuesten Stand zu halten?

„Ich finde das Buch ‚**Monkey Management**' für junge Führungskräfte sehr interessant. Aber da gibt es etliche Lösungen. **Am besten ist es, wissenschaftliche Abhandlungen zu vermeiden, da Führungskräfte praktische Empfehlungen brauchen.**"

– Robert Riemann

„Als Buch-Tipp kann ich das Buch ‚**The Subtle Art of not giving a F*ck**' von Mark Manson empfehlen. Das ist allgemein zu Lebensfragen ganz interessant. Ein anderes gutes Buch ist von Jens Korssen ‚**Der Selbstentwickler**'."

– Kai-Uwe Aescht

„Wir stehen alle an einem Wendepunkt, getrieben durch Industrie 4.0, Digitalisierung und Corona. In den 80er Jahren war der Trend weg von Taylorismus/Fordismus hin zu Lean-Management und -Production.

Das heißt konkret: Man hat kleinteilige Arbeitsvorgänge angereichert mit eher gleichwertigen Arbeiten (Job Rotation) und auch anspruchsvolleren Aufgaben (Job Enrichment). Später kamen dann japanische Einflüsse (Kaizen, Kanban). Diese basieren auf Anwendungsfällen in der Produktion, aber haben dann auch in administrativen Bereichen Einzug gehalten. Lean Administration. Alles war Lean.

Der nächste Entwicklungsschritt kam dann in die Agilität auf der Organisationsseite und die Digitalisierung auf der Technologie-Seite.

Ein Buch, was ich dazu empfehlen würde, ist „**Reinventing Organizations: Ein Leitfaden zur Gestaltung sinnstiftender Formen der Zusammenarbeit**" von Frederic Laloux."

– Frank Mercier

„Um einen Überblick über die IT-Branche zu haben, schaue ich auf **heise.de und lese die „Computerwoche“**. Aber man muss die Inhalte natürlich mit einer gewissen Distanz betrachten, da sie durch Werbung finanziert werden.“

– Peter W.

Wie wird sich „Führung“ in den nächsten 5 Jahren entwickeln?

„Führung wird sich weiterhin weg bewegen von narzisstischem Autokratismus mit Befehl und Gehorsam. Hin zu **einem agilen und partizipativen Führungsstil. Das heißt, flexibel, der Situation entsprechend und partizipativ einbeziehen des Mitarbeiters.** Wichtig dabei ist die **Zunahme auch an Fehlertolleranz.** Früher wurde man für Fehler bestraft, heute sollte man sie machen dürfen.“

– Frank Mercier

„Wir sind in Deutschland sehr hierarchisch geprägt. Da sind **die Skandinavier deutlicher flacher in ihrem Hierarchiedenken. Ich denke, es wird sich auch mehr in diese Richtung entwickeln.**

Was ich aber auch glaube, dass **viele junge Leute gerne die Bezeichnung als Manager haben wollen, aber nicht auch die Konsequenzen daraus.** Irgendeiner muss den Job aber machen.

Ich glaube, dass der Mensch unterbewusst gerne eine Führungspersönlichkeit haben möchte, die den Ton angibt. Ich glaube auch nicht, dass das schlimm ist, solange diese Person sich selbst nicht über die Sache stellt.“

– Kai-Uwe Aescht

„Ich glaube, dass man sich in den nächsten Jahren noch weiter von der Fachlichkeit weg entwickelt und noch mehr People Management macht. Wenn die fachliche Steuerung Aufgabe des Teams ist und nicht mehr Führungsaufgabe, musst Du Dich da nicht mehr mit beschäftigen. **Fachkompetenz macht keine Führungskraft mehr aus.**"

– Robert Riemann

„Die Linie ist rückläufig. Es wird mehr Projekte geben und die Eigenverantwortung des Mitarbeiters rückt immer mehr in den Fokus."

– Peter W.

„Ich glaube, dass Mitarbeiter in der Zukunft immer mehr Eigenverantwortung übernehmen werden. Man verteilt die Verantwortung also auf mehrere Schultern."

– Sven Scharf

Was sind Deine Best Practices zum Thema „Good Leadership"?

„Mutig sein. Sich trauen.

Du bewegst Dich immer auf ein dünnes Eis: Wenn Du anderen Vertrauen schenkst, weißt Du nie, ob es Dir gedankt wird. Du gibst immer einen Vertrauens-Vorschuss. Wenn Du dieses Risiko eingehst, wirst Du, nach meiner Erfahrung, immer belohnt." – Robert Riemann

„Gutes persönliches Verhältnis zu den Mitarbeitern durch Wertschätzung und persönliches Interesse.

Gutes Zeitmanagement, **häufige, aber kurze Besprechungen** mit kleinem Teilnehmerkreis.

An die eigene Gesundheit denken."

– Peter W.

„Ich bin nicht nachtragend. Und ich glaube, das ist wichtig: Auch wenn mal was nicht gut läuft, dann klärt man das. Aber danach geht es dann normal weiter.

Am Schluss musst Du **das vorleben, was Du von Deinen Mitarbeitern erwartest.** Obwohl sie auch in vielem besser sind als Du. Aber **die Richtung und die Struktur müssen klar sein.**“

- Kai-Uwe Aescht

„Generell zum Thema „Best Practices“ würde ich mich gerne äußern: Man kann immer davon lernen. Oft sind die aber mit einem Hip-Hip-Hurra-Mindset angereichert. Und entsprechen nicht der jeweiligen eigenen Realität.

Oft kann man aus Worst Practices mehr lernen. Aus den Fehlern anderer oder aus eigenen, wenn sie zugegeben werden. Das zeigt mein eigenes Beispiel: Wenn ich noch in meinem alten Narzissmus hausen würde, würde ich nicht zugeben, dass ich drei Fehler gemacht habe. Diese Fehlertolleranz, die ich meinen Mitarbeitern gebe, die nehme auch ich in Anspruch. Es ist oft besser, zu wissen, was man nicht tun sollte.“

- Frank Mercier

BEST PRACTICES

"Like a Boss" — Warum Entrepreneure überlebenswichtig für Dein Unternehmen sind.

Jeder in Deinem Unternehmen sollte Entrepreneur sein. Aber mal langsam. Was ist überhaupt ein Entrepreneur? Aktuell scheinen viele, sich selbst den Entrepreneur-Ritterschlag zu erteilen. Gehen wir diesem Mysterium auf den Grund!

Ein Entrepreneur ist nicht nur ein Unternehmer oder jemand, der unternehmerisch denkt. **Ein Entrepreneur zeichnet sich durch seinen Charakter aus.** Dafür muss er nicht zwingend BWL studiert haben und auch in keiner Managementfunktion sein. **Jedoch sind Entrepreneure Deine wichtigsten Mitarbeiter!**

Falls sie es noch nicht sind, dann solltest Du alles dafür tun, dass sie es bald werden. **Dein Ziel: Dein Unternehmen soll solche Charaktere anziehen. Du solltest auch alles dafür tun, sie zu halten. Denn der zukünftige Erfolg Deiner Firma hängt davon ab.** Warum sind solche Mitarbeiter so wertvoll?

Einen Entrepreneur zeichnen folgende Eigenschaften aus. Er oder sie:

- hat den **Mut**, Neues anzugehen und **Konventionen zu brechen.**
- hat **Ausdauer** und schwimmt auch gegen den Strom wenn es nötig ist.
- Ist bereit, **Risiken** zu **tragen** und **Verantwortung** zu **übernehmen.**
- **ist ein Visionär und** bringt immer wieder **neue Ideen** hervor.
- **ist ein Innovator und kann Wissen** aus verschiedenen Lebensbereichen **kombinieren,** so dass er Neues kreiert.
- **hat die** Fähigkeit zur Umsetzung **seiner Ideen.**
- **kann Non-Entrepeneure dazu begeistern, mitzumachen.**

Kurzgesagt, ein Entrepreneur ist jemand, der sich täglich die Frage stellt:

Was würde ich an den täglichen Abläufen verbessern, wenn diese Firma mir gehören würde?

Nur durch dieses Mindset entsteht wirkliche Innovation. Und je mehr Menschen mit solch einer Lebenseinstellung in Deinem Unternehmen arbeiten, desto innovativer werden Deine Projekte und Prozesse entworfen und ausgeführt. In disruptiven Zeiten, geprägt von weltweiter Instabilität in Politik und auf internationalen Märkten, musst Du Dein Unternehmen extrem flexibel aufstellen. Du kannst es Dir nicht leisten, Trends zu verschlafen und dann Deinen Mitbewerbern hinterherzulaufen. Wecke das schlummernde Potential in Deinen Mitarbeitern. So werden Du und Dein Unternehmen zu Vorreitern und Trendsettern.

Frage Dich: Was genau muss ich als Manager tun, damit meine Mitarbeiter so wenig unternehmerisches Denken entwickeln wie möglich? Und dann tue genau das Gegenteil.

Gehen wir gemeinsam ein paar Punkte durch, um Dir Ideen zu geben, wie Du ein "Entrepreneur-freundliches-Arbeitsumfeld" schaffst. Davon ausgehend, dass Entrepreneure Freigeister sind, die Innovationen schaffen wollen, musst Du versuchen, ihrer Kreativität freien Lauf zu lassen. Deshalb solltest Du Folgendes tun: Gehe Deine Mitarbeiter gedanklich durch und überlege Dir, wer ein Entrepreneur sein könnte.

Folgende Fragen werden Dir dabei helfen:

- Wer hat das Potenzial, ein Entscheider zu sein?
- Wer ist kreativ und hilft gerne anderen, wo er nur kann?
- Wer hat Dir bereits Verbesserungsvorschläge gemacht, um die Prozesse Deines Unternehmens zu optimieren?
- Wer ist immer ehrlich zu dir, auch wenn es sich um unangenehme Themen handelt?
- Wer kann Erfahrungen aus verschiedenen Themenbereichen analysieren, bewerten und hat die Projektionsfähigkeit, daraus Neues zu kombinieren?
- Wer ist auch privat sehr aktiv: reist viel, lernt eine Sprache, arbeitet ehrenamtlich, setz sich für seine Umgebung kulturell ein?

Diese Kriterien geben Dir eindeutige Anhaltspunkte, um Entrepreneure zu identifizieren. Mal abgesehen davon, **keiner von uns wird als Entrepreneur geboren**. Vielmehr **trifft jeder von uns die Entscheidung**, wenn er in das kalte Wasser geworfen wird, ob er schwimmen anfängt oder nicht. Nur musst Du ihm dieses Bad auch gönnen.

Du möchtest die Entrepreneure unter Deinen Mitarbeitern schnell identifizieren. Dann fang mit diesen Schritten an:

- **Wenn eine unternehmerische Entscheidung ansteht, frage Deine Mitarbeiter, wie sie sich entscheiden würden,** wenn sie in Deiner Position wären. Wenn die Entscheidung unternehmerisch wertvoll ist, lass es sie wissen und lobe sie aufrichtig. Falls sie noch dazulernen müssen, mache ihnen deutlich, welche Auswirkung ihre Entscheidung haben würde, und zeige ihnen Alternativen auf. Ehrliche Wertschätzung für ihre Meinung solltest Du in jedem Fall zeigen.

- **Schaffe Deinen Mitarbeitern die Möglichkeit, unternehmerisch zu denken.** Sprich: Gebe ihnen Budget-Verantwortung. Zunächst kann das ein kleines Projekt sein. Jedoch mit einem klar definierten Themenbereich, für den sie selbst die Verantwortung tragen. Sie entscheiden, wie mit dem Geld umgegangen wird, um die unternehmerischen

Ziele zu erreichen. Das setzt natürlich voraus, dass Du Deinen Mitarbeitern regelmäßig klar mitteilst, was die Unternehmensziele sind. Erhöhe mit gewonnener Erfahrung das Budget und die Komplexität. Auch Fehlentscheidungen gehören zum Erfahrungsschatz. Also, schließe aus Fehlern nicht, dass jemand ungeeignet ist, Entrepreneur zu werden. Ganz ehrlich: Du und ich sind auch nicht Führungskraft geworden, weil wir immer alles richtig machen.

- **Führe einen "Think Tank" ein.** Hier kommst Du mit ausgewählten Mitarbeitern in lockerem Rahmen zusammen mit dem Ziel, Dein Unternehmen erfolgreicher zu machen. Ich schreibe bewusst „Mitarbeiter“ und nicht „Führungskräfte“. Denn diese Plattform ist eine gute Möglichkeit, neue Entrepreneure zu identifizieren. Falls Du ein großes Unternehmen hast, kannst Du die Besetzung rollierend machen. Dann bekommst Du immer wieder neue Ideen und Ansätze geliefert. Und in diesem Zug kannst Du auch die Stimmung im Unternehmen aufnehmen.

Warum solltest Du diesen ganzen Aufwand überhaupt auf Dich nehmen?
Sicher hast Du Interesse daran, dass Dein Unternehmen langfristig Erfolg hat und Deine Mitarbeiter gerne für Dich arbeiten. Wenn Du die unternehmerischen Potenziale Deiner Mitarbeiter weckst, wirst Du selbst entlastest und kannst schrittweise mehr Verantwortung abgeben.

Das mag bedeuten, dass Du Deine eigenen Ängste angehen musst, Verantwortung abzugeben und Vertrauen zu schenken. Das bedeutet aber nicht, dass Du dabei selbst an Bedeutung verlierst. Der Nutzen? Durch den gewonnenen Freiraum hast Du mehr Zeit für die strategische Entwicklung Deines Unternehmens.

Vielleicht musst Du Dich in dem Zuge auch von liebgewonnenen Prozessen im Unternehmen verabschieden oder sie ändern. Aber Du kannst Dir sicher sein, wenn Entrepreneure für Dich arbeiten, wird Dein Unternehmen innovativer und damit erfolgreicher.

Klar ist auch: Wirkliche Innovationen extern einzukaufen, ist teurer als Entrepreneure in den eigenen Reihen zu haben. Du bindest Deine guten Leute gleichzeitig stärker an Dich und kannst Dich so gegen Deine Mitbewerber behaupten. **Wer von uns würde eine sichere Festanstellung hergeben, in der er so kreativ sein kann wie ein selbständiger Unternehmer?** Ich auf jeden Fall nicht. Und die meisten Entrepreneure da draußen auch nicht. Deshalb lohnt es sich, den Entrepreneuren in Deinem Unternehmen zu helfen, sich "Like a Boss" zu fühlen.

Lektion:

- Sei smart. **Identifiziere Entrepreneure** in Deinem Unternehmen.
- **Schaffe eine Atmosphäre,** in der sich **Entrepreneure wohl fühlen.**
- **Fördere und fordere Entrepreneure.**
- **Teile Verantwortung. Schaffe strategischen Freiraum.**

Clean Desk Policy

Warum sollte es Dir wichtig sein, wie Deine Mitarbeiter mit ihrem Schreibtisch umgehen? Es gibt mehrere Vorteile. Manche sind offensichtlich, andere eher weniger. Ein Punkt ist beispielsweise: Wenn unsere Umgebung strukturiert ist, dann sind es auch unsere Gedanken.

Wer von uns kennt das nicht: Wir räumen im Rahmen unseres alljährlichen Frühjahrsputzes den Keller, die Garage oder den Dachboden auf und fühlen uns gleich besser danach. Irgendwie sogar leichter und glücklicher. Da ist auch etwas dran, denn in unserem Körper werden bei dieser Aktion Endorphine ausgeschüttet, die uns bekanntlich glücklicher machen. Aber was genau steckt dahinter?

Jeder von uns zieht ein schön aufgeräumtes und sauberes Zimmer einem unordentlich und dreckigen vor. Unser Gewissen sagt uns, dass Ordnung gut ist. Dieses Gefühl für Ordnung finden wir nicht nur in hoch industrialisierten

Erste-Welt-Ländern, sondern überall auf der Welt, auch wenn die Bewertung von Sauberkeit und Ordnung variieren mag. Das Grundprinzip bleibt gleich. Ordnung ist besser als Unordnung.

Auch in der Natur finden wir Ordnung und Struktur. Es gibt ganz klar definierte Kreisläufe, wie beispielsweise den Wasserkreislauf, der immer nach demselben Prinzip abläuft: Aufgrund der Hitze der Sonne verdampft das Wasser des Meeres und wird zu Wolken. Nach einer gewissen Zeit regnen sich diese Wolken wieder auf die Erde ab und es werden daraus Flüsse und Seen gespeist. Nach einiger Zeit fließt dieses Wasser wieder ins Meer und der Kreislauf beginnt von neuem. Ohne Ordnung wäre dieser Prozess keinesfalls möglich. Ein weiteres Beispiel: Keiner von uns würde glauben, er könnte das Gesetz der Schwerkraft aushebeln und von einem hohen Baum herunterspringen, ohne sich dabei zu verletzen. Jeder, der schon mal beim Kirschenessen aus dem Baum gefallen ist, kann dieses Prinzip aus eigener schmerzlicher Erfahrung bestätigen.

Wenn wir also wieder zurück zu unserem Anwendungsfall in unserer Firma kommen, dann wird klar, dass Ordnung und Sauberkeit wichtige Kriterien sind, erfolgreicher zu werden. Das bezieht sich auf Produktionsstätten, Büros, den persönliche Schreibtisch, den Desktop, auf dem man gerne Dateien deponiert, und auch auf den Rollcontainer, in den alle Dokumente wandern, die man gerade nicht ordentlich wegräumen möchte.

Wenn wir Ordnung um uns herum schaffen, schaffen wir auch Ordnung in unserem Kopf.

Das führt uns dazu, produktiver, besser vorbereitet in Meetings, kompetenter und erfolgreicher zu sein. Und da eine Firma aus Mitarbeitern besteht, ist die Firma nur so gut wie jeder einzelne Mitarbeiter.

Hier noch ein paar weitere Vorteile:

„Es wird definitiv weniger Zeit mit Suchen verschwendet ... Untersuchungen zeigen, dass Mitarbeiter bis zu eine Stunde pro Woche etwas suchen

– das ist verschenkte Arbeitszeit und langfristig ein großer Kostenfaktor ... Wenn alle Mitarbeiter in den gleichen Strukturen arbeiten und ein vorgegebenes Ablagesystem verfolgen, ist eine Vertretung auch ohne Übergabe möglich. **Wenn man die Clean Desk Policy nur verordnet und Mitarbeiter nicht überzeugt, dann ist der Schreibtisch zwar oft leer ... Aber das Zettelchaos versteckt sich in einer Schublade.**“

(Allmann, 2018)

Es lohnt sich also nicht, nur die Clean Desk Policy von oben herab den Mitarbeitern aufzuerlegen. Vielmehr muss man die Mitarbeiter für dieses Vorgehen gewinnen und ihnen die Vorteile aufzeigen. Natürlich musst Du auch hier als gutes Beispiel vorangehen.

Lektion:
- **Clean Desk Policy vorleben** und nicht nur auferlegen
- **Ordnung in unserer Umgebung = Ordnung im Kopf**

Meetings

Meeting-Kultur. Das ist ein spannendes Thema, denn jedes Unternehmen handhabt es anders. Ich habe schon Start-ups gesehen, bei denen sich kein Mitarbeiter erlaubt hat, zu spät zu kommen, ohne sich davor zu entschuldigen. Hingegen habe ich aber auch Großkonzerne mit vielen tausenden von Mitarbeitern gesehen, bei denen Meetings nur pünktlich angetreten wurden, wenn das Top-Management zum Appell gerufen hatte. Und selbst dann kamen einige zu spät.

Wenn man jemanden einlädt, derjenige zusagt und gar nicht oder zu spät kommt, dann zeigt das, dass es dem Eingeladenen an Respekt und Empathie dem Einladenden gegenüber mangelt. Und das ist unabhängig davon, welche Position man bekleidet oder für wie wichtig man sich hält. Denn derjenige, der eingeladen hat, hat sich Gedanken gemacht, wie das Meeting ablaufen soll und welche Ergebnisse erarbeitet werden sollen. Auch hängen oft Terminpläne von Entscheidungen in Meetings ab. **Wenn wir also dafür bekannt sind, regelmäßig zu Meetings zu spät zu kommen, sollten wir unsere Charakter-Eigenschaften überdenken, um dieses unkollegiale Verhalten abzustellen.**

Mal abgesehen davon sind Meetings dafür da, damit die richtigen Leute, zur richtigen Zeit, das Richtige kommunizieren können. Im besten Fall mit einem sinnvollen Output. Manche Mitarbeiter interpretieren Meetings als entspanntes „Sit-In", in dem sie sich zurücklehnen und die Zeit totschlagen können. Diese fehlenden Manieren sind aber nicht nur bei Mitarbeitern zu entdecken, sondern auch bei hochdekorierten Managern. In einem Lenkungskreis, in dem ich saß, bei dem wir Entscheidungen über ein Millionenprojekt trafen, saß unter anderem ein Abteilungsleiter, der sich während des Meetings demonstrativ zurücklehnte und regelmäßig „Doodel Jump" spielte. Für alle die, die „Doodel Jump" nicht kennen, es ist ein sehr simples Spiel für Smartphones, in dem man sich durchs Springen von einem Ort zum anderen ins nächste Level spielen kann. Normalerweise haben die Menschen, die wir einladen, den nötigen Respekt, nicht so weit zu gehen. Aber dieses Beispiel zeigt, in welche Richtung eine Meeting-Kultur gehen kann, wenn man den Rahmen für das Thema „Meetings" nicht vonseiten des Top-Managements vorgibt.

Einige Methoden, Meetings produktiver zu gestalten, findest Du hier:

- Einen Meeting-Knigge ins Leben rufen. Gemeinsame Definition von Benimmregeln für Meetings.

- Gemeinsame Definition von Sanktionen beim Nichteinhalten der Benimmregeln: Für das Team einen Kuchen backen oder einen Kasten Bier spendieren bietet sich hier an. Das erhöht die Motivation ein wenig, weil die Erwartungshaltung nicht nur von dem Manager ausgeht, sondern von allen Teammitglieder, die auf ihr Bier warten. Normalerweise will keiner als „Kameradenschwein" bekannt sein.

- Schweigen kombiniert mit erwartungsvollen Blicken, bis der „Störenfried“ seine Störung unterlässt.

- Falls Du keine direkte Weisungsbefugnis dem Teilnehmer gegenüber hast und er trotz netter Hinweise seine Störung nicht unterlässt, das Meeting abbrechen und ein neues Meeting anberaumen.

Wenn man mal hochrechnet, was es kostet, 5-15 Mitarbeiter in ein unproduktives Meeting zu setzen, dann wird einem schnell klar, dass hier Verbesserungspotenzial besteht, der sich auch relativ schnell rechnet.

Zur Verdeutlichung eine Beispielrechnung:

Du lädst zu einem Meeting Deine Abteilungsleiter ein. Um eine Rechnungsgrundlage zu haben, gehen wir einfach mal davon aus, dass Deine Abteilungsleiter alle jeweils 150.000€ im Jahr verdienen. Wir sprechen hier bei einer 40h-Woche und 52 Wochen, die wir als Arbeitsleistung ansetzten von ca. 1700h im Jahr Soll-Arbeits-Leistung. Und das macht einen Stundensatz (natürlich kommen hier noch weitere Abgaben des Unternehmens hinzu. Zur Vereinfachung der Rechnung werden diese aber an dieser Stelle weggelassen) von rd. 88€/h.

Jetzt gehen wir von einem Meeting mit 15 Führungskräften und Spezialisten aus, das über zwei Stunden angesetzt ist. Dann kommen wir bei diesem einen Meeting auf 2.640€ Kosten, die zunächst mal einfach nur abgesessen werden. Wenn man dieses Meeting alle zwei Wochen abhält, dann werden aus den 2.640€ x 25 Wochen gerne = 63.360€ pro Jahr. Hierbei handelt es sich natürlich nur um eine Beispielrechnung. Aber sie zeigt deutlich, dass unproduktive Meetings aus betriebswirtschaftlicher Sicht unbedingt zu vermeiden sind.

Verstehe mich nicht falsch: Ich habe nichts gegen Meetings. Sie sind essentiell für den Erfolg von Projekten und Prozessen im Unternehmen. Nur sollte man Meetings nur dann anberaumen, wenn man ein klares Ziel hat, was in diesem Meeting entschieden oder erarbeitet werden soll. Und diese Zielsetzung inklusive des Ergebnisses sollte man von vornherein in die Termineinladung hineinschreiben. So kann jeder sich vor dem Meeting Gedanken machen, wie er einen wertvollen Beitrag leisten kann, um das übergeordnete Meeting-Ziel zu erreichen. Auch sollte jedem klar sein, welche Funktion er im Meeting hat. Wenn er keine Funktion im Meeting hat, warum sitzt er dann dabei? Getroffene Entscheidungen können auch als Information an Betroffene weitergeleitet werden. Dafür ist es nicht essentiell, dass sie im Meeting selber gesessen haben. In diesem Rahmen sollten wir ganz klar zwischen Entscheidungs-Meetings und Arbeits-Meetings unterscheiden. Was ist der Unterschied? Die Zielsetzung und die Besetzung.

In der Regel werden in Arbeits-Meetings Arbeitspakete abgearbeitet und konstruktiv an der Sache gearbeitet, mit dem Ziel ein konkretes Arbeitsergebnis zu erzielen. Beispielsweise das Design-Konzept für eine Website zu erstellen. Hingegen ist ein Entscheidungs-Meeting, wie der Name schon sagt, dafür da, Entscheidungen herbeizuführen. Deshalb sollten in diesen Meetings alle sitzen, die wirklich auch Entscheidungen treffen können. Seien es strategische Entscheidungen, Architekturentscheidungen oder Entscheidungen, bei denen es um Budget geht. Wichtig ist bei dieser Art von Meetings, dass, wenn Fragen aufkommen, auf die die Beteiligten ad-hoc keine zufriedenstellende Antwort geben können, dass man dann die Klärung dieser Fragestellung wieder zurück zum Projektteam spiegelt, um in einem Arbeits-Meeting die Ausarbeitung durchzuführen. Das ist so wichtig, weil Entscheidungen meist zeitkritisch sind und Entscheider aufgrund ihrer Funktion oft wenig Zeit haben. Um Entscheidungs-Meetings erfolgreicher zu gestalten, sollten die Entscheidungsvorlagen gut vorbereitet werden, sodass eine hinreichende Sicherheit für die Entscheider entsteht, die Entscheidung mit gutem Gewissen zu treffen.

Was ist also zu beachten, um gute Meetings durchzuführen?

Ein komplettes Beispiel einer Einladung kannst Du dem Anhang unter „Einladung zu einem Meeting“ entnehmen.

Hier nun ein paar konkrete Tipps aus meinem Meeting-Alltag:

Vor dem Meeting:
Wen lade ich ein? Um diese Frage beantworten zu können, solltest Du Dir zunächst Gedanken machen, was konkret das Ziel des Meetings ist. Also, was will ich damit erreichen? Was soll das Ergebnis dieses Meetings sein? Wen brauche ich, damit dieses Ergebnis auch realistisch erreicht werden kann? Meiner Erfahrung nach werden oft zu Meetings Vertreter gesandt. Insbesondere dann, wenn Dein Projekt keine große Prominenz innerhalb Deines Unternehmens genießt, wird dies häufiger vorkommen. Tendenziell ist das kein Problem. Nur sollte der entsandte Adjutant auch mit den entsprechenden Kompetenzen ausgestattet sein, Entscheidungen zu treffen, die Bestand haben.

Bei vielen Vorhaben macht es Sinn, eine Stakeholder-Analyse durchzuführen, um herauszufinden, wer geeignet ist, bei Deinem Meeting dabei zu sein. Ein Beispiel dafür kannst Du dem Anhang unter „Stakeholder-Analyse" entnehmen. Damit kannst Du besser bewerten, wie Du die Teilnehmer Deiner Meetings einschätzen musst und wie Du am besten mit ihnen umgehst, um das Gesamtprojektziel zu erreichen. Um die Stakeholder-Analyse mit Leben zu füllen, bietet es sich an, erfahrene Kollegen oder Vorgesetzte um ihren Rat zu bitten, wer in die engere Auswahl für Dein Meeting kommen sollte.

Wie lädt man richtig zu einem Meeting ein? Wie bereits erwähnt, sollte Dir ganz klar sein, was Du erreichen willst. Der folgenden Darstellung kannst Du Empfehlungen entnehmen, wie ein Meeting eingeladen werden sollte.

An: Hier könntest Du schon den ersten Fehler machen. Denn, wer im „An-Feld" zu finden ist, der versteht sich als direkt angesprochen und geht davon aus, dass er bei dem Meeting dabei sein sollte. Willst Du jemanden nur informieren über dieses Meeting, dann solltest Du „CC" oder „BCC" verwenden. CC steht für „Carbon Copy". Der Begriff stammt dabei noch aus einer Zeit, bei der mithilfe von Kohlepapier zwischen zwei Stücken

Papier ein Durchschlag erzeugt wurde. Also eine Kopie. BCC steht dabei für „Blind Carbon Copy" und wird dafür verwendet, jemanden über einen Sachverhalt zu informieren, ohne dass die anderen Angeschriebenen davon wissen. Überlege Dir also gut, wer wie informiert werden muss.

Betreff: Der „Betreff" beschreibt in kurzen Worten präzise das Ziel des Meetings. Hier solltest Du darauf achten, dass die Beteiligten die Worte, die Du verwendest, auch verstehen. Jemand, der nur am Rande von Deinem Projekt tangiert wird, kann sich unter manchen Abkürzungen, die spezifisch für Dein Projekt sind, wahrscheinlich nicht viel vorstellen. Verwende stattdessen allgemein übliche Begriffe und Abkürzungen. Ein Beispiel für einen kurzen und prägnanten Betreff könnte der folgende sein: „Projekt MIA2020 | Entscheidung GoLive". Unter der Maßgabe, dass MIA eine bekannte Abkürzung im Projekt ist.

Zeitrahmen: Wie setzt man den Zeitrahmen für ein Meeting richtig? Das kommt ganz darauf an, wie diszipliniert Du mit Deinem Zeitmanagement bist. Generell als Faustformel kann man aber sagen, wenn Du Deinen Meetings 20% Sicherheitspuffer hinzurechnest, dann sollte jedes Meetings erfolgreich durchgeführt werden können. Jetzt magst Du Dich fragen: Sind 20% nicht etwas viel? Um Dir die Rechnung zu verdeutlichen: Wenn Du von einem 45 min-Meeting ausgehst, dann entsprechen 20% genau 9 min. Der einfachheitshalber runden wir immer auf den nächsten 5 min-Schritt nach oben auf. In unserem konkreten Fall sprechen wir dann davon, dass aus den ursprünglich anvisierten 45 min nun 55 min geworden sind. Also, solltest Du für aufgerundete 55 min einladen.

Warum rundest Du nicht gleich auf 60 min in diesem Fall? Weil Du so den Teilnehmern zeigst, dass Du nur die Zeit in Anspruch nimmst, die wirklich benötigt wird, um die Ziele des Meetings zu erreichen. Es zeigt, dass Du souverän Dein Zeitmanagement beherrschst.

Solltest Du Deinen 55 min-Termin aber nun direkt so legen, dass er ohne Puffer an einen vorherigen oder nachgelagerten Termin angrenzt oder diesen sogar überlappt? Nein. Denn, wenn Du so vorgehst, dann kannst Du Dir sicher sein, dass die eingeladenen Teilnehmer zu spät kommen. Wenn es also in Deiner macht steht, solltest Du immer auch Wegezeiten zu dem nächsten Meeting-Raum miteinplanen, da sich Deine Eingeladenen in der Regel nicht von einem Meeting-Raum in den nächsten beamen können. Und je nachdem, wie weit entfernt Räume oder sogar Gebäude stehen, kann eine Anreise schon etwas länger dauern.

Wenn wir also unser Meeting-Beispiel wieder aufgreifen, dann laden wir zu dem Meeting an einem Donnerstag (in der Regel sind an diesem Tag die meisten Mitarbeiter verfügbar) von 10.45 Uhr bis 12.00 Uhr ein, da wir zu den geplanten 55 min Dauer des Meetings noch jeweils 10 min am Anfang und am Ende Wegezeiten eingeplant haben.

Wichtig ist jetzt nur, dass man sein Meeting so steuert, als hätte man nur die ursprünglichen 45 min zur Verfügung. Wenn Du am Ende aufgrund von einer höheren Anzahl an Rückfragen oder von ungeahnten technischen Problemen mit dem Beamer anstatt 45 min 50 min brauchst, ist es allemal besser, als wenn Du überziehst und 1 h 20 min brauchst, weil Du die Zeit aus den Augen verloren hast.

Fließtext: Bei dem Erstellen des Fließtextes ist es wichtig, dass man bedenkt, wie Menschen heutzutage mit E-Mails, Termineinladungen, Instant Messages usw. überhäuft werden. Wie wir bereits im Abschnitt „Gehirngerechte Anweisungen“ gesehen haben, sinkt die Aufmerksamkeitsspanne von uns Menschen rapide. Und wer kennt das nicht: Ein Kollege schreibt Rundmails oder Einladungen zu Meetings, die einem Roman gleichen. Mit so ausschweifenden Formulierungen, dass Rosamunde Pilcher neidisch werden könnte. Wenn man so vorgeht, zeugt das nicht unbedingt davon, dass man sich in die Situation anderer Kollegen hineinversetzen kann und versteht, mit welchen Herausforderungen sie täglich zu kämpfen haben.

Wichtig ist vielmehr, dass man sich bei der Einladung und dem Fließtext auf das wesentliche beschränkt. Hilfreich sind uns da folgende W-Fragen:

- Wer ist mein Adressat?
- Was will ich mit diesem Meeting erreichen?
- Was soll das konkrete messbare Ergebnis des Meetings sein?
- Wer hat welche Aufgabe vor, während und nach dem Meeting?

Wenn diese Fragen geklärt sind, solltest Du Dich darauf konzentrieren, dass, wie so häufig im Leben auch beim Einladungstext, gilt: „weniger ist mehr". So ist es ein probates Mittel, anstatt langem Fließtext einfach Aufzählungszeichen zu verwenden. Beispielsweise könnte der Einladungstext zu einem Meeting so aussehen:

„Hey Leute,
in diesem Meeting haben wir folgende Ziele:

- Status-Check der Website (Landing Page)
- Definition der nächsten Schritte, um die Website zu launchen.
- Definition unseres nächsten Meetings

Dennis: Moderator
Tom: präsentiert die Website

Ergebnisse:

- Gemeinsames Verständnis zum Status der Website
- Zeitplanung für Launch der Website definiert.
- Nächstes Meeting im Kalender geblockt.

Danke im Voraus & viele Grüße
Dennis"

Um zum „Meeting-Hero" zu werden, fehlen uns jetzt noch zwei Punkte: Zum einen solltest Du klar definieren, wer welche Rolle im Meeting haben soll, sodass sich jeder auch entsprechend vorbereiten kann. Zum anderen hilft es jedem Eingeladenen, wenn Du eine kurze Agenda des Meetings zu dem

Einladungstext ergänzt. In unserem Fallbeispiel muss Tom dafür sorgen, dass die Website präsentiert werden kann. Dennis muss auch wissen, welchen Fahrplan er für das Meeting hat.

Man kann sehr schnell diesem beispielhaften Einladungstext entnehmen, was das Ergebnis des Meetings sein soll. Wenn jemand noch nicht voll verstanden hat, welchen Status die Website hat, kann er innerhalb dieses Meetings Fragen dazu stellen, bis es ihm klar ist.

Falls Dokumente während des Meetings besprochen werden müssen, sollten diese frühzeitig vor dem Termin in die Termineinladung angehängt oder verlinkt sein. Im besten Fall nutzt Du hierzu einen zentralen File-Share, sodass man nicht unnötig Speicherplatz im E-Mail-System belegt. Da Unternehmen in der Regel verpflichtet sind, ihre geschäftliche Kommunikation zehn Jahre aufzubewahren und damit zu archivieren, entstehen hier Kosten, die man vermeiden kann. Denn eine PowerPoint-Präsentation kann schnell mehrere Megabyte groß werden. Sagen wir beispielhaft 3,5 MB. Wenn Du ein Meeting mit 10 Leuten anberaumst, sind es schon 35 MB. Und jedes Megabyte archiviertes E-Mail-Konto kostet Deine Firma Geld. Deshalb ist es das Beste, wenn Du Deine Datei zentral ablegst und in Deine Einladung für Dein Meeting nur den Link auf die Datei hinterlegst. Wichtig ist natürlich, dass alle Eingeladenen auch Zugriff auf diesen Share haben. So können sich die Teilnehmer des Meetings bereits vorab einlesen.

Generell solltest Du darauf achten, dass bei Deiner Präsentation mehr Bilder anstatt Text auf den Folien zu finden sind. Deine Präsentation sollte keine Dokumentation Deiner Projektarbeit sein. Führe vielmehr Deine Hörerschaft mit grafischen Darstellungen so einfach wie möglich an den Sachverhalt heran und mache es ihr leicht, Entscheidungen zu treffen. **Eine Faustformel ist, wenn ein Siebenjähriger Deine Präsentation versteht, dann sollte es auch das Top-Management verstehen.**

Je nach Kultur im Unternehmen und auch wie politisiert Dein Projekt ist, mag es Sinn machen, die wichtigsten Teilnehmer eines Entscheidungs-Meetings auch schon vorab zu briefen. Ihnen also die Folien zu zeigen, die Du zur Entscheidung bringen möchtest, und sie bereits für Deine Sache zu gewinnen. In der Regel tun sich Menschen nämlich deutlich leichter, eine Entscheidung zu treffen, über etwas, das sie kennen und zu dem sie bereits positiv gestimmt sind.

Bei großen Projekten auf Vorstandsebene habe ich versucht, alle beteiligten Top-Manager vorher in einem kurzen Extrakt des anstehenden Entscheidungs-Meetings zu informieren und gemeinsam mit ihnen eine Strategie zu entwickeln, um im geplanten Entscheidungs-Meeting erfolgreich zu sein. So konnten wir in einigen Projekten die richtigen Weichen stellen. Denn, je mehr Du innerhalb Deines Meetings auf Deiner Seite hast, desto einfacher wird die Entscheidung ablaufen und den Managern fällt es leichter, Dein Projekt innerhalb des Meetings zu verteidigen.

Während des Meetings:

Was ist während des Meetings zu beachten? Was man immer im Hinterkopf behalten muss, ist, dass ein Meeting immer daraus besteht, viele verschiedene Charaktere, mit verschiedenen Zielen und verschiedenen Ideen zusammenzubringen.

Das bedeutet, dass diese verschiedenen Sichtweisen aufeinanderprallen und im schlimmsten Fall sogar Konflikte mit sich bringen könnten. Du solltest Dir also gut überlegen, wie Du innerhalb des Meetings vorgehen willst, wo Du sitzen möchtest und wie Du reagierst, wenn ungeahnte Situationen auftreten.

Was ich mir beispielsweise auch immer überlegt habe, ist, wo setze ich mich innerhalb des Meetings hin. Das kommt in der Regel darauf an, wen Du zum Meeting eingeladen hast, was das Ziel des Meetings ist und welche Position Du innerhalb der Gruppe hast. Als Projektleiter innerhalb meines Projektteams will ich zum Beispiel eine freundschaftliche Atmosphäre schaffen. Das heißt, ich will mein Team nicht von oben herab anweisen, sondern mit ihm zusammen an der Sache arbeiten. Deshalb setze ich mich in der Regel immer an die Mitte des Tisches. So signalisiere ich, dass wir ein Team sind und partnerschaftlich gemeinsam an UNSEREM Projekt arbeiten.

Auch wie Du gehst, was Du machst und wie laut oder leise Du redest, kann Einfluss darauf nehmen, wie die Leute auf Dich reagieren.

Was innerhalb eines Meetings sehr vorteilhaft sein kann, ist, wenn Du jemanden mit dabei hast, der das Protokoll schreibt. Dafür gibt es mehrere Gründe. Zum einen kann so festgelegt werden, welche Entscheidungen wirklich getroffen werden. Und man kann nach dem Meeting allen Beteiligten die einzelnen Aufgaben zuordnen. Man sollte sich bei dem Protokoll auf Entscheidungen konzentrieren und nicht Wort für Wort alles dokumentieren, was gesagt wird. Das liest am Ende keiner mehr.

Grundsätzlich solltest Du für Deine Präsentation auch immer einen Plan B in der Hinterhand haben. Denn, wenn die Technik wie Beamer oder Dein Computer nicht funktionieren sollten, dann sollte Deine Präsentation trotzdem durchgeführt werden können. Eine weitere Option zur Präsentation ist die Möglichkeit, Folien auf einem Tablett zu präsentieren. Wenn man den Beteiligten, wie zuvor erwähnt, die Präsentation vorab auf einem Share zur Verfügung stellt, dann kann man im Zweifel auch einen Laptop eines Teilnehmers ausleihen. Hier ist also manchmal Flexibilität gefragt.

Nach dem Meeting:
Wenn das Meeting durchgeführt wurde und das Protokoll geschrieben ist, solltest Du das Protokoll zeitnah an die Adressaten versenden. Sie sollten die Möglichkeit haben, Dir Feedback zu den Inhalten zu geben und nötigenfalls Verbesserungsvorschläge zu machen.

Eine weitere Anekdote aus meinem Arbeitsleben ist die folgende: Als IT-Projektleiter von großen Projekten hatte ich die Aufgabe, den Projektstatus direkt zum Vorstand zu kommunizieren und wichtige Entscheidungen von einem prominent besetzten Entscheidungsgremium bestätigen zu lassen. Diese wurden während des Entscheidungs-Meetings vorgetragen und es wurde darüber entschieden. Dumm nur, wenn man Entscheider im Gremium hat, die sich nach vier Wochen nicht mehr an ihre Entscheidung erinnern können – oder wollen. Deshalb habe ich ab diesem Zeitpunkt in jedem Foliensatz, der zu irgendeinem Entscheidungsgremium ging, am Ende immer eine Tabelle mit den getroffenen Entscheidungen, die ungefähr wie diese hier aussieht, angehängt:

Entscheidung	Beschreibung	Gremium	Datum
GoLive App 1	Zustimmung zum GoLive der App 1 zum 01.01.2025	Lenkungskreis	25.03.2023
Abnahme Release 12	Abnahme des Release 12 ist mit Auflagen erteilt.	Steering Board	12.08.2020

Tabelle 2 – Liste der getroffenen Entscheidungen

Deshalb kann ich nur empfehlen, Entscheidungen immer sehr gut zu dokumentieren und zu kommunizieren. Seit diesem Tag hat für mich der gern verwendete Spruch eines externen Partners, mit dem ich eine Zeit lang zusammengearbeitet habe, „wer schreibt, der bleibt“, eine ganz andere Bedeutung.

Checklisten

Den Wert des Einsatzes von Checklisten habe ich vor Jahren von meinem Onkel gelernt. Er hatte diese Methodik in seiner Funktion als Bereichsleiter im Vertrieb eines großen Pharmakonzernes, aber auch im privaten Umfeld eingesetzt. Seine Idee war simpel, aber sehr hilfreich: Zu bestimmten Zeitabschnitten wird eine Checkliste erstellt. Beispielsweise hatte er auf einem gut sichtbaren Chart in seinem Büro, mit einem dicken Marker, jeweils zum Anfang des Jahres die Jahresziele definiert. Da standen Themen drauf wie: „TÜV beim Auto aktualisieren“, „Harley Davidson kaufen“, „Urlaub auf Mallorca“, „Mitreise bei allen Vertriebsmitarbeitern“, „Umtrunk mit Vertriebsteam“. Da er dieses Chart immer wieder im Blick hatte, konnte er sich regelmäßig auf seine Ziele fokussieren.

Und dabei geht es natürlich nicht nur um berufliche Ziele. Auch Privates kann damit viel besser organisiert werden. Diese Methodik habe ich ebenfalls im beruflichen wie im privaten Umfeld mit Erfolg eingesetzt und nutze sie noch heute fast jeden Tag. Denn von diesen groben Jahreszielen kann man ganz einfach auch Quartalsziele, Monatsziele, Wochenziele oder Tagesziele ableiten.

Zu jedem Jahreswechsel nehme ich mir deshalb die Zeit für mich persönlich, darüber nachzudenken, was ich letztes Jahr erreicht habe und was ich im neuen Jahr erreichen will. Diese Ziele formuliere ich ganz konkret und erstelle mir ein Chart, das ich an die Wand in meinem Büro hänge. Natürlich schaue ich nicht jeden Tag darauf. Unterbewusst hat man die Ziele aber immer im Blick und kann so besser darauf hinarbeiten. Und ab und zu macht es auch Sinn, sich selbst zu reflektieren und zu fragen: **Was muss ich noch tun, um meine Ziele zu erreichen?**

Die Vorteile von Checklisten liegen auf der Hand. Man macht sich Gedanken über die Dinge, die man gerne abarbeiten möchte, formuliert diese und arbeitet sie ab. So gut, so simpel. Bevor ich aber die konkreten Hinweise zur Anwendung von Checklisten geben möchte, will ich folgende Frage beantworten: Warum tut es uns so gut, Checklisten abzuhaken? Dafür machen wir einen kleinen Exkurs in unsere Psychologie:

Warum tut es uns gut, Checklisten abzuhaken?

Wer kennt das nicht, das gute Gefühl, die Aufgaben auf der Checkliste abgehakt zu haben und danach das Papier zu zerknüllen und in den Müll zu werfen. Aus den Augen, aus dem Sinn. Wir verbuchen dieses Erlebnis als Erfolg. Wir haben uns ein oder mehrere Ziele gesetzt und konnten diese erfolgreich abschließen.

Automatisch wird in unserem Körper das Glückshormon Dopamin ausgeschüttet. Das hat zur Folge, dass unsere Motivation und unser Antrieb gesteigert werden. Unser Belohnungssystem wird angesprochen und wir empfinden positive Gefühle wie Freude, Lust oder Begeisterung. Man kann also sagen, mit dem Abhaken unserer Checkliste nehmen wir ein natürliches Aufputschmittel zu uns und wir fühlen uns besser. Wie bei allen Dingen im Leben muss man natürlich auch hierbei ausgeglichen sein. Deshalb macht es keinen Sinn, nun das ganze Leben in Checklisten umzufunktionieren. Flexibilität ist ebenfalls wichtig.

Jedoch kann ich aus Erfahrung sagen, dass man nicht nur eine bessere Übersicht hat, was noch zu tun ist, nein, man bekommt täglich, monatlich und, auf das Jahr gesehen, einfach mehr abgearbeitet. Man ist produktiver und erreicht mehr von den Zielen, die man sich vornimmt. Bekannt sind Checklisten vor allem aus Anwendungsbereichen, bei denen es wichtig ist, dass keine Fehler unterlaufen oder etwas vergessen wird. Insbesondere bei Flugzeugpiloten kann man so Fehler aufgrund der Routine oder wegen Stresssituationen vorbeugen. Der Pilot eines Flugzeuges geht jedes Mal vor dem Flug eine oder mehrere Checklisten durch, um die Sicherheit von sich, seinen Passagieren und allgemein des Flugverkehrs zu gewährleisten.

> *"... ohne eine Checkliste kann kein Flugzeug fliegen. Stattdessen erinnern sie nur an die kritischsten und wichtigsten Schritte, die selbst hochqualifizierte Fachleute übersehen könnten. Gute Checklisten sind vor allem praktisch."*
>
> (GAWANDE, CHECKLIST MANIFESTO, 2011)

Man sieht also, es gibt viele Gründe, warum es sich lohnt, Checklisten einzusetzen. Deshalb ganz konkret die Frage: Was musst Du tun, um Dich und Dein Unternehmen mit praktischen Checklisten besser zu organisieren?

Wie kannst Du Dich besser mit Checklisten organisieren?

Meine Empfehlung ist, mindestens einmal im Jahr einen Jahresplan aufzustellen. Am besten am Anfang des Jahres oder über den Jahreswechsel. Da hat man in der Regel noch etwas mehr Zeit als in der Mitte oder am Ende des Jahres. Bevor Du richtig loslegst, solltest Du Dir das entsprechende Equipment zulegen. Kaufe Dir einen Flip-Chart-Ständer oder verwende die Magic Chart Folien (Magic Chart von Legamaster mit 25 static writing sheets, 80x60cm). Die nehme ich immer, da sie selbsthaftend sind und keine Rückstände an der Wand hinterlassen. So kann man aus dem kleinsten Büro einiges mehr an Fläche für kreatives Arbeiten herausholen.

Dazu solltest Du Dir Marker in verschiedenen Farben besorgen. Meine Empfehlung ist, mindestens einen schwarzen und einen grünen Marker einzusetzen. Je mehr Themengebiete Du in Deine Zielsetzung aufnehmen möchtest, desto mehr Farben solltest Du verwenden. Ich habe bislang die besten Erfahrungen mit den Whiteboard Markern von Edding gemacht (Edding 250 whiteboard marker). Nachdem Du nun das richtige Werkzeug für Deine Jahresplanung hast, solltest Du Dir Bereiche aussuchen, in denen Du Dir Ziele stecken möchtest. Um Dir eine Idee zu geben, schaue Dir folgendes Schaubild an:

Überlege Dir also, was Deine Schwerpunkte sind, in denen Du Dich in diesem Jahr verbessern möchtest. Definiere Deine Ziele so konkret wie möglich und so messbar wie möglich. Tipps zur Definition von Zielen findest Du auch im Kapitel „Ziele setzen".

Eine wichtige Erkenntnis ist, dass jeder Bereich im Leben mit den anderen zusammenhängt. Beispielsweise wirkt sich schlechte Ernährung auf Deine Gesundheit aus. Du bist oft nicht mehr ganz so aktiv wie vielleicht früher und Du nimmst an Gewicht zu. Das wirkt sich auf Deinen allgemeinen Gesundheitszustand und Dein Selbstwertgefühl aus. Denn jetzt wirst Du am Strand nicht mehr als das „Sport-Ass" angesprochen, sondern man macht sich lustig über Deine Schwimmringe. Wie sollst Du so bei der nächsten Gehaltsverhandlung oder dem Meeting vor Deinem Vorgesetzten mit Selbstbewusstsein Deine Meinung vertreten? Natürlich stehen wir über solche Dinge drüber. Aber würdest Du sagen, dass Du mehr Selbstbewusstsein hattest, also Du noch in Form warst? Die meisten würden diese Frage mit Ja beantworten. Diese persönliche Jahresplanung ist also bei weitem mehr als nur eine Checkliste zum Abhaken. Wenn Du sie diszipliniert abarbeitest, bekommst Du Dein Leben besser in den Griff und bist privat wie auch geschäftlich messbar erfolgreicher.

Dieselbe Methodik für Deine Jahres-Checkliste kannst Du auch runter skalieren auf Quartals-, Monats-, Wochen- oder Tages-Checklisten. Da wir bereits umfangreich über die Jahres-Checkliste gesprochen haben, möchte ich nun noch auf die Tages-Checklisten eingehen. Mit diesen beiden Tools kannst Du dann, je nach Bedarf, andere Zeitscheiben wie Quartals-, Monats- oder Wochen-Checklisten ableiten.

Tages-Checklisten: Was musst Du beachten?

Auch hier ist es zunächst wichtig, das richtige Handwerkszeug zu haben. Ich persönlich nehme für meine Tages-Checklisten immer DIN A5-Karten kariert und zum Schreiben eine Auswahl an verschiedenen Stiften, beispielweise „Faber-Castell – Pitt Artist Pen brush Black 199***", „Stabilo Point-Visco fine 0,5 in schwarz und Stabilo point 88 Neon fine 0,4". Du kannst auch andere Stifte verwenden.

Da ich diese Methode jeden Tag anwende, wollte ich ein gutes Schreibgefühl haben und das kann ich von dieser Ausstattung behaupten. Die Größe (DIN A5) des Papiers ist wichtig, weil Du Deinen Arbeitstag nicht überfrachten solltest mit Aufgaben. Sonst demotiviert es nur und Du kannst am Ende nicht alles als erfolgreich abgearbeitet verbuchen. Kariertes Papier ist sinnvoll, weil Du so Dein Blatt einfacherer strukturieren kannst. Du kannst für jede Aufgabe zum Beispiel drei Kästchen verwenden.

Deine Arbeitsgrundlage ist also gelegt, jetzt kannst Du Dich daran machen, Deine Tages-Checkliste zu erstellen. Manche mögen es, diese am Abend vor dem nächsten Arbeitstag zu machen. Ich mache sie immer am Morgen meines neuen Arbeitstages. So habe ich schon früh am Morgen präsent, was heute alles ansteht. Was sollte auf Deiner Tages-Checkliste stehen? Es gibt unzählige Methoden, um Dich in Deiner Tages-Checkliste zu organisieren. Am besten bin ich bislang damit gefahren, dass ich maximal 5 h am Tag verplant habe (bei der Annahme eines Arbeitstages von 8 h). Du könntest wie folgt vorgehen:

Tages-Checkliste 22.03.2023:

- E-Mails checken - 0,5 h
- Präsentation für Lenkungskreis erstellen - 2 h
- Meeting mit M. Muster - 1,5 h
- Vorstellungsgespräch neuer Bewerber - 1 h

Du gibst eine grobe Schätzung ab, wie lange eine Aufgabe dauern wird. Den Aufwand in Stunden schreibst Du dann dahinter. Wenn nun andere Themen dazukommen, kannst Du entweder eine Aufgabe von heute nach Morgen oder das neue Thema auf einen anderen Tag verschieben. Du bist aber immer Herr darüber, was Du am Tag leistest.

Um das Wichtige zuerst zu bearbeiten, solltest Du Dir eine passende Priorisierung überlegen. Unser Beispiel würde ich persönlich eher so strukturieren:

Tages-Checkliste 22.03.2023:

- Vorstellungsgespräch neuer Bewerber - 1 h
- Präsentation für Lenkungskreis erstellen - 2 h
- Meeting mit M. Muster - 1,5 h
- E-Mails checken - 0,5 h

Meine Priorisierung basiert darauf, welche Inhalte oder Termine so kritisch sind, dass sie nur schwer verschoben werden können, da die Auswirkungen umfangreicher wären, als wenn Du andere Aufgaben verschiebst.

Wenn ich das Vorstellungsgespräch mit dem neuen Mitarbeiter verschiebe, kann es sein, dass dieses Meeting erst wieder in ein paar Wochen stattfindet, da ein gemeinsamer Termin zwischen Bewerber, Personalabteilung, sonstigen Beteiligten und mir gefunden werden muss. Möglicherweise dauert diese Verschiebung dem Bewerber sogar zu lange und er hat in der Zwischenzeit schon einen anderen Job gefunden. Gerade bei den Bewerbern, die kompetent sind, passiert das häufig. Wenn ich hingegen die Aufgabe „E-Mails checken" auf morgen verschiebe, ist die Auswirkung mit großer Wahrscheinlichkeit nicht ganz so groß.

Im Kapitel „Gehirngerechte Anweisungen" habe ich beschrieben, wie sich Grafiken auf unser Gehirn auswirken und dass wir Informationen besser und schneller verarbeiten können, wenn sie grafisch aufgebaut sind. Deshalb gilt auch bei den Checklisten, so viele Bilder wie möglich zu verwenden. Arbeite mit kleinen selbstgezeichneten Grafiken. Der Großteil der Menschen verknüpft Informationen mit Bildern schneller und einfacher. Wenn Du also einen Telefonhörer zeichnest, anstatt zu schreiben, dass Du jemanden anrufen musst, dann tut sich Dein Gehirn leichter und Du kannst Dich besser an diesen Task erinnern. Dasselbe Prinzip gilt für Termine oder andere Typen von Ereignissen. Deiner Kreativität sind hier keine Grenzen gesetzt. Unsere Beispiel-Tages-Checkliste sieht nach Anwendung dieses Hinweises nun so aus:

Tages-Checkliste 22.03.2023:

-  Vorstellungsgespräch neuer Bewerber – 1 h
-  Präsentation für Lenkungskreis erstellen – 2 h
- 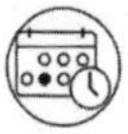 M. Muster – 1,5 h
-  checken – 0,5 h

Man sieht: Mit dem Einsatz von Checklisten kann man sich sehr professionell selbst organisieren. Wenn Du also mehr Struktur in Deinen Arbeitsalltag und Dein Leben bringen willst, dann leg noch heute los mit Deinen Checklisten.

DIGITALISIERUNG

"LET'S GO DIGITAL!" – WAS DU ALS UNTERNEHMER WISSEN MUSST UM EIN DIGITAL HERO ZU WERDEN.

Wir alle kennen das: Du bist auf einem Konzert, in einem Restaurant oder einfach an einem besonders schönen Ort irgendwo auf der Welt. Und irgendwie hast Du das Bedürfnis, dieses Erlebnis mit Deiner Familie und Deinen Freunden zu teilen.

Also, wird schnell das Smartphone gezückt, das Erlebnis als Bild oder Video festgehalten und so schnell wie möglich in einem der vielen sozialen Netzwerken geteilt (z.B.: WhatsApp, Facebook, Instagram, LinkedIn, TikTok oder Snapchat, um nur einige zu nennen). Und natürlich freust Du Dich besonders, wenn Du viele Likes oder Kommentare für Deinen Post bekommst.

Eine Studie der University of California erklärt unsere emotionale Reaktion so: Wenn wir Likes für unsere Posts erhalten, werden Regionen in unserem Hirn angesprochen, die für unsere Glücksempfinden zuständig sind. Diese Gehirnregion ist ebenfalls aktiv, wenn wir Geld gewinnen, an Sex denken oder Schokolade essen. Unser Belohnungssystem wird angesprochen und wir fühlen uns glücklich und erfolgreich. Wir entwickeln sogar neue Wortschöpfungen, um diese digitalen Gewohnheiten zu beschreiben: "Selfy" und "Food-Porn" zum Beispiel.

Digitalisierung ist also mehr als nur Candy Crush, WhatsApp, Instagram, Facebook – ein paar spannende Apps, um die Zeit totzuschlagen. Digitalisierung formt unsere Lebensgewohnheiten, unser Denken – und damit unsere Gefühle und unser Zusammenleben in der Gesellschaft.

Man macht ein Foto von sich oder seinem Essen, um die Welt daran teilhaben zu lassen. Kein Wunder, dass der digitale Konsum für viele zur Sucht werden kann.

Noch nicht von dieser Erkenntnis überzeugt? Dann lass uns mal einen Test machen: Was tust Du als Erstes, wenn Du morgens aufstehst? Wie lange kannst Du Dein Smartphone weglegen, ohne das Bedürfnis zu haben, die neusten Nachrichten zu checken? Wann warst Du das letzte Mal eine komplette Woche offline? Deine persönlichen Antworten darauf zeigen Dir: Unser Leben wird Tag für Tag digitaler. Motivation genug, sich Gedanken darüber zu machen, welche Auswirkungen die Digitalisierung auf unser Leben und insbesondere auf unser Business hat.

In diesem Kapitel gehen wir diesen Fragen auf den Grund: "Was bringt es Dir, wenn Du zum Digital Hero wirst und gewinnbringend in die Digitalisierung Deines Unternehmens investierst?", "Was genau ist mit Digitalisierung gemeint?" und „Warum ist die Digitalisierung Deines Unternehmens so wichtig?"

Deshalb: Let's go digital! Let's become Digital Heroes!

Was genau bringt es Dir, wenn Du zum "Digital Hero" wirst und gewinnbringend in die Digitalisierung Deines Unternehmens investierst?

Das lässt sich ganz einfach am Beispiel der Nutzung von mobilen Apps veranschaulichen:

- Weltweit gibt es bereits über 3,3 Milliarden Smartphone-Nutzer. Und die Tendenz ist steigend.
- Täglich schauen rund 57 Millionen Smartphone-Nutzer in Deutschland ca. 88-mal auf ihr mobiles Endgerät.
- Über 60% nutzen Apps auf ihrem Smartphone mindestens 30 Minuten am Tag.
- 28% der Nutzer sogar täglich für über eine Stunde.

Kurzum: Jeden Tag verbringen wir mehr und mehr Zeit in der digitalen Welt. Für die Präsenz und Wahrnehmung Deines Unternehmens, als Marketinginstrument sowie für den Vertrieb Deiner Produkte und Services, ist die digitale Präsenz in Form einer eigenen Unternehmens-App oder einer smarten Website heute und in Zukunft unentbehrlich.

Denn:

Mit Apps sprichst Du Deine Kunden dort an, wo sie sich am meisten aufhalten – auf ihrem geliebten Smartphone.

Wenn Du Deinen eigenen App-Konsum überprüfst, wirst Du feststellen, dass sich unter den meistbenutzten Apps Namen wie „WhatsApp", „Instagram", „Spotify" oder „Amazon" finden. Dabei sind Apps nur ein Weg, das Digitalisierung-Niveau Deiner Firma auf ein neues Level zu heben.

Deshalb ist es wichtig, dass Du Dich mit den Kernprozessen Deines Unternehmens befasst und analysierst, in welchen Bereichen smarte Lösungen zur Digitalisierung sinnvoll sind. Damit Du diesen Sachverhalt als Entscheider besser einschätzen kannst, solltest Du die Antwort auf folgende Frage kennen:

Was genau ist mit Digitalisierung gemeint?

Wenn Dir jemand die Frage stellt: „Was bedeutet eigentlich Digitalisierung?", was wäre Deine Antwort? Angesichts der unzähligen Meinungen stellt sich schnell das Gefühl ein, dass es keine allgemein gültige Definition zu geben scheint und jeder selbst eine These aufstellt, um auf diese Frage eine Antwort zu finden.

Ganz nüchtern betrachtet, bedeutet Digitalisierung, dass man etwas von einem analogen Zustand in einen digitalen Zustand bringt. Das heißt aber noch lange nicht, dass, wenn Deine Prozesse auf Basis dieser Definition digitalisiert sind, sie auch besser, schneller, effizienter oder günstiger geworden sind. Sprich, Dir und Deinem Unternehmen irgendeinen Vorteil bringen. Das heißt, die Frage muss anders lauten, nämlich:

Wie kann mir Digitalisierung dabei helfen, meine Prozesse effizienter, schneller, weniger fehleranfällig und günstiger zu gestalten?

Ein Blick zurück in die Geschichte lohnt sich, um diesen Vorgang besser zu verstehen. Denn wir Menschen haben unsere unternehmerischen Prozesse immer wieder auf den Prüfstand gestellt und durch technologische Errungenschaften neu erfunden.

Wir kennen beispielsweise im Bereich der Industrialisierung aktuell vier verschiedene Entwicklungs-Epochen:

1.0 – Mechanisierung (1800)
Diese Epoche ist geprägt vom vermehrten Einsatz von Dampfmaschinen mit dem Ziel, große Industriemaschinen in Massenproduktion herzustellen. Besonders in Europa und Nordamerika führte diese Entwicklung zu einem industriellen Schub, da man nun in Textilfirmen, bei der Herstellung von Eisenbahnen und in der Kohleförderung völlig neue Möglichkeiten hatte.

2.0 – Massenproduktion durch Elektrifizierung (1900)
Die wohl bekannteste Erfindung dieser Epoche ist die des Fertigungsfließbandes von Henry Ford. Die Automobilindustrie sowie viele andere Branchen wurden vollständig umgekrempelt. In kürzester Zeit konnten wesentlich mehr Waren hergestellt werden. Die Folge: Die nationalen Märkte konnten problemlos bedient und die Überproduktion in die ganze Welt exportiert werden. Deshalb wurde der Absatz vor allem im Export gesteigert. Die Gewinne stiegen bei gleichzeitig geringeren Kosten.

3.0 – Automatisierung durch Computer (1970)

In den Siebzigerjahren wurden vermehrt Computer eingesetzt, um Routine-Abläufe zu automatisieren und Mitarbeiter zu unterstützen oder sogar zu ersetzen. Das Verständnis und die gesellschaftliche Akzeptanz gegenüber Computern nahmen immer mehr zu. Das lag zum einen an den erschwinglicheren Preisen, zum anderen an dem Mehrwert, den sie nicht nur im geschäftlichen Umfeld, sondern auch in unser Privatleben brachten.

4.0 – Digitalisierung (heute)

Das Gold unseres Zeitalters sind digitale Daten. Daten sind so wichtig, weil man sich durch sie einen Entscheidungs-Vorsprung gegenüber dem Wettbewerbern erkaufen kann. Denn durch eine Analyse des Nutzerverhaltens können Trends, Abneigungen, Vorlieben und damit neue Märkte frühzeitig erkannt werden. Da unsere Kommunikation immer digitaler wird und die meisten Menschen ihre persönlichen Daten sehr freizügig teilen, ist ein veritabler Markt für die Sammlung und Analyse riesiger Datenmengen entstanden. Diese werden für ein entsprechendes Entgelt weltweit an den Mann gebracht.

Aber nicht nur wir als Menschen tauschen mehr und mehr digitale Informationen aus. Auch die Maschinen werden immer vernetzter und treffen auf Basis von empfangenen oder gesendeten Informationen eigenständige Entscheidungen. Jedes Gerät soll zum Beispiel "smart" sein und mit seinem Umfeld kommunizieren. Man spricht davon, dass Millionen von Maschinen im Internet of Things miteinander vernetzt werden. Die dadurch entstehende Schwarmintelligenz soll allen zugutekommen. So sollen Fehler und Abweichungen in der Produktion frühzeitig erkannt und bereits vor Eintreten behoben werden. Das Ziel ist es, dass die Maschinen von Anfang bis Ende der Fertigungslinie miteinander kommunizieren, um möglichst effizient und ohne Wartezeiten zu produzieren. Am besten mit so wenig menschlicher Interaktion wie möglich.

Bei einem direkten Vergleich dieser vier Epochen wird deutlich, dass jede einzelne dieselben Ergebnisse zum Ziel hatte: effizienter, schneller, geringere Kosten, weniger Fehler. Das übergeordnete Ziel ist immer die Gewinn-Maximierung. Die menschliche Psyche hat sich also seit über 200 Jahren, zumindest was diesen Bereich betrifft, nicht verändert. Und wir können davon ausgehen, dass sich daran in nächster Zeit auch nichts ändern wird.

Diese Entwicklung zeichnet sich aber nicht nur in der Industrie ab. Auch in unserem privaten Umfeld verändert sich unsere Art, zu kommunizieren, und damit auch, wie wir leben. Wir sprechen im privaten Umfeld mit Alexa oder Siri, um eine Instant Message über WhatsApp zu versenden oder um unsere Lieblingsmusik abzuspielen. Wir telefonieren bei weitem weniger als früher, da wir lieber skypen, facetimen oder zoomen. Wir lassen unsere sportlichen Aktivitäten von Apps tracken, um immer auf dem neusten digitalen Stand darüber zu sein, wie fit wir sind.

Und da uns das Tippen per Hand zu umständlich geworden ist, diktieren wir unserem "smarten" Auto die Koordinaten für unser Reiseziel. So kann das Navigationssystem uns auf dem besten Weg zu unserem Wochenendausflug führen. In der Zwischenzeit saugt unser Staubsaugerroboter den Boden in unserem Haus und die Rollläden unseres Hauses fahren automatisch runter, weil sie erkannt haben, dass wir außer Haus sind.

Interessant ist, dass diese Entwicklung keine Science-Fiction mehr ist. Noch vor 20 Jahren konnte man solche Techniken nur im Spielfilm sehen. Heute leben wir mittendrin und dabei stehen wir noch am Anfang der digitalen Revolution.

Warum ist die Digitalisierung Deines Unternehmens so wichtig?

Wir leben in einer Zeit, in der die Digitalisierung immer mehr im Fokus steht. Tag für Tag spülen neue Technologien, neue Apps und Start-ups auf den Markt, die uns neueste digitale Lösungen anbieten. Und spätestens seit der Corona-Pandemie wissen wir, dass virtuelles Arbeiten auch geht, wenn man denn nur will. In der Zukunft wird unsere Arbeit immer mehr "virtualisiert" werden.

Auch steigen die Ansprüche der Mitarbeiter, die immer unabhängiger von Zeit und Ort ihrer Arbeit nachgehen möchten. Deshalb werden immer mehr Mitarbeiter von zu Hause aus arbeiten. Immer weniger Büro-Komplexe werden benötigt und die Unternehmen können dadurch immense Kosten sparen. Das Ganze bei gleicher oder sogar besserer Arbeitsleistung. Der Haken an der Sache: Um auf diesen Zug aufzuspringen, müssen Deine Prozesse bereits digitalisiert und von den Mitarbeitern verinnerlicht und getragen werden.

Hier handelt es sich also nicht einfach um eine App, die man installiert, oder ein IT-System, das man einführt. Das Big Picture ist viel umfangreicher und bringt eine große Veränderung für jedes Unternehmen mit sich. **Wer sich nun an alten Abläufen und Traditionen in seinem Arbeitsumfeld festklammert, wird langfristig in der neuen digitalen Welt keinen Platz mehr haben. Deshalb musst Du Dich als Unternehmer genau jetzt mit diesem Thema auseinandersetzen.**

Diese digitale Welle kann einen ganz schön erschlagen. Insbesondere, wenn man aus einer Generation kommt, die nicht die digitale DNA schon mit der Muttermilch aufgesogen hat, wie die Generationen von heute. Aber glücklicherweise gibt es ja Unternehmen, die Dich dabei unterstützen können. Meine Firma ist beispielsweise darauf spezialisiert, aus Unternehmern Digital Heroes zu machen.

Lektion:

Digitalisierung...

- ...ist **essenziell für den zukünftigen Erfolg Deiner Firma.**
- **...hilft Dir, Deine Prozesse effizienter, schneller, weniger fehleranfällig und günstiger zu gestalten.**
- **...ist die Veränderung des Mindsets** und nicht nur die Einführung einer App.

BUSINESS TALK

Was bedeutet für Dich und Dein Unternehmen Digitalisierung?

„Für mein Unternehmen bedeutet Digitalisierung sehr viel. Es ist ein **essentieller Zukunftsbaustein.** Wir werden an der Digitalisierung des Produktes nicht vorbeikommen. Die Mitbewerber machen es auf jeden Fall.

Für mich persönlich ist Digitalisierung ein Buzzword. Ich mache IT, das ist Digitalisierung von Haus aus.

Das Spannende ist, neue Geschäftsfelder zu erschließen: Die Möglichkeiten der Informationstechnologie mit der Analogen Welt zu verbinden. Apple ist da ein gutes Beispiel: Der iPod hätte auch einfach ein ganz normaler MP3-Player wie alle anderen sein können. Jedoch hatte keiner zu dieser Zeit einen MP3-Player mit dem passenden Öko-System angeboten, um immer die aktuellste Musik digital zur Verfügung zu haben. Das war der Game Changer. Die Weiterentwicklung davon ist das iPhone. Ein iPod, mit dem Du telefonieren kannst. Die wichtige Frage in diesem Zusammenhang ist: **Was für einen Mehrwert bringst Du dem anderen?**

Deswegen scheitern ganz viele Start-ups. Sie haben coole Ideen, aber denken nicht daran, dass es auch jemanden geben muss, der es haben will." – Robert Riemann

„Da wir unsere Kunden zu dem Thema beraten, unter dem Motto, Digitalisierungsprojekte erfolgreich durchzuführen und die Organisation mitzunehmen, stellt die Digitalisierung eine unserer Kernkompetenzen dar.

Digitalisierung richtet den Blick für mich auf das optimale Zusammenspiel von meinem

- **Business-Modell**: Das schließt in der inneren Organisation Prozesse und dynamische Fähigkeiten ein und im außen meine Kunden und meine Lieferanten.

- **Technologien**, die ich dazu einsetze. Das betrifft die IT, aber auch Maschinen, die ich digital vernetze, beispielsweise bei einem Produzenten (Industrie 4.0: Internet of Things). Bei einem Logistiker setzt man ggf. Augmented Reality – Tools zur Digitalisierung der Lager ein. **Außerdem muss ich mich auf die wachsende Digitalisierung im Markt einstellen, das digitale Nutzerverhalten meiner Kunden miteinbeziehen.** Wenn ich heute einem meine Fax-Nummer gebe, um ein Bestell-Fax zu erhalten, dann wird derjenige nichts damit anfangen können.Technologien sollen insgesamt in der Lage sein, meine dynamischen Fähigkeiten zu unterstützen. **Wenn ich hoch-agil eine schlechte Standardsoftware einführe, dann habe ich zwar ein agiles Projekt gehabt, aber unter Umständen eine Software im Einsatz, die mir als User mehr abverlangt, als sie mir gibt.** Damit bin ich als Unternehmen durch neue digitale Technologien nicht dynamischer geworden.

- **Verfahren und Methoden, nach denen ich meine Produkte entwickle, produziere, verkaufe und warte**: Diese Verfahren und Methoden determinieren auch wieder den Einsatz meiner Technologien und umgekehrt. Beispiel: Wenn ich in meiner Produktentwicklung flexibler werden will, weil sich die Marktanforderungen immer schneller ändern, dann benötige ich auch dynamische Verfahren und Methoden (Stage-Gate Advanced Product Quality Planning-Verfahren, ein Produkt muss verschiedene Quality Gates durchwandern, bis es die Reife für den Markt hat)."

  – Frank Mercier

„Das bedeutet, dass wir das mit machen, was sinnig ist, z.B. papierlose Ablage. Wir schauen uns an, wie wir **mit der Digitalisierung neue Geschäftsfelder erschließen** können.

Virtuell unterrichten und nicht überall hinfliegen. Die Beratung der Patienten über Telemedizin einführen. **Digitalisierung ist bei uns aber Mittel zum Zweck.** Die Behandlung des Patienten wollen wir aber bewusst mit digitalem Detox durchführen. Deshalb haben wir auch keine Monitore in den Behandlungsräumen."

- Kai-Uwe Aescht

„Alle Prozesse können von einem Rechner aus gesteuert werden. **Ich bekomme alle Daten von unseren Systemen auf meinen Rechner und ich kann alles von aller Welt aus steuern.** Beispielweise Maschinendaten, Ausschuss einfach aller Produktionsdaten. Heutzutage nennt man das Produktion 4.0."

- Sven Scharf

„Unser Unternehmen ist schon seit Jahrzenten digitalisiert. Deshalb ist Digitalisierung elementar für uns. Alle wichtigen Prozesse werden über IT-Systeme abgebildet. **Das Geschäftsmodell wäre ohne Digitalisierung nicht möglich. Was sich aber zeigt, dass es ein verändertes Kundenverhalten gibt und dementsprechend müssen wir Vertriebskanäle und unsere IT auf den Kunden abstimmen.**

Zunehmender Druck und Beschleunigung des Alltags."

- Peter W.

Warum ist aus Deiner Sicht Digitalisierung so wichtig für den Erfolg Deines Unternehmens?

„Weil es hoch effektiv ist. Wir können dadurch ein **hohes Sparpotential heben.** Wir sparen uns zum Beispiel viele Wege. Wir **können intern aber auch hin zum Kunden viel transparenter arbeiten.** Es ist ein Verkaufsargument, dem Kunden mehr darstellen zu können - und das bei minimiertem Aufwand. Früher ist jede Spritzgussmaschine für sich separat gelaufen und heute läuft alles verbunden. So können wir **die Nachhaltigkeit unserer Produkte besser abstimmen.**"

- Sven Scharf

„Es **eröffnet neue Geschäftsfelder.** Du **stellst Dich breiter auf** und das kann Dir in Krisenzeiten die Firma retten oder den Fortbestand des Unternehmens. Genauso machst Du Dein Fachwissen einer breiteren internationalen Menge zugängig. Das wäre ohne Digitalisierung so nicht möglich."

- Kai-Uwe Aescht

„Weil wir uns alle in einer immer digitalisierteren Welt bewegen. **Wenn wir nicht aktiv digitalisieren würden, dann würden wir uns von der Geschäftswelt verabschieden.**"

- Frank Mercier

„**Überlebensfrage.** Fintechs (kleine Start-ups, die einzelne Dienstleistungen im Finanzbereich anbieten) machen uns das Leben schwer durch ihre hohe Geschwindigkeit und Flexibilität. Sie können Services schneller in den Markt bringen als die großen Banken."

- Peter W.

In welche Projekte investiert Ihr in den nächsten drei Jahren in Digitalisierung?

„Unsere Kunden investieren in den nächsten Jahren sehr stark in **Flexibilisierung ihrer Systeme und Prozesse in der Organisation.**

Wenn Du Deine Organisation vom Markt her betrachtest, dann wirst Du feststellen, dass Du mit einem starren Produkt oder Service-Angebot mittel-/langfristig erfolglos sein wirst. Das Schlagwort in der Organisationsforschung war „disruptiv". Produkte, Organisation und Prozesse müssen disruptiv betrachtet und bewertet werden.

Durch Corona öffnen sich die Schere zwischen Gewinner und Verlierer enorm. Tech-Unternehmen (Online-Plattformen, Google) und Logistiker (Amazon) sind auf der Gewinnerseite. Traditionelle Unternehmen aus dem Maschinenbau und Automotive tun sich schwer."

- Frank Mercier

„Alle Autos werden viel digitaler. Ein Beispiel für unsere Digitalisierungsbemühungen ist die **Gründung einer speziellen „Digital-GmbH"**, deren Hauptaugenmerk darauf liegt, digitale Lösungen zu erarbeiten.

In unserer Konzern-Struktur wurde **letzte Woche eine Software-Entwickler-Organisation live gesetzt.** Das ist ein klares Statement in Richtung Digitalisierung.

Wir bauen ein unternehmensweites eigenes Betriebssystem für unsere Fahrzeuge. Wir wollen unabhängig von Android und iOS sein. Dafür ziehen wir aus den Kernmarken Menschen zusammen, um am Ende ein gemeinsames eigenes OS zu haben.

Fahrzeugentwicklung braucht 48 Monate. Und da hängt auch die Digitalisierung dran. Da müssen wir schneller werden."

- Robert Riemann

„**Alle Maschinen werden komplett digital vernetzt.** Sprich: Industrie 4.0. Wir streben eine komplette Digitalisierung aller Maschinen an, die dann über ein zentrales Leitsystem gesteuert werden. Dafür müssen Maschinen teilweise umgebaut werden."

– Sven Scharf

„Jetzt haben wir Corona. Da ist erst mal Investitions-Stopp. **Was aber sicher kommen wird, ist Telemedizin.**"

– Kai-Uwe Aescht

„Soweit es mir bekannt ist, wird es Änderungen in den Kernsystemen geben bezüglich der Warenwirtschaft und der Kundenbetreuung.

Änderung gewachsener IT-Altsysteme

Wir arbeiten an **Multikanal-Kundenkommunikation. KI-Systeme, Prozessautomatisierung.**"

– Peter W.

Wie konkret arbeitet jeder Mitarbeiter bei Dir daran, seinen Arbeitsalltag digitaler zu gestalten?

„**Home-Office, Video Conferencing. Arbeitsalltag digitalisiert.**

Ich unterschreibe nur noch digital mit PKI-Karte (eine Karte zur digitalen Identifikation des Benutzers). Wir verwenden weniger Papier. Zum Beispiel habe ich seit ca. 6 Monaten nichts mehr für die Arbeit ausgedruckt. Wir nutzen Teams zur Kollaboration. Da kommen ganz neue Fragen auf: Wie macht man Online-Workshops? Du musst Dir vorher genau überlegen, was Du tust. Wie Du welche Prozesse digitalisieren willst."

– Robert Riemann

„Konkret sind wir Berater und können durch Corona nicht On-Site beraten und **verlagern unser Beratungsangebot deshalb auf Remote Work oder hybride Ansätze** (das heißt reduzierte Vor-Ort-Termine)."

- Frank Mercier

„Aktuell arbeiten ca. 80% der Mitarbeiter im Home-Office (*das Feedback zu diesem Interview kam während der Corona-Pandemie*)."

- Peter W.

„Bei uns ist das kein großes Thema. Wir haben noch Nokia 3510."

- Kai-Uwe Aescht

In welchem Bereich bringt Deinem Unternehmen die Digitalisierung am meisten: Effizienzsteigerung, Kostenersparnis, Qualitätssteigerung, Geschwindigkeit der Bereitstellung Deiner Produkte und Services, Sonstiges?

„Im Moment, aufgrund der Corona-Situation, **haben wir sehr viel für Effizienz getan.** Aktuell sind ca. 15.000 Mitarbeiter per Virtual Private Network (VPN) mit uns verbunden. Arbeiten also nicht im Büro. **Strategisch wollen wir durch Digitalisierung aber Value, also Mehrwert, generieren.** Produktmehrwert oder auch Prozesse müssen noch digitaler werden.

Digitalisierung ist keine IT-Party. Da müssen alle ran. Es ist harte Arbeit. Wir müssen das gesamte Unternehmen verändern."

- Robert Riemann

„Als Berater stelle ich fest, dass ich remote effizienter bin, als wenn ich bei jedem Kunden eine Vor-Ort-Beratung durchführe und dabei auch noch die Umwelt belaste.

Manche Formate funktionieren remote nicht so gut. Wie beispielsweise agile Workshop-Methoden. Diese remote vorzubereiten, ist für uns ein enormer Aufwand. Das, was uns bisher ausgemacht hat in unseren Workshops vor Ort, muss jetzt digitalisiert werden und kostet uns enorme Kräfte."

– Frank Mercier

„Den größten Mehrwert haben wir in der **Qualitätssteigerung**, weil alles miteinander vernetzt ist. An zweiter Stelle würde ich auch die **Effizienz** sehen, aber nicht so stark wie die Qualitätssteigerung."

– Sven Scharf

„Effizienz und Servicebereitstellung. Schulung und Telemedizin."

– Kai-Uwe Aescht

BEST PRACTICES

Gewinner und Verlierer der Digitalisierung – Auf welcher Seite stehst Du?

Die großen Gewinner in der Digitalisierung sind diejenigen, die wissen, wie sie so viele Daten wie möglich sammeln können und wie sie sie für ihre Interessen nutzen können. In der Regel benötigt man diese Daten dafür, um Prozesse weiter zu optimieren, effizienter zu gestalten und Mitarbeiter abzubauen. Das wirft natürlich moralische Fragen auf wie: „Was genau machen die Firmen mit meinen Daten?" oder „Was sollen die Arbeiter machen, die nicht mehr benötigt werden?". Und sicher machen die Unternehmen sich auch Gedanken über diese Fragen. Das Problem ist nur, die Unternehmen, die nicht auf diesen Hightech Zug aufspringen, haben über kurz oder lang das Nachsehen und werden vom Markt gefegt, da ihre Produktion zu teuer und ihre Reaktionszeit zu langsam geworden ist.

Deshalb kannst Du Dir sicher sein, dass **Digitalisierung, ohne dass Mitarbeiter reduziert oder verschoben werden, eine Lüge ist**. Natürlich werden auch durch die Digitalisierung neue Stellen in IT-Firmen geschaffen werden, damit der Ansturm an Projekten bewältigt werden kann. Aber zum einen haben diese Personen eine Position, die ein höheres Studium erfordert. Zum anderen werden im Vergleich zu bisherigen Prozessabläufen auch nicht mehr so viele Mitarbeiter benötigt, um die gleiche Produktionsleistung zu erbringen als noch vor der Digitalisierung.

Die Rechnung liegt auf der Hand: Digitalisierung → Prozessoptimierung → Effizienzsteigerung → Kosteneinsparung → weniger menschliche Interaktion → mehr Automation durch digitale Lösungen → weniger Mitarbeiter.

Will an dieser Stelle nicht alles schwarzmalen, aber dieses Buch soll Dir ehrlich aufzeigen, welche Veränderungen uns durch die Digitalisierung erwarten und welche Auswirkungen dies auf Dich und Deine Firma haben wird. Deshalb solltest Du Dich fragen: **Welche Maßnahmen kann ich für mich ableiten, nachdem ich nun weiß, dass die Digitalisierung meiner Prozesse essentiell ist, um in der Zukunft am Markt bestehen zu können?**

Um diese Frage beantworten zu können, muss man sich im Klaren sein, welche zwei Arten der Kommunikation es im Rahmen der Digitalisierung gibt. Danach kannst Du dann entscheiden, welche Maßnahmen für Dein Unternehmen abzuleiten sind.

Organische Kommunikation

Unter „Organischer Kommunikation" versteht man jede Art digitaler Kommunikation, bei der eine menschliche Interaktion notwendig ist. Dabei handelt es sich um Kommunikationssysteme wie Instant Messanger (WhatsApp, Telegram, Threema, Slack usw.), soziale Netzwerke (LinkedIn, Facebook, Twitter, Instagram, YouTube, Tik Tok usw.), Videokonferenz-Apps (Skype, Chime, zoom, hangouts usw.) sowie Business Tools (Jira, Confluence, XWiki,

Bitbucket, GitHub, GitLab, Trello, Redmine, Target Process, Sprintly uvm.). Alle diese Softwarelösungen haben eins gemeinsam: Sie leben davon, dass Menschen miteinander kommunizieren. Je mehr Interaktion, desto besser.

Synthetische Kommunikation

Im Gegensatz zur organischen Kommunikation besteht die synthetische Kommunikation nur zwischen Maschinen. Hierbei kommunizieren Serversysteme, Industriemaschinen, Haushaltsgeräte, Smart Devices, Sensoren und Netzwerkkomponenten wie Router und Repeater usw. miteinander.

Die Grundlage ist nun gelegt. Aber wie kannst Du dieses Wissen nun für Deine Firma nutzen?

Ein Beispiel: Denk mal zurück an die Zeit, als Nokia 3210 voll im Trend war und man seine Pre-Payed-Karte regelmäßig neu aufgeladen hat, weil man schon wieder zu viele SMS verschickt hatte. Heutzutage zahlen nur noch die wenigsten für SMS. Ein Großteil der Smartphone-Nutzer hat WhatsApp. In 2020 sprechen wir hier bereits von 2 Milliarden aktiven Nutzern und ca. 80 Milliarden Nachrichten pro Tag. Und wenn man diese Nutzer befragt, wie viel sie bereits für WhatsApp gezahlt haben, dann kommt ziemlich häufig die gleiche Antwort: 0€.

Die Konsequenz daraus ist, dass wir im Falle von WhatsApp, und von so ziemlich allen weiteren kostenlosen digitalen Diensten, mit unseren Daten zahlen.

Das mag für viele nicht sehr beunruhigend sein, weil sie glauben, sie haben nichts zu verbergen. Die Realität sagt zwar was anderes, aber nehmen wir an, dem ist so. Dann kommt für uns trotzdem die Frage auf: Was kann man von diesen international aktiven Big-Playern für sein eigenes Unternehmen über die Datennutzung lernen?

Hier ein paar Denkanstöße:

- Wer die Daten kontrolliert, kontrolliert seinen unternehmerischen Erfolg.
- Wer sich nicht um die digitalen Kommunikationskanäle zu seinen Kunden und seinen Partnern kümmert, wird über Kurz oder Lang Marktanteile verlieren.
- Wer den Anschluss an die Digitalisierung verliert, wird unternehmerisch untergehen.

Natürlich ist nicht jedes Geschäftsmodell gleich und Vergleiche sind oft nicht leicht vorzunehmen. Aber es zeichnet sich ganz deutlich ab, dass die Unternehmen, die schnell auf Marktveränderungen mit digitalen Lösungen reagieren, langfristig ihre Stellung sichern und ausbauen können.

PROZESSOPTIMIERUNG

Was genau hat es auf sich, wenn wir von Prozessoptimierung oder Prozessdesign sprechen? Im Grunde genommen geht es einfach darum den aktuellen Stand eines Ablaufes zu dokumentieren und sich dann zu überlegen, wie dieser optimiert werden kann.

Was sich so einfach anhört, zeigt sich spätestens, wenn es an die Umsetzung geht, für viele Unternehmen als große Herausforderung. So werden oft nicht die Maßnahmen unternommen, die nötig wären, um eine spürbare Veränderung zu erreichen. Und Prozessoptimierungen werden verwässert. Das liegt vornehmlich daran, dass, je nach Größe des Unternehmens, politische Bewegungen disruptive Prozessanpassungen erschweren. Wir als Menschen sind oft dazu geneigt, in den bekannten Abläufen zu verharren, weil wir uns dort sicher fühlen und eine gewisse Reputation erarbeitet haben. Wenn man jetzt alles neu macht, werden die Karten neu gemischt und man muss sich aufs Neue beweisen. Dass nicht jeder glücklich über Veränderungen ist, leuchtet ein.

Um Prozesse wirklich erfolgreich anzugehen und zu verbessern, muss man das ganze Unternehmen bei dem Veränderungsprozess mitnehmen. Und manchmal ist hierfür einiges an Überzeugungsarbeit notwendig. Das Beste, was man als Unternehmen machen kann, ist, den ständigen Wandel und die Anpassung an die Anforderungen des Marktes als gelebte regelmäßige Methode zu etablieren. So werden mit der Zeit Änderungen im Prozess als Normalität wahrgenommen und spätestens, wenn die Mitarbeiter die positiven Veränderungen wahrnehmen und sie persönlich etwas davon haben, dann wird auch der letzte Kritiker positiv gestimmt sein.

Das Zauberwort in unserer Zeit, um diese Flexibilität im Unternehmensumfeld zu beschreiben, scheint „Agilität“ zu sein. Jedes Unternehmen, sei es noch so groß oder mit vielen veralteten Strukturen behaftet, steckt sich auf die Fahnen: Wir werden agil. So werden Projekte mit agilen Projektmethoden initiiert und das Management klopft sich am Ende auf die Schulter, weil sie augenscheinlich ihr Ziel erreicht haben und ihr Unternehmen nun agil ist.

Nur agile Methoden in Projekten einzusetzen und agil seine Produkte am Markt auszurichten, sind zwei unterschiedliche Sachen.

Die Frage ist, warum können kleine Start-ups so agil sein? Weil ihnen die Hierarchie fehlt, um Entscheidungsprozesse zu verlangsamen. Und da sie sich oft aufgrund ihrer Größe nur auf einen Business Case fokussieren, wissen sie genau, was sie tun müssen, um agil ihre Produkte auf die Wünsche des Kunden abzustimmen.

Diese Agilität kann nicht einfach über bestehende Strukturen drüber gestülpt werden - und damit ist es getan. Wenn man möchte, dass Unternehmen, die traditionellen Hierarchien haben, wirklich agil werden, muss man sehr disruptiv vorgehen und alle Prozesse, Hierarchien und Vorgehensweisen hinterfragen und ändern. Das bringt einen enormen Kosten- und Zeitaufwand mit sich. Kein Wunder, dass viele Großkonzerne Start-ups dazu kaufen, weil sie wissen, dass sie ihre alten Strukturen nicht so schnell anpassen können, wie der Markt es verlangt. Größe geht immer einher mit Inflexibilität. Mal abgesehen davon kann man zwar moderne agile Methoden in Unternehmen einsetzen, wenn man aber nicht schnell und agil also anpassbar ist, dann ist dem Unternehmen und vor allem dem Kunden trotzdem nicht geholfen. Agilität hat also sehr viel mit der umfangreichen Anpassung von Prozessen zu tun.

In Sachen „Prozessoptimierung" kann man sehr viel von den Japanern lernen. Insbesondere Toyota ist hier hervorzuheben. Nach dem zweiten Weltkrieg war Japan in der herausfordernden Situation, dass sie mit wenig Ressourcen ihre Wirtschaft wieder in Gang bringen musste. Da Toyota anfangs nicht mit der stabilen und dauerhaften Lieferung von Bauteilen für ihre Fahrzeugproduktion rechnen konnte, mussten sie durch Prozessoptimierung dafür sorgen, dass so wenig Ressourcen wir möglich verschwendet wurden. Das Zitat von Taiichi Ohno, seines Zeichens ehemaliger Produktionsleiter bei Toyota, fasst das gut zusammen:

> **„The starting concept of the Toyota production system was, as I have emphasized several times, a thorough elimination of waste."**

Dieses Konzept des Eliminieren von Verschwendung und Abläufen, die unnötig sind, bringt gut auf den Punkt, was es heißt, Prozesse zu optimieren.

Dafür ist es sinnvoll, sich mit verschiedenen Themengebieten auseinanderzusetzen. Am Beispiel des Toyota-Produktionssystems wird das deutlich:

- Prozesse synchronisieren
- Prozesse standardisieren
- Fehler vermeiden
- Anlagen verbessern
- Mitarbeiter trainieren

Die Idee hinter diesem System ist, dass man Veränderungen in vielen kleinen Schritten angeht, bei denen jeder mithelfen kann, um so am Ende am großen Rad drehen zu können und für das ganze Unternehmen einen Mehrwert zu erzielen.

Die folgenden Methoden sollen einen kleinen Einblick darin geben, wie Prozesse optimiert werden können. Falls es Dir möglich ist, empfehle ich sehr, Japan zu besuchen und eine Führung in einem Toyota-Werk zu buchen. Aus eigener Erfahrung kann ich sagen, dass so ein Besuch in Japan sehr einprägsam ist.

Kaizen - 改善

Kaizen wird aus den zwei japanischen Zeichen Kai = „Veränderung" und Zen = „zum Besseren" gebildet und bedeutet, ins Deutsche übersetzt, „Wandel zum Besseren".

Das Grundprinzip, das dahintersteckt, ist der Gedanke, dass man alles immer weiter verbessern kann. Dieser Prozess der Optimierung hört nie auf. Das kann man sehr gut in der Aussage des Begründers des Kaizen Masaaki Imai erkennen:

> **„Die Botschaft von Kaizen heißt, es soll kein Tag ohne irgendeine Verbesserung im Unternehmen vergehen."**

Und die Veränderung betrifft jeden im Unternehmen. Leider halten wir Deutsche uns oft an Regeln und Hierarchien fest und grenzen so unsere Kreativität und unser Potenzial, zu einer Verbesserung beizutragen, sehr stark ein.

Ich kann mich noch an eine KVP-Runde (KVP steht für Kontinuierlicher Verbesserungsprozess, die deutsche Version des Kaizen) erinnern, in der ich Teilnehmer war. Eine Gruppe von ca. 30 Mitarbeitern stand in einer Runde zusammen und schaute auf ein Chart, das im Rahmen des Verbesserungsprozesses von einem für die Optimierung der Abläufe definierten Mitarbeiter präsentiert wurde. Schon damals konnte ich nicht verstehen, warum man die Optimierung nur auf einige wenige Menschen im Unternehmen fokussierte. Denn meiner Überzeugung nach kann und muss jeder im Unternehmen von der Reinigungskraft bis zum Vorstand täglich daran arbeiten, die Arbeitsprozesse zu verbessern, um so der Firma, bei der er oder sie angestellt ist, zu helfen, langfristig erfolgreich zu sein.

Aber wie konkret kannst Du diese Verbesserungskultur bei Dir im Unternehmen etablieren?

Zunächst einmal geht es hier um Mindset. Bei den Japanern funktioniert dieses Prinzip so gut, weil sie sich ihrer Arbeitsstelle voll und ganz widmen. Möglicherweise ist das ein Überbleibsel der Samurai-Kultur der Japaner, in der die Samurai mehr als nur ihre Treue schworen, als sie sich in den Dienst ihres Auftraggebers stellten. Sie widmeten sich völlig ihrer Aufgabe mit einer aufopferungsvollen Passion.

In unserer Kultur haben wir möglicherweise einen anderen Hintergrund, aber auch bei uns gibt es Parallelen. Dem gemeinen Deutschen wird ja häufiger ein Hang zum Perfektionismus attestiert. Was in dem Fall des Kaizens keine schlechte Eigenschaft ist, weil es immer etwas zu verbessern gibt.

Die konkrete Umsetzung von Kaizen im Unternehmen hängt also weniger davon ab, dass man ein Regelmeeting macht, in dem Prozesse optimiert werden. Viel mehr kommt es darauf an, dass vom Top-Management, über das mittlere Management bis hin zum einzelnen Mitarbeiter, alle die Prinzipien von Kaizen verinnerlichen und diese täglich leben:

- Täglich soll das Unternehmen in allen Bereichen verbessert werden.
- Alles soll daran gesetzt werden, jede Verschwendung von Material, Zeit und Geld zu vermeiden.
- Ständige Verbesserungen erfolgen in kleinen Schritten, die als Ganzes große Veränderungen erzielen.
- Die kompletten Prozesse sollen aus der Sicht des Kunden betrachtet werden und zur Kundenzufriedenheit entsprechend optimiert werden.
- Verbesserungen enden nie.
- Alles kann verbessert werden.
- Prozessschritte, Arbeitsplätze, Services usw. werden vor Ort analysiert und optimiert.
- Die Optimierungen werden in Standards überführt und zur Regel gemacht.

Natürlich hat jeder in seiner Funktion innerhalb des Unternehmens andere Möglichkeiten, Optimierungen voranzutreiben.

Eine Reinigungskraft, die ihre Arbeitsabläufe optimiert und deshalb weniger kostenintensives Reinigungsmittel verwenden muss, sorgt täglich dafür, dass das Unternehmen weniger Geld verschwendet.

Ein Werker, der seine Stanzmaschine so einstellt, dass weniger Ausschuss generiert wird und zusätzlich weniger Down Times entstehen, spart dem Unternehmen Zeit und Geld.

Der CEO, der neue Geschäftspartnerschaften eingeht, so dass Entwicklungskosten mit einem Partner geteilt werden können, hilft dem Unternehmen ebenfalls, weniger zu verschwenden.

Wir könnten hier noch unzählige Beispiele aufzählen und ich denke, der Grundgedanke ist auch klar geworden. Kaizen oder der „Wandel zum Besseren" wird täglich immer wichtiger. Denn, wenn Unternehmen nicht flexibel genug sind, ihre Prozesse zu optimieren und an den Kundenwunsch anzupassen, dann werden sie es auf Dauer schwer haben im Markt.

Frage Dich deshalb:

- Habe ich eine Atmosphäre geschaffen, in der jeder Mitarbeiter, unabhängig von seiner Position, täglich daran interessiert ist, die Arbeitsabläufe zu verbessern?
- Haben meine Mitarbeiter täglich die Zeit, sich über Verbesserungen Gedanken zu machen?
- Lebe ich das Kaizen-Mindset mit gutem Beispiel vor?
- Wann war das letzte Mal, dass ich vor Ort war und zugehört habe, was die einzelnen Mitarbeiter für Verbesserungsvorschläge haben (hier sollte man bewusst Hierarchien überspringen)?
- In welchen Bereichen optimieren wir bereits umfangreich und regelmäßig? Wo gibt es noch Nachholbedarf?
- Haben meine Mitarbeiter wirklich die Kompetenzen, Veränderungen umzusetzen?

Lektion:

- Kaizen **vorleben.**
- Prozesse in Richtung **Kundensicht** optimieren.
- **Verschwendung vermeiden.**
- Jeder muss Kaizen im Unternehmen **täglich anwenden.**

EPK - Ereignisgesteuerte Prozessketten

„Den Feind, den Du kennst, kannst Du auch besiegen."

Vielleicht fragst Du Dich: „Was hat Prozessoptimierung mit einem Feind zu tun?" Der Punkt ist, um die Anpassung an einem Ablauf nachhaltig vornehmen zu können, musst Du ihn ganz genau kennen. So wie ein Krieger seinen Herausforderer kennen muss, in dem er seine Strategien studiert und Schwachpunkte identifiziert.

Diese Methodik wird in den verschiedensten Themenbereichen noch heute angewandt, wenn man beispielsweise an die Top-Clubs im Fußball denkt: Vor einem Spiel werden wieder und wieder vorherige Spiele des Gegners in Video-Analysen angesehen, um seine Strategie entsprechend auf die Schwächen des Gegners einzustellen. So erhöht man signifikant die Wahrscheinlichkeit zu gewinnen.

Wenn wir also die Prozesse eines Unternehmens verbessern wollen, müssen wir auf Tuchfühlung mit ihnen gehen. Am besten geht das, wenn man sich mit denjenigen austauscht, die täglich die Prozesse in ihrem Arbeitsablauf bedienen. Ihnen fällt häufig am schnellsten auf, wo man etwas verbessern könnte.

Methodisch hat sich folgendes Vorgehen bei mir bewährt:

1. Aufnahme des Prozesses im Rahmen eines Brainstormings
   - Wichtig ist hierbei, alle Schritte aufzunehmen und diese nicht zu bewerten. Ich verwende hierfür Xmind. Es gibt aber diverse Anbieter für Mindmap-Tools.

2. Im zweiten Schritt sollten die Abläufe in einer EPK (Ereignisgesteuerten Prozesskette) dargestellt werden:
   - Das kann man auf einem Whiteboard oder in einer ähnlichen Form darstellen. Als Software-Lösung ist Microsoft Visio zu empfehlen.
   - Wichtig ist hierbei, Folgendes aufzunehmen:
     - Wann beginnt und wann endet ein Prozess?
     - Wer hat die Verantwortung für den Prozessschritt (Team, Person usw.)?
     - Wie lange ist die Durchlaufzeit des Prozessschrittes?
     - Wir lange ist die reine Bearbeitungszeit?
     - Welche Medien werden innerhalb des Prozessschrittes verwendet (z.B.: Word, Excel, Datenbank, Webservice, Papier-Protokoll usw.)?

  - Was oder wer initiiert den Prozess?
  - Was sind die messbaren Ergebnisse, die aus dem Prozess entstehen?

3. Im dritten Schritt sollte man den aktuellen IST-Stand analysieren und einen SOLL-Stand ableiten. Folgende Fragen werden Dir dabei helfen:
   - Wo kann der Prozess vereinfacht werden?
   - Können Medienbrüche abgestellt werden?
   - Welche Prozessschritte kann man weglassen?
   - Wie kann die Qualität des Prozesses erhöht werden?
   - Wie kann die Durchlaufzeit verkürzt werden?
   - Wie können Kosten eingespart werden?
   - Wie kann der Prozess kundenfreundlicher gestaltet werden?
   - Was würde passieren, wenn es den Prozess nicht mehr gäbe? Was würde man dann tun?

Mit diesen Fragen kann deutlich gemacht werden, wo Verbesserungspotenzial innerhalb des Prozesses besteht. Die folgende Abbildung stellt den Ablauf nochmal in einer vereinfachten Grafik dar:

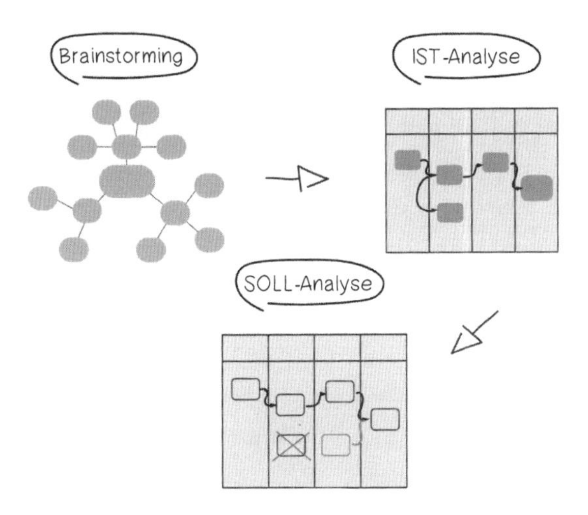

Poka Yoke - ポカヨケ

Poka Yoke, ein weiterer Begriff aus dem japanischen Prozessoptimierungsalltag. Poka steht hierbei für „einen groben Schnitzer oder Fehler" und Yoke kann mit dem deutschen „vermeiden" übersetzt werden. Also, bedeutet Poka Yoke, übersetzt ins Deutsche, „unglückliche Fehler vermeiden".

Die Ursprungsidee war, Fehler innerhalb von Produktionsketten zu vermeiden, da der Aufwand, um einen Fehler wieder zu beheben, mit jedem weiteren Produktionsschritt eines Bauteils steigt. Je früher ein Fehler also erkannt wird, desto einfacher ist es, ihn zu beheben. Deshalb ist es bei dieser Methode nicht nur wichtig, in einem bestimmten Prozessschritt einen Fehler zu erkennen, sondern auch zu erforschen, wo der Fehler erstmals in der Produktionslinie aufgetreten ist. Also, herauszuzoomen und den gesamten Produktionsprozess zu betrachten. So kann nachhaltig dafür gesorgt werden, dass am Ende die Qualität der Produktion dauerhaft hoch bleibt.

Die Idee von Poka Yoke lässt sich aber auch auf jeglichen anderen Bereich anwenden. So zum Beispiel in Service-Prozessen. Ein sehr plastisches Beispiel sind Reinigungsanweisungen für das Reinigungspersonal von Unternehmensgebäuden, Restaurants, Büros oder Ähnlichem.

Vielleicht ist Dir schon mal ein Bild wie dieses in den Toiletten aufgefallen:

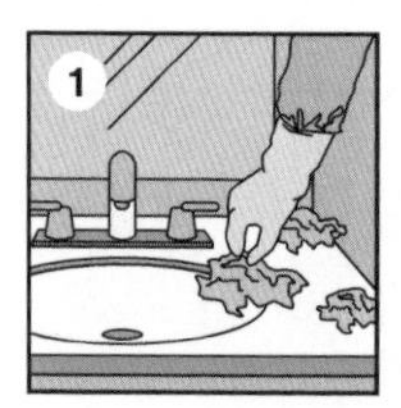

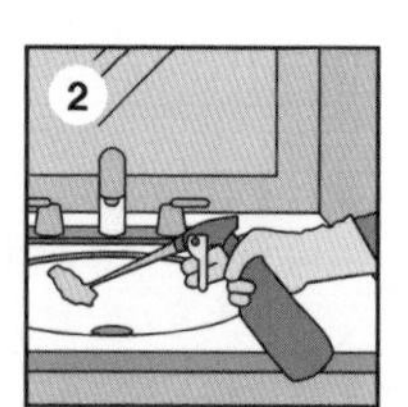

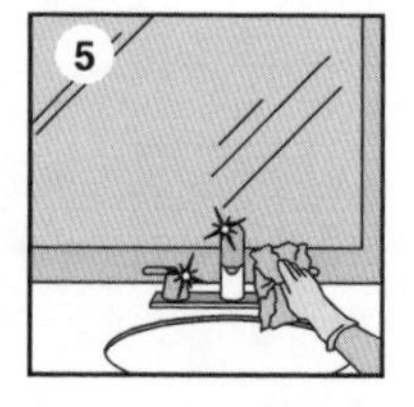

Die Frage ist: „Warum wird hier jeder Arbeitsschritt grafisch dargestellt?“ Aufgrund des hohen Kostendrucks, dem Reinigungsfirmen unterliegen, können sie oft keine hoch ausgebildeten Mitarbeiter anstellen. Häufig können die Mitarbeiter die, die Arbeit ausführen, die Landessprache, in der sie arbeiten, nicht gut genug sprechen. Deshalb ist eine grafische Arbeitsanweisung stark anzuraten, um Fehler zu vermeiden.

Beispielsweise könnte das falsche Reinigungsmittel auf der falschen Oberfläche verwendet werden. Als Konsequenz daraus werden empfindliche Oberflächen so stark angegriffen, dass sie kostenintensiv ausgetauscht werden müssen. Es lohnt sich also, sich über Poka Yoka in diesem Umfeld Gedanken zu machen.

Vielleicht fragst Du Dich nun: „Gut und schön, aber was hat das mit meiner Service- oder Produktqualität zu tun?“ Vielleicht hast Du diese spezielle Situation nicht und kannst auf hoch ausgebildete Arbeitskräfte zurückgreifen. Ist Poka Yoke deshalb in Deinem Fall zu vernachlässigen? Ganz und gar nicht, denn Fehler hängen nur zu einem kleinen Teil vom Bildungsstand ab.

Es gibt einige weitere Einflusskriterien:

- **Konzentrationsmangel oder Vergesslichkeit**: Wichtige Arbeitsschritte werden übersprungen oder zu spät durchgeführt.
- **Entscheidung, „ohne nachzudenken“**: übermäßige Vertrautheit, da man denkt, man kennt den Ablauf ja bereits in- und auswendig.
- **Oberflächliche oder zu schnelle Analyse**: Da man den Ablauf schon viele Male erfolgreich durchgeführt hat, geht man die Abläufe schneller durch und vergisst deshalb etwas.
- **Mangel an Erfahrung**: Man kennt nicht alle Prozessschritte im Detail.
- **Unvorsichtigkeit oder Sturheit**: Man will gerne den Prozess so durchführen, wie man es selber für richtig hält.
- **Ablenkung**: Man ist nicht voll fokussiert auf das, was man tut.
- **Verzögerung der Entscheidung**: Prozessschritte sind oft zeitkritisch, da sie auf Folgeprozesse direkte Auswirkung haben.

- **Fehlende Muster, fehlendes Verfahren:** An Mustern kann man sich festhalten, um regelmäßig hohe Qualität zu generieren. Fehlen diese, ist die Qualität von jedem Einzelnen abhängig und kann deshalb sehr variieren.
- **Überraschungsmoment:** Man macht Fehler, weil man mit der Situation überfordert ist.
- **Böswilliges oder vorsätzliches Handeln:** Jemand möchte mit Vorsatz Fehler in den Prozess einsteuern, um dem Unternehmen zu schaden.

Um nochmal zu unterstreichen, dass es hier nicht nur auf die Bildung ankommt, kommen wir nochmal auf das Beispiel des Pilotenberufes zurück:

In der Regel gibt es sehr hohe Anforderungen an Piloten, insbesondere wenn sie Linienmaschinen mit Passagieren fliegen. Sie müssen eine gewisse Persönlichkeit und Intelligenz haben, um diesen Job ausführen zu können. So müssen sie eine allgemeine oder fachgebundene Hochschulreife mitbringen und neben vielen weiteren Anforderungen einen tadellosen Gesundheitszustand vorweisen. Und trotz dieser hohen Anforderungen gehen der Pilot und der Co-Pilot vor jedem Flug diverse Checklisten durch, um Fehler zu vermeiden. Jedem leuchtet ein, warum das so ist. Denn, wenn hier Fehler während des Starts, während des Fluges oder bei der Landung auftreten, können diese Menschenleben kosten.

Natürlich ist nicht jeder Prozessschritt innerhalb der Erbringung eines Services oder in Deiner Produktionslinie so wichtig wie der Check des Flugzeuges vor dem Start, jedoch lassen sich aus den Beispielen einige Lektionen entnehmen.

Ganz konkret: Wie findest Du heraus, wo noch Nachholbedarf in Deinem Unternehmen besteht?

Am einfachsten kannst Du überprüfen, wo noch Nachholbedarf besteht, wenn Du Dir ansiehst, wie viele Fehler in einem Prozess auftreten. Da, wo viele Fehler auftreten, sollten die Anleitungen noch detaillierter und grafischer beschrieben werden.

Man muss ein ausgewogenes Mittel zwischen gar keiner Dokumentation und einer so fein granularen Dokumentation finden, dass man einen x-beliebigen Mitarbeiter in den Prozess eingliedern kann und er ohne Fehler seine Aufgabe erfolgreich durchführen würde. Diese letzte Form ist zwar technisch möglich, aber nicht an jeder Stelle anzuraten, weil der Dokumentationsaufwand sehr hoch ist und man so dem Mitarbeiter jede Entscheidungsverantwortung abnimmt. Je detaillierter man eine Dokumentation macht, desto häufiger muss diese auch geändert werden. Je detaillierter sie ist, desto weniger wahrscheinlich sind Fehler. Deshalb muss man sich überlegen, wo genauere Anweisungen am meisten Sinn machen. Einer meiner ehemaligen Vorgesetzten sagte häufig:

„Man kann auch einen Pizzabäcker zum IT-Spezialisten machen. Die Frage ist nur, wie viel Zeit und Geld man bereit ist, zu investieren."

Generell sind folgende Schritte sinnvoll:

- **Den zu korrigierenden Fehler kennen.**
  In diesem ersten Schritt muss das Unternehmen daran arbeiten, die Fehler und deren Vorkommnisse zu identifizieren und versuchen, den Fehler eines Produkts, einer Dienstleistung oder eines Prozessschrittes genau zu verstehen. Hierbei ist es das Beste, immer den zu befragen, der täglich persönlich mit dem Fehler zu kämpfen hat.
  In jedem Fall sollte der Fehler per Foto oder Video dokumentiert und beschrieben werden. So fällt es später einfacher, entsprechende Maßnahmen zu entwickeln, um ihn zu beheben.

- **Die Ursachen verstehen.**
  Es ist wichtig, die Ursachen zu verstehen. Wenn man die Ursache eines Fehlers verstanden hat, dann fällt es einem oft wie Schuppen von

den Augen und man kann eine Lösung entwickeln. Erfahrungsgemäß können Mängel zehn grundlegende Ursachen haben:

1. **Nicht ausgeführt** wegen fehlender Verarbeitung
2. **Fehler** bei **der Ausführung** oder Verarbeitung
3. **Fehler** in **der Anordnung** der Elemente
4. **Abwesenheit oder Überschuss** von Elementen
5. Verwendung eines **falschen Elements**
6. Ausführung oder **Verarbeitung** eines **falschen Elements**
7. **Ausfall** der **Ausrüstung**
8. **Anpassungsfehler**
9. **Ausrüstung nicht** oder unzureichend **vorbereitet**
10. **Unzulängliche Werkzeuge** oder Geräte

Je grafischer und damit verständlicher wir Prozessabläufe beschreiben, desto einfacher und schneller können die zuständigen Verantwortlichen die Qualität innerhalb des Prozesses gewährleisten. So kannst Du es allen einfacher machen, ihrem Job nachzugehen. Denn klar ist: In der Regel möchte jeder von uns als guter und erfolgreicher Arbeiter bekannt sein. Das geht in der Regel immer mit der Qualität unserer Arbeit einher. Und diese wird oft daran gemessen, wie oft Fehler auftreten.

Bilder wie dieses hier machen also das Leben aller im Unternehmen einfacher:

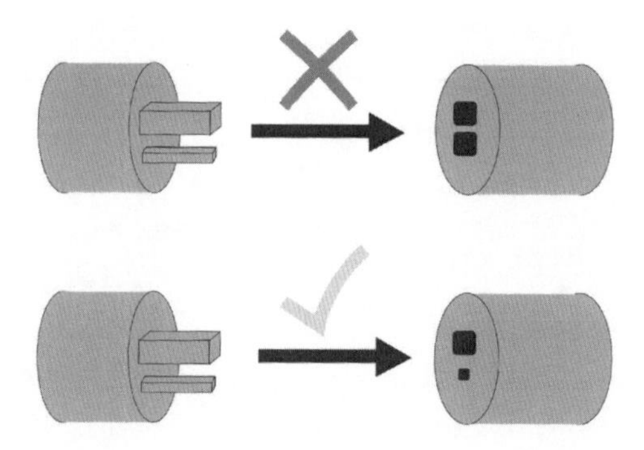

Und aus betriebswirtschaftlicher Sicht spart man Kosten, standardisiert die Abläufe und steigert die Qualität dauerhaft.

Lektionen:

- **Fehler vermeiden** durch grafische Arbeitsanweisungen
- **Den Prozessverantwortlichen zuhören**
- **Fehlern auf den Grund gehen**
- **Fehler ganzheitlich beheben**

BUSINESS TALK

Welche Bedeutung hat Prozessoptimierung bei Dir im Unternehmen?

„Prozessoptimierung ist für uns extrem wichtig. Über den Lebenszyklus eines Produktes optimieren wir die **Prozesse immer weiter und arbeiten deshalb effizienter**. Deshalb wird ein **Produkt** über seine Laufbahn **immer lukrativer**.

Beispielweise können wir so Material **günstiger einkaufen.** Die **Produktionszeiten** werden **schneller. Logistische Abläufe** werden immer **besser.** Man kann also sagen: Ein Produkt wird immer besser und günstiger produziert werden können, je länger man daran arbeitet. Das kann man an einem Beispiel aus der Automobilbranche sehen. Als Zulieferer hast du ein Jahr lang Zeit, um dich mit den Prozessen zu beschäftigen. Und dann im Jahr zwei und drei musst du den Preis reduzieren, da die Annahme ist, dass du nun die Prozesse bereits optimiert hast. **Umso besser du etwas kennst, umso weniger Fehler machst du.**“

- Sven Scharf

„Für mich eine große. Meiner Erfahrung nach ist es als Leader oder Visionär Deine Aufgabe, Dinge früher und schneller zu sehen als alle anderen.

Man kann es sich so vorstellen: Wenn Du bei einer Urwaldexpedition bist, die die Orientierung verloren hat, brauchst du jemanden, der oben auf dem Baum sitzt und den Weg vorgibt, und einen anderen, der mit der Machete unten den Weg freischlägt.

So ist es auch im Unternehmen. Du siehst auf einer anderen Flughöhe einfach mehr und kannst die Steuerung vorgeben. Letzten Winter habe ich die Kassenzulassung beantragt, da ich gesehen habe das die ausländischen privaten Patienten immer weniger wurden. Es gab Wiederstand vom Team, weil sie den Weitblick nicht so hatten. Manchmal muss man solche Themen einfach durchboxen.

Am Ende hat es uns durch die kritische Corona-Zeit gebracht."

- Kai-Uwe Aescht

Wie konkret setzt Ihr Prozessoptimierung bei Euch im Unternehmen um?

„Wir setzen auf den **KVP** (Kontinuierlichen Verbesserungsprozess) und auf die Produkt **FMEA** (Fehlermöglichkeits- und Einflussanalyse). Diese Methoden werden ständig durchgeführt, um zu sehen, was verbessert werden kann. Des Weiteren führen wir ständige **Nachkalkulation** durch. Dabei wird die Wirtschaftlichkeit eines Produktes auf den Prüfstand gestellt. Wir achten hierbei auf **Durchlaufzeiten, Rüstzeiten** usw."

- Sven Scharf

„Ich erinnere meine Mitarbeiter tausendmal daran, das zu tun, was ich sage. Wir haben **laufend Meetings, wie wir Abläufe optimieren können.** Wie beispielsweise die Patientenübergabe optimiert werden könnte. Oder die Kommunikation zu den fachlichen Themen. Das kommt oft von den Therapeuten. Es ist immer ein hin und her. Von der fachlichen Seite macht das Team Druck und ich mache Druck von der Marketingseite.

Wir haben **Team-Meetings**, eine **WhatsApp-Gruppe** und ein **White-Board.** Darauf tracken wir die Anzahl neuer Patienten. Woher kommen sie? Wer hat sie uns empfohlen? Wie viele Google Bewertungen usw."

- Kai-Uwe Aescht

„Unser **hauseigener Verbesserungsprozess, der darauf abzielt, jedes Jahr eine definierte Menge an Einsparungen zu erzielen.** Dabei geht es darum, im größeren Rahmen Prozesse zu optimieren und fest im Regelprozess zu verankert."

- Robert Riemann

„Wie helfen Kunden konkret dabei, mit einem agilen Discovery-Verfahren den Prozess-Organisationsbeteiligte-Informationsfluss des Kunden sehr schnell aufzunehmen und in eine Übersicht zu bringen. Dadurch können wir die Komplexität im Prozess aufzeigen, reduzieren und legen eine Grundlage für ein Solution-Design einer einzusetzenden Software (Lasten-/Pflichtenheft)."

- Frank Mercier

„Es gibt regelmäßige **Kundenzufriedenheitsanalysen** und wir versuchen, Potenziale zu heben, um Kosten zu sparen. Wir wollen **den Kunden schneller und besser bedienen.** Die **Antwortzeiten reduzieren** und **Standardabläufe automatisieren.**"

- Peter W.

Welche Methodiken, Tools und Rituale setzt Ihr bei Euch im Unternehmen ein, um Prozessoptimierung durchzuführen?

„Change- und Transformationsmanagement in Kombination."

- Frank Mercier

„**Explizite Ziele** für jeden in der Management-Position, **um Effizienz zu steigern.**"

- Robert Riemann

„Kein bestimmtes Tool zur Prozessoptimierung. Wir setzen das Warenwirtschaftssystem **Alphaplus** ein. In diesem System sind **Tools für die wirtschaftlichen Analysen, FMEA**, usw. bereits integriert. Wir können so besser überwachen, wie der aktuelle Status unserer Produkte ist."

- Sven Scharf

„Alles, was mit agiler Softwareentwicklung zu tun hat: **Jira, Confluence, HP ALM** usw."

- Peter W.

Welche Tools, Methoden und Rituale kannst Du nicht empfehlen, da Du sie bereits getestet hast, aber sie Dir keinen Mehrwert beim Thema „Prozessoptimierung" gebracht haben?

„Man muss sich ganz genau ansehen, was man macht. Man stellt sich im Rahmen von Lean Management immer die Frage: ‚Wie kann man den Prozess noch weiter optimieren?' Aber man zoomt nicht raus und hinterfragt den Prozess. Macht er noch Sinn? Man ändert immer nur kleine Schritte und nie große.

Ich rate jedem Unternehmen, eine Prozessoptimierung einzubauen. Aber daneben auch immer ein disruptives Element einzubauen, damit man größer denken kann und zu grundlegenden Veränderungen kommen kann."

– Robert Riemann

„Diese Frage würde ich gerne ändern in: ‚Wo kommt Prozessoptimierung an ihre Grenzen?'

Wir befinden uns möglicherweise am Ende der Prozessoptimierungs-Ära. Die Luft ist raus, in starren Prozessen zu denken, weil es die dynamischen Fähigkeiten nicht weiter nach vorne bringt. Ein Beispiel: Bei einem Autobauer ist die Supply-Chain so was von durchoptimiert in ihren Prozessen, dass nichts mehr aus den Prozessen herauszuholen ist. Die Supply-Chain war einer der ersten Prozesse, der durchoptimiert wurde (Just-In-Sequenz, Just-in-Time). Andere Prozesse im gesamten Unternehmen folgten. Trotz aller Prozessoptimierung wurde dann oft eine unflexible Standardsoftware eingeführt oder durch Zusatzprogramme verbogen. Bei der nächsten Prozessänderung, getrieben durch den Markt, hatte man wieder ein Software-Projekt vor der Brust. All das belastet natürlich die Linienorganisation.

Was gerade passiert, dass neue Technologien wie Augmented Reality/Virtual Reality und Big Data etc. die alten Tanker-Installationen rechts überholen. Wir denken nicht mehr in End-to-End-Prozessen (die sind ja abgebildet), sondern in End-to-End-Communication. Das heißt, ich bin heute in der Lage, einen direkten Verknüpfungspunkt zwischen Informationsentstehung, Beispiel: Technische Dokumentation im Engineering, und dem Informations-Konsumenten herzustellen, Beispiel: Servicetechniker im Feld bekommt über eine Augmented Reality-Applikation alle Informationen, die er für seine Arbeit benötigt, auf eine Brille oder auf sein Tablet geschossen.

Mit den neuen Technologien bekomme ich neue Use-Cases sehr schnell abgebildet und damit auch die Möglichkeit/Chance, mein Geschäftsmodell zu verändern. Beispiel: Ein Produzent von fahrbaren Schwerlastkränen kann sich ein neues Geschäftsfeld im Aftersales-Service erschließen. Durch die einfache Wiederverwendung bestehender Konstruktionsdaten für 3D-animierte Service- und Reparaturleitfäden, die er den Technikern einfach auf Tablets oder 3D-Brillen schiebt, bringt er das Know-how direkt zum Techniker ins Feld weltweit und in allen Sprachen – der Expert/der Engineer kann die Field-Leute zusätzlich über Remote-Funktionen supporten. Konkret ist er in der Lage, durch die Brille des Field-Service-Kollegen aufs Problem zu schauen und diese technischen Informationen (Notationen) direkt auf die Brille zu geben.

Diese technischen Möglichkeiten lassen sich natürlich auf jedes andere Geschäftsmodell übertragen.

Auf der Marktseite werden diese Möglichkeiten genutzt, um Produkte und/oder deren Benutzung intelligenter zu machen – durch Service-Apps mit 3D-animierter Gebrauchsanleitung usw.“

– Frank Mercier

Wie würdest Du Agilität im Geschäftsumfeld definieren?

„Agilität ist, wenn Du die Verantwortung für Entscheidungen da hinbringst, wo das fachliche Verständnis ist. Sonst kannst Du nicht agil sein. Der Zweck ist, agil und schnell auf Veränderung des Umfeldes zu reagieren. Die Frage ist: ‚Muss ich unbedingt agil sein, wenn mein Umfeld sich nicht ändert?' In diesem Fall würde Agilität nur höhere Kosten bedeuten."

- ROBERT RIEMANN

„Die Tage hatte ich mit einer Patientin geredet, die Unternehmenskundenberaterin ist. Sie sagte, dass, wenn sie die letzten 30 Jahre zurückblickt, **haben immer die Unternehmen überlebt, die anpassbar waren.** Das sehe ich genauso. Man muss flexibel bleiben. Jemand, der sich sehr gut, was nicht unbedingt heißt schnell, denn das kann schlecht sein, anpassen kann. **In der Corona-Krise haben sich viele Unternehmer Neues einfallen lassen und zeigten somit Agilität.**"

- KAI-UWE AESCHT

„Im Wesentlichen Methode, schnell auf Kundenbedürfnisse reagieren zu können und Produkte passgenau und schneller an den Markt bringen zu können. **Time-to-Market** ist hier ein wichtiges Schlagwort."

- PETER W.

„Schneller zu sein als meine Marktbegleiter. Denn: Zeit ist Geld. Mittlerweile ist der Faktor Zeit ein größerer Faktor für die Kunden als Geld. **Wenn Du schnell liefern kannst, kannst Du mehr Kunden bedienen.** Deshalb ist es wichtig, sehr geringe Durchlaufzeiten bei gleichbleibend hoher Qualität zu liefern."

- SVEN SCHARF

„Die eine Definition gibt es meiner Meinung nach nicht.

Ich kann sagen, was Agilität nicht ist. Agilität ist nicht, wenn ich ein Projekt agil durchführe (nach Ken Schwaber - dem Erfinder des Scrum-Manifests), aber ein unflexibles Ergebnis mit dem Projekt erziele. Beispiel: Einführung einer Standardsoftware wie SAP.

Agil heißt auch nicht, dass ich 30% schneller und billiger bin und meine Anforderungen jeder Zeit ändern kann. Die Meinung in manchen Management-Etagen ist, dass man nur agil arbeiten muss und dann ist alles 30% günstiger - und permanente Änderungen wären möglich. Das ist es aber nicht. Denn ich muss über eine bestimmte Laufzeit meine Anforderungen stabil halten (iterativ). Man definiert Ziele und diese arbeitet man ab. Innerhalb dieser Iteration muss man die Anforderungen aber stabil halten. Und ich habe gerade bei agilen Projekten hohe Anforderungen an die Linien-Mitarbeiter. Denn Du musst, wenn Du agil arbeitest, Dich vollkommen auf ein Problem fokussieren können. **Im agilen Manifest wird beschrieben, dass das Problem die Organisation führt und nicht anders herum.**"

- Frank Mercier

Welche Bedeutung hat Agilität in den Geschäftsprozessen Deines Unternehmens?

„Im Moment ein großer Hype, der sicher auch Gutes hat, aber falsch eingesetzt, die Produktivität und Qualität beeinträchtigen kann. Wenn Du schnell agil entwickelst und das Projekt zu groß ist und dann die Dokumentation hinten runterfällt, dann ist das gefährlich.“

- Peter W.

„Eine große Bedeutung. Unser Geschäftsumfeld wird immer instabiler. Da ist hohe Flexibilität gefragt. Wenn ich das Bäckerhandwerk sehe, dann haben sie ein sehr stabiles Umfeld. Bei uns ist das nicht der Fall.“

- Robert Riemann

„Agilität ist eine essentielle Fähigkeit, um in der Branche existieren zu können. **Wenn Du die Geschwindigkeit nicht an den Tag legst, wirst Du keinen Auftrag bekommen.**“

- Sven Scharf

„Ich glaube, wir sind extrem schnell, was gewisse Sachen angeht. Wir haben z.B. jetzt im Frühling innerhalb von 3 Wochen das Masken-Business eröffnet. Das Geschäft hat nur 3-4 Wochen angehalten, aber wir konnten aus der Not heraus den Leuten bei etwas helfen und das hat Umsatz gebracht. Wir sind immer schon sehr schnell gewesen. Ich schaue immer nach Geschäftsmöglichkeiten/Business.“

- Kai-Uwe Aescht

Welche Methoden, Tools und Rituale führt Ihr in Deinem Unternehmen durch, um agiler zu sein?

„Klassische Konzepte für agile Projekte. **Scrum** und Ähnliches. Wir versuchen, uns in kleinen Schritten in eine agilere Organisation zu transformieren. Wir versuchen, uns nach **Scaled Agile Frameworks (SAFe)** auszurichten. Ein Konzept wie man in Unternehmen mit komplexeren Vorgängen agiles Vorgehen einbauen kann."

- Robert Riemann

„Wir setzten ein **angepasstes SAFe-Modell** ein.

Agilität wird teilweise nur verwaltet und wird meines Erachtens falsch verstanden. Dies senkt die Produktivität.

Die Produktivität leidet, wenn Du in Regelbesprechungen sitzt, aber viele von den angeschnittenen Themen Dich gar nicht berühren."

- Peter W.

„Da gibt es keine. Ich denke mir eine Vision aus und, da wir ein kleines Unternehmen sind, können wir diese schnell umsetzen. Das ist das Ritual: Ich komme morgens ins Büro und habe eine neue Idee."

- Kai-Uwe Aescht

„Das buchen wir unter Change- und Transformationsmanagement bei unseren Kunden."

- Frank Mercier

Welche Tools, Methoden und Rituale kannst Du nicht empfehlen, da Du sie bereits getestet hast, aber sie Dir keinen Mehrwert beim Thema Agilität gebracht haben?

„Du musst es für Dein Unternehmen erfahren. Da kann man keine Blaupause nehmen und dann sagen, das passt. Du musst es Schritt für Schritt erfahren. Eine agile Organisation ist dann erfolgreich, wenn sie die agilen Methoden auch anwenden kann. Und die Erfahrungen dann im agilen Umfeld machen können."

– Robert Riemann

„Meeting-Protokolle, zu viele Dokumentation und E-Mail-Kommunikation. Alles nicht agil. Wir dokumentieren in der agilen Phase überhaupt nichts, sondern gehen vom Discovery-Ergebnis sofort ins Solution-Design = Abbildung im lauffähigen IT-System.

Wenn unsere Kunden nach X Iterationen etwa bei 70% Abbildung der Anforderungen abnicken, gehen wir von agil auf Wasserfall über und erstellen auch erforderliche Dokus im Rahmen der Implementierung. Bei einer SAP-Standardimplementierung dauert die agile Phase ca. 6-8 Wochen für einen End-to-End-Prozess."

– Frank Mercier

„Ein agiles Verfahren in reiner Linientätigkeit würde ich nicht empfehlen. In Projekten aber ja."

– Peter W.

BEST PRACTICES

Wie ein Autounfall Dein Business revolutioniert. Eine Trainingseinheit zur disruptiven Prozessoptimierung.

Stell Dir vor, Du als CEO Deiner Firma bist an einem Freitagabend auf dem Heimweg. Du bist völlig übermüdet von Deinem wöchentlichen Meeting-Marathon und hast den letzten Termin endlich hinter Dir. Du freust Dich, mal Deine Füße hochzulegen und zu entspannen. Von Deiner Oase der Ruhe trennen Dich nur noch eine Hand voll Kilometer stressiges Verkehrschaos auf der Autobahn. Du versuchst, Dich an die Regeln zu halten und nicht zu schnell zu fahren. Doch dann passiert es: Ein unvorsichtiger Fahrer, ähnlich überarbeitet und übermüdet wie Du, fällt in Sekundenschlaf und verliert die

Kontrolle über seinen Geländewagen. Er schlägt durch die Leitplanke und schleudert direkt auf Dich zu. Das alles passiert in einem Bruchteil von Sekunden. Du kannst nicht mehr ausweichen. Du realisierst den Einschlag und Deine Augen gehen zu.

Nach zwei Wochen im Koma wachst Du wieder auf. Deine Ärzte und Deine Familie sind überglücklich, dass Du wieder aufgewacht bist. Du kannst ihre Freude aber nicht ganz teilen, denn Du kannst Dich nicht richtig bewegen. Auch das Sprechen fällt Dir schwer. Du kannst nicht verstehen, was überhaupt passiert ist.

Der Chefarzt teilt Dir mit, dass Du bei diesem schweren Unfall nur um Haaresbreite überlebt hast. Er sagt Dir, dass Du querschnittsgelähmt bist. Die Lähmungserscheinungen Deines Körpers und die sprachlichen Einschränkungen sind möglicherweise reparabel. Genau kann er das aber nicht vorhersagen. Du wirst mindestens für 12 Monate ans Bett gefesselt sein. Das ist sicher. Maximal eine Stunde am Tag wirst Du Dich mit Deiner Arbeit auseinandersetzen können.

Der Super-GAU! Von Jetzt auf Gleich bist Du aus Deinem Manager-Sessel als Top-Leader Deines eigenen Unternehmens an ein Krankenhausbett gefesselt. Von einer regelmäßigen 60 h-Power-Woche als High Performer wirst Du zum paralysierten 1 h-Chef. Das Einzige, was Dir jetzt noch bleibt, ist Dein Verstand.

Wie würdest Du reagieren? Würdest Du mit Deinem Leben abschließen? Oder würdest Du weiterkämpfen und das Beste aus Deiner Situation machen? Ich persönlich würde Dir empfehlen, den zweiten Weg zu gehen und die Herausforderung anzunehmen.

Wir alle müssen die Karten, die wir auf der Hand haben, bestmöglich spielen. Manchmal wird das Kartendeck nun mal durchgemischt und wir haben neue Optionen.

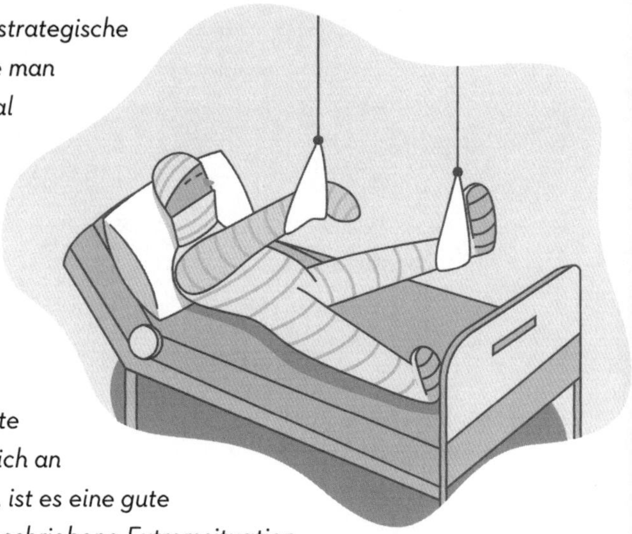

Diese Geschichte ist eine strategische Trainingseinheit dafür, wie man Prozessoptimierung radikal und disruptiv angehen kann. Natürlich wünsche ich keinem, dieses Worst-Case-Szenario zu erleben. Aber um große Veränderungen zu erzielen, muss man alle gegenwärtigen Schritte hinterfragen. Um gedanklich an diesen Punkt zu gelangen, ist es eine gute Übung, sich in die oben beschriebene Extremsituation hinein zu versetzen. Spinnen wir den Gedanken also weiter.

Nur 1 h am Tag arbeiten bedeutet, man muss sehr gut priorisieren, was wichtig ist, und alles Unwichtige aussortieren sowie weniger Wichtiges delegieren. Hinzu kommt, dass Du jetzt bettlägerig bist. Das heißt, Meetings müssen ab jetzt virtualisiert und durch Videokonferenzen ersetzt werden. Du beschränkst Meetings ab sofort auf wichtige unternehmerische Entscheidungen und wirfst alles, was bisher nebenher in konzeptioneller Form in Meetings gelaufen ist, raus.

Du wirst verantwortungsvollen Mitarbeitern mehr Verantwortung übertragen. Also, überlege Dir, welche Kompetenzen Du wie verteilen kannst. Und Du gibst mehr Mitarbeitern mehr Verantwortung über Budget und inhaltliche Fragen. So kann ein Mitarbeiter über 500 Euro entscheiden und beispielsweise Büromaterialien kaufen. Ein anderer über 2.500 Euro. Der nächste alles ab 5.000 Euro usw. Das entlastet Dich sehr. Du steuerst jetzt strategisch und gibst dafür konkrete Ziele aus, die Du über Online-Tools trackst. Allgemein sorgst Du dafür, dass die Abläufe viel weiter digitalisiert werden, als das bisher der Fall war. Die Daten deines Unternehmens sollen aufbereitet und für Dich verfügbar gemacht werden, damit Du Deine Entscheidungen gut fundiert und vor allem effizienter treffen kannst.

Nachdem Du all diese einschneidenden Veränderungen umgesetzt hast, fällt Dir auf, dass Dein Unternehmen immer noch weiterläuft. Zu Deiner Verwunderung kommen aufgrund von den größeren Kompetenzen die Deine Mitarbeiter nun haben, Themen auf den Tisch, die bisher nie betrachtet wurden. Dein Unternehmen wirkt vitaler, moderner und Deine Mitarbeiter wachsen über sich hinaus. Du realisierst: Es ist möglich, Dein Unternehmen in einer Stunde pro Tag zu managen.

Nun sind die 12 Monate rum. Stück für Stück hast Du Dich zurück ins Leben gekämpft. Du darfst Dein Bett wieder verlassen. Als Erstes steht auf dem Plan, wieder richtig laufen zu lernen. Anfangs fällt Dir jeder Schritt schwer, aber nach einer Zeit klappt es recht gut und mit etwas mehr Geduld kannst Du wieder normal laufen. Deine Auffassungsgabe hat sich verbessert und Du kannst Dich wieder für längere Zeit am Tag konzentrieren. Und jetzt?

> Das Dümmste, das Du jetzt machen könntest, ist wieder in den alten 60 h-Wochen-Modus zurückzufallen.

Nutze die Zeit, die Du gewonnen hast, um Dein Unternehmen von außen zu betrachten und zu überlegen, wie Du Deine Prozesse noch besser gestalten könntest. Erfülle Dir einen schon lange gehegten Traum. Mache eine Weltreise oder etwas ähnlich Erfüllendes. Hier ein paar praktische Fragen zum Nachdenken für Dein eigenes Unternehmen:

- Was wäre das Schlimmste, was passieren könnte?
- Wie würde es ohne mich weitergehen?
- Was würde ich unseren Kunden sagen?
- Was würde ich meinen Mitarbeitern sagen?
- Was würde ich meinen Freunden und der Familie sagen?

- Gäbe es irgendeine Möglichkeit, mein Unternehmen trotzdem weiterzuführen?
- Wie würde ich die Prozesse meiner Firma verändern?
- Wie könnte ich mit einer Stunde am Tag mein Unternehmen managen?
- Was kann ich jetzt schon besser priorisieren?
- Was ist jetzt bereits völlig unwichtig?
- Was kann schon heute delegiert werden?
- Worauf kann ich jetzt schon verzichten?
- Was kann ich jetzt schon digitalisieren?
- Was kann ich automatisieren?

Vielleicht sagst Du Dir jetzt: „Dieser Fall ist so weit hergeholt und wird niemals auf mich zutreffen." Interessanterweise ist einem Bericht des Statistischen Bundesamtes zu entnehmen, dass insgesamt 963 Menschen in 2019 bei Geschwindigkeitsunfällen ums Leben kamen, 53.687 wurden verletzt und von diesen erlitten 13.769 Personen schwere Verletzungen. Möglich ist es also allemal.

Unabhängig davon lohnt es sich, solche Szenarien durchzugehen, weil im Zuge von weltweiten Herausforderungen wie Pandemien, politischer Instabilität, Wirtschaftskriegen und Naturkatastrophen immer mehr Flexibilität von den Prozessen eines Unternehmens verlangt wird. Wer da nicht disruptiv Prozesse erneuert, kann schnell das Nachsehen haben.

Je konkreter Du Dich in eine solche Extremsituation hineinversetzt, desto klarer siehst Du, welche Prozesse Du wie optimieren musst.

Lektion:

- **Kämpfen ist besser als resignieren.**
- **“Karten spielen, trotz neuem Kartendeck”**
- **Disruptive Prozessoptimierung erfordert disruptive Methoden.**
- **Optimierung bedeutet Altes und Liebgewonnenes loslassen und Neues dazulernen.**

START-UP

WAS IST EIN START-UP?

Diese Frage habe ich mir vor Gründung meiner eigenen Firma gestellt. Damit wollte ich erfahren, welche Schritte nötig sind, um ein Start-up oder ein junges Unternehmen zu gründen. Viele definieren ein Start-up als eine Gründung eines Unternehmens mit dem Ziel, ein neues, noch nicht da gewesenes Produkt oder einen Service im Markt zu platzieren, um damit erfolgreich zu sein.

Oftmals werden hier an die Gründer spezielle Anforderungen gestellt, da sie mit viel Pioniergeist neue Wege gehen und Menschen von ihrer Idee überzeugen müssen. Generell schwingt in der Start-up-Szene eine fast schon märchenhafte Aufbruchsstimmung mit. Es ist geradezu ein Life-Style geworden, Gründer eines Start-ups zu sein. Allzu bald wird man dann von betriebswirtschaftlichen Fragen eingeholt und spätestens, wenn es schlecht um die Liquidität bestellt ist, sind viele Gründer überfordert. Grund genug, von anderen zu lernen, die denselben Weg bereits hinter sich gebracht haben, und ein paar Tipps mitzunehmen vor oder gerade während der Gründung.

WAS SIND DIE HERAUSFORDERUNGEN EINES START-UPS?

In den ersten Jahren gibt es einige Herausforderungen, bis ein Start-up vital und eigenständig agieren kann. Hier die aus meiner Sicht drei kritischsten Punkte:

- **Liquidität** ist eine der größten Herausforderungen, die ein junges Start-up vor der Brust hat. Deshalb ist es wichtig, sich Strategien zu überlegen, wie langfristig die Liquidität gewährleistet werden kann. Das kann durch Eigenkapital, externe Geldgeber aus dem Freundes- oder Familienkreis, über Crowdfunding oder auch über ein Bankenkredit gelöst werden. Wichtig ist nur: Man muss sich im Klaren sein, dass die Anteilseigner immer auch Ansprüche geltend machen. Sprich, wenn Du ihr Geld bekommst, gehört ihnen ein Teil des Unternehmens und in den meisten Fällen heißt es dann für Dich: „Sie wünschen? Wir spielen."
  Mir persönlich sagt diese Konstellation nicht zu, deswegen habe ich meine Firma aus einer Mischung aus Eigenkapital, Bootstrapping und smarten Vertragsstrategien finanziert. Natürlich ist damit extrem schnelles Wachstum nur bedingt möglich, aber Du bist Dein eigener Herr und hast die volle Entscheidungskompetenz.
  Meine GmbH habe ich mit 12.500€ Eigenkapital gegründet. Hierbei ist zu beachten, dass man eine GmbH in Deutschland (zumindest zum aktuellen Zeitpunkt) immer mit 25.000€ gründen muss. Jedoch gibt es eine Ausnahme: Wenn man die Hälfte einzahlt und für die andere Hälfte privat haftet, steht einer GmbH-Gründung trotzdem nichts im Wege. Ziel ist aber auch bei dieser Konstellation, dass sobald wie möglich die 25.000€ auf dem Unternehmenskonto aufgebaut werden.
  Bootstrapping bedeutet, dass wir uns von Projekt zu Projekt weiterentwickeln und Überschüsse im Unternehmen belassen. So schaffen wir Wachstum aus eigener Kraft und behalten unsere Unabhängig-

keit. Unser Ansatz ist, das wir mindestens 80% des Gewinnes in der GmbH verbleiben lassen, um ein Polster für Investitionen oder schlechte Zeiten zu generieren.
Zusätzlich zu den oben genannten Punkten haben wir mit unserem Rechtsanwalt (ein Experte für Wirtschaftsrecht) eine smarte Vertragsstrategie entwickelt, die uns bei dem Aufbau von Liquidität ebenfalls unterstützt. An dieser Stelle kann ich nicht so viele Details nennen, aber ein Tipp ist, insbesondere bei Kunden, die man noch nicht kennt, die Bezahlung per Vorkasse zu vereinbaren. Dies kann sich auf den kompletten Betrag beziehen oder nur anteilig. Wir vereinbaren beispielsweise, dass unsere Kunden, bevor wir mit der Arbeit beginnen, 75% des Projektvolumens an uns überweisen und wir die anderen 25% nach erfolgreicher Leistungserbringung erhalten. So ist man bereits liquide und kann mit dem Geld arbeiten und geht dem Risiko aus dem Weg, dass ein Kunde nicht zahlen kann, weil er Konkurs gegangen ist.
Nicht allen Kunden gefällt dieses Vorgehen und sie wünschen sich lieber die Möglichkeit, zu zahlen, wenn die Leistung bereits abgenommen ist. Wenn Du einen Geschäftspartner hast, der liquide ist und es mit dem Projekt wirklich ernst meint, dann lässt er sich auch davon überzeugen, Deine passende Bezahlstrategie umzusetzen. Falls er nicht drauf eingeht, suche Dir einen anderen Kunden. Denn das Risiko, insolvent zu werden, wenn Dein Kunde nicht mehr zahlen kann, ist vor allem am Anfang, insbesondere bei umfangreichen Projekten, groß.
Um es dem Kunden zu vereinfachen, verkaufen wir Leistun ab 40 h. Ein Kunde kann also Leistungspakete bei uns beauftragen. In der Regel ist das Projektvolumen meist größer als nur 40 h. Nehmen wir an, ein Projekt wird auf 200 h geschätzt, was in unserem Fall 5 Leistungspaketen (LP) entspricht. Dann bieten wir dem Kunden an, dass er, anstatt die kompletten 5 LP zu bezahlen, vor Arbeitsbeginn erst 2 LPs bei uns bezahlt. So reduziert sich das Risiko für den Kunden und wir haben bereits Budget, mit dem wir arbeiten können. Sobald

wir zum Ende des aktuellen Budgets kommen, signalisieren wir dies unserem Kunden. Und er kann den Preis für die restlichen LPs überweisen. Meiner Erfahrung nach beauftragt der Kunde immer den Rest des Volumens oder sogar noch mehr, wenn er zufrieden mit unserer Arbeit ist.

- **Die richtige Nische**

  Wenn man an die großen Start-ups, die sich nun zu Weltkonzernen entwickelt haben, denkt, wie Google, Facebook oder Amazon, dann hatten sie so viel Erfolg, weil sie eine Nische besetzt haben. Ein Thema, was noch keiner oder nur wenige angeboten haben und indem sie schnell einen Mehrwert für ihre Kunden bieten konnten.

  Die Lektion für uns: Den größten Impact kann man erreichen, wenn man eine Nische besetzt, die noch nicht besetzt ist. Jedoch kann man auch eine bestehende Lösung anbieten, die aber innovativ gedacht ist und dem Kunden einen Mehrwert bringt. Man muss an der Stelle anders denken als die anderen. Dann kann man sich von der Masse abheben. Hier ist Innovation gefragt.

  Dieses Prinzip wird an der Einführung des Tablets deutlich. Als ich in meiner Ausbildung war, setzten wir für unsere Außendienstmitarbeiter HP-Tablets mit einem Plastik-Stift ein. Die Geräte funktionierten zwar, aber sie waren nicht sehr benutzerfreundlich, da HP nur ein etwas angepasstes Windows XP auf einem Tablet bereitstellte und sich keine großen Gedanken machte, was der Anwender eigentlich wirklich will. Eine intuitive Steuerung der Benutzeroberfläche war so nicht möglich.

  Dann kam Apple mit seinem iPad ums Eck und präsentierte eine komplett neue Geräteklasse. Die, offen gesagt, natürlich keine neue war, da es Tablets schon lange gab. Jedoch machte Apple in dem Segment, wo es schon Platzhirsche gab, eines anders: Die Entwickler orientierten ihr Produkt an den Bedürfnissen des Kunden. Und von einem Schlag auf den anderen war ein Bedarf geschaffen, den es vor-

her gar nicht gab. Wer von uns hatte vor ein paar Jahren zusätzlich zu seinem Laptop noch ein Tablet gebraucht? Heute sieht die Welt schon etwas anders aus.
Wichtig ist deshalb, sich gut zu überlegen, welchen Mehrwert mein Produkt oder mein Service meiner Kundengruppe bringt. Und diese Selbstreflektion muss Teil des regelmäßigen Verbesserungsprozesses des Unternehmens werden. Auch ist es wichtig, regelmäßig die Kundengruppen zu befragen und deren Feedback auch wirklich in die Produktstrategien einfließen zu lassen. Dann ist die Wahrscheinlichkeit größer, dass Du am Markt länger bestehen kannst und Dir die Kunden Deine Produkte auch gerne abkaufen. Das Ziel hast Du erreicht, wenn Du aus Kunden Fans gemacht hast.

- **Übergang zur Enterprise Company**
Will ein Start-up langfristig erfolgreich sein, muss es verschiedene Entwicklungsschritte durchmachen. Würden die bereits genannten IT-Riesen noch heute in einer Garage ihre Innovationen erarbeiten, wären sie sicher nicht so groß und mächtig geworden. Deshalb müssen die Prozesse der Größe des Unternehmens angepasst werden. Du musst Dir immer im Klaren sein, was eigentlich Dein Kerngeschäft ist. Denn dann kannst Du alle Themen drum rum delegieren und professionalisieren (z.B.: durch Outsourcing). Deine Kernkompetenz solltest Du Dir aber weiterhin bewahren und so flexibel halten, wie Du es in den ersten Jahren Deines Unternehmen hattest. Diesen Spagat zwischen der Synchronisation von Standardprozessen und Deinem Innovationsmotor zu schaffen, ist eine Herausforderung.
In der aktuellen Phase meines Unternehmens habe ich beispielsweise die Buchhaltung an einen externen Dienstleister delegiert. Da dies nicht meine Kernkompetenz ist, habe ich einen Partner gesucht, der diesen Service übernehmen kann, mich und mein Unternehmen aber gut genug versteht, um einen bestmöglichen Prozessübergang zwischen unseren beiden Firmen zu ermöglichen.

START-UP-CHECKLISTE

Da ich Projektmanager bin und viele Methoden, die ich im Laufe von vielen Projekten gelernt habe, auch erfolgreich in anderen Bereichen meines Lebens anwende, war es für mich klar, dass ich für mein Projekt „Start-up gründen" ebenfalls aus meinem Methoden-Koffer schöpfen wollte.

Wenn man eine Unternehmensgründung nüchtern betrachtet, ist sie nichts anderes als ein Projekt, bei dem man am Anfang noch nicht genau weiß, was im Detail zu tun ist, aber man hat bereits ein Ziel. Und Stück für Stück erarbeitet man sich dann die Schritte, die notwendig sind, um die Gründung erfolgreich zu gestalten. In meiner Start-up-Checkliste lasse ich Dich gerne teilhaben an den Schritten. Sicher kann man nicht alles 1 zu 1 auf Deine Unternehmensidee übertragen, aber sie gibt Dir hilfreiche Aspekte einer Gründung an die Hand, die Dir die ersten Schritte als Unternehmer erleichtern werden.

Generell habe ich das Projekt in „Ideenspeicher", „Zu bearbeiten", „In Bearbeitung" und „Erledigt" unterteilt.

Zusätzlich zu diesen Spalten kann man den einzelnen Karten auch Prioritäten zuordnen und diese dann entsprechend in den Spalten anordnen. Natürlich geht das auf Papier, ich persönlich bevorzuge in diesem Fall aber Software wie Trello von Atlassian. Sie ist leicht zu verstehen und bietet viele zusätzliche Optionen, die das Abarbeiten von Aufgaben erleichtert. Und die freie Version sollte für die ersten Projekte auch ausreichen.

Folgende Punkte habe ich im Rahmen der Gründung meiner GmbH umgesetzt oder werde ich noch umsetzen. Zu beachten: Die Reihenfolge ist nicht chronologisch geordnet, in Deinem Fall kann es also sein, dass es Sinn macht, einige Schritte zu einem anderen Zeitpunkt umzusetzen, wie das bei uns der Fall war:

- **Reservieren der Domain**
  Hier geht es darum, sich die passende Webpräsenz im Internet zu sichern, indem man die Domain bei einem passenden Webhost sichert. Hier sollte man möglichst darauf achten, Top-Level Domains zu sichern, z.B. „.com" oder „.de". In diese Domains haben Verbraucher generell mehr Vertrauen und es wirkt professioneller als eher unbekannte Domains. Wenn man nichts gegen englischen Support hat, dann ist die Firma Siteground sehr empfehlenswert, um dort Deine Website zu hosten. Wir hatten große Probleme mit der Strato AG, sodass wir unsere Domains umziehen mussten, obwohl das ein deutscher Anbieter ist. Der Support ist sehr schlecht und man kommt nur schwer aus den Verträgen wieder raus. Natürlich möchte ich hier nicht verallgemeinern. Aber wir hatten auf jeden Fall keine guten Erfahrungen mit diesem Anbieter. Ob Deine Domain noch verfügbar ist, kannst Du hier nachsehen: https://www.checkdomain.de.

- **Einrichten** von professionellen **E-Mail-Inboxen**
  Je nachdem, bei welchem Webhost Du Dich anmeldest, hast Du die Möglichkeit, E-Mail-Adressen individuell anzulegen. Dies wirkt bei weitem professioneller auf Deine Kunden und Geschäftspartner als E-Mail-Adressen wie: „itconsultingstuttgart@gmx.de". Da unterstellt man, dass derjenige wenig von IT verstehen kann, wenn er sich nicht mal eine eigene E-Mail-Adresse einrichten kann.

- **Setup Internet/Mobile Phones**
  Dies ist in der Regel nichts, was man vergessen würde, jedoch ist es essentiell, dass diese Punkte einwandfrei funktionieren. Und je nachdem ob Du ein Büro hast oder von zu Hause aus arbeitest, solltest Du lieber zu früh dafür sorgen, dass das Internet eingerichtet wird, als zu spät. Manchmal können aus zwei Wochen geplanter Installationszeit schnell 6 Wochen werden, bis Dein Internet-Anschluss einwandfrei funktioniert.

- **Check Co-Working Spaces**
  Falls man nicht gleich ein eigenes Büro anmieten möchte, sind Co-Working Spaces eine gute Alternative, um professionell eine Arbeitsumgebung auf Zeit zu bekommen. Zusätzlich dazu kann man sich hier mit Gleichgesinnten treffen und so manche Geschäftsbeziehung aufbauen. Am besten Du schaust Dir verschiedene Konzepte an und machst vor Ort einen Probetag. Häufig bieten Co-Working Spaces einen Tages-Pass an. Dann kannst Du besser entscheiden, ob Dir die Location und der Preis zusagen.

- **Definition einer Tool-Chain**
  Je nachdem, in welcher Branche man tätig ist, ist dieser Punkt wichtiger oder auch nicht. Gedanken machen sollte man sich aber allemal über den Punkt: „Welche Software brauche ich wirklich für meinen Arbeitsprozess?" Dieser Punkt geht also über die reine Auswahl eines Tools hinaus. Man muss sich strategisch überlegen, wie im Unternehmen gearbeitet werden soll. Es hat einen Grund, warum die guten Handwerker ihre Werkzeuge nicht beim Aldi kaufen. Eine sehr hilfreiche Methode, um laufende Kosten so gering wie möglich zu halten, ist Software as a Service (SaaS). Denn Du kannst in vielen Umgebungen mittlerweile Software in der Cloud nutzen, was viele Vorteile mit sich bringt. Du musst dich nicht um die Administration der Systeme kümmern. Denn Updates werden von dem Service-Anbieter durchgeführt. Und Du kannst Services pro Nutzung und pro Monat beauftragen. Das heißt, Deine Kosten skalieren mit der Nutzung. Und wenn Du Dich doch umentscheiden solltest und ein anderes Tool brauchst, kannst Du innerhalb eines Monats kündigen.

- **Sitz des Unternehmens definieren**
  Hier solltest Du Dich Fragen, ob Du gerne möchtest, dass Deine private Wohnung auch gleich die Adresse für Dein Unternehmen ist. Als Alternative kann man auch einen Briefkasten mieten. Beispielsweise

bieten einige Co-Working Spaces diesen Service an. In Deutschland muss man zumindest theoretisch immer die Möglichkeit haben, an einem physischen Arbeitsplatz seiner Arbeit nachzugehen zu können. Deshalb können Co-Working Spaces Dir auch einen Briefkasten und damit eine Adresse für Deine Firma in Verbindung mit einer Monatsmiete der Büroräume ermöglichen. Du solltest Dir also gut überlegen, was in Deinem konkreten Fall Sinn macht. Eine gute Möglichkeit ist in ein Co-Working Space umziehen. Dann ist man flexibler mit dem persönlichen Wohnort. Mal abgesehen davon, ist es auch möglich, Kunden in repräsentativere Besprechungsräume einzuladen.

- **Risiko-Analyse**
  Vielleicht spricht hier der Projektmanager aus mir, aber es ist immer gut, eine Risikoanalyse bei einem Projekt wie der Gründung einer Firma durchzuführen. In jedem Fall ist es ein unternehmerisches Risiko, eine Firma zu gründen. Und dessen sollte man sich auch bewusst sein. Dann sind unnötige Fehler leichter zu umgehen. Als Unternehmer wird man aber nicht umhin kommen Risiken eingehen zu müssen. Wenn man die Auswirkungen kennt, fällt einem dieser Schritt aber leichter.

- **Externe Dienstleister auswählen**
  Bei der Gründung einer Firma muss man sich mit vielen Themen auseinandersetzen, mit denen man sich vorher vielleicht noch nie beschäftigt hat. In meinem Fall sind das die Steuerrahmenbedingungen sowie die Buchhaltung einer GmbH. Insbesondere weil meine GmbH international agiert, sollte man aufpassen, sich hier nicht die Finger zu verbrennen. Einen guten Steuerberater und eine gute Buchhaltung auszuwählen, ist in meinem Fall also kriegsentscheidend. Darüber hinaus gibt es aber auch viele andere Services, über die man nachdenken und sie im Zweifel in Anspruch nehmen sollte. Man muss nicht alles wissen oder können. Man muss nur wissen, wer es kann und demjenigen dann die Aufgabe delegieren.

- **IHK-Anmeldung**
  Je nachdem, in welcher Branche Du aktiv bist, musst man Du Dich in Deutschland bei der zuständigen Kammer anmelden. In unserem Fall war das die IHK in Stuttgart, die sehr kompetent und sehr serviceorientiert ist. Ein Gespräch mit ihnen lohnt sich immer. Die Kontaktdaten sind auf der Website der IHK zu finden.

  Einige Fragen, die ich mit der IHK besprochen habe:
  - Muss ich mein Vorhaben beim Gewerbeamt anmelden?
  - Prüfung des Namens der Firma auf Verfügbarkeit durch die IHK (vor Gründung der GmbH wichtig)
  - Vertragsformen und anwendbares Recht bei Beauftragung internationaler Freelancer (Kolumbien, USA, Frankreich, Brasilien, Philippinen usw.)
  - Was ist zu beachten, wenn mein Hauptstandort nicht in Deutschland liegt, aber eine Niederlassung?
  - Was ist bei der Beauftragung von Freelancern aus dem Nicht-EU-Ausland zu beachten? (Steuersatz, anzuwendendes Vertragsrecht, Vertragsrahmenbedingungen, Ansprüche usw.)

- **Definition des CEO**
  Je nachdem, ob Du alleine gründest oder im Team, sollte klar sein, wer die betriebswirtschaftlichen Entscheidungen trifft und auch bereit ist, in das Unternehmen nicht nur Zeit, sondern auch Geld zu investieren. Aus eigener Erfahrung kann ich sagen, dass die initiale Euphorie sehr schnell gedämpft wird, wenn Geschäftspartner merken was es für eine Verantwortung mit sich bringt, CEO zu sein.

- **Design und Marke**
  Damit Du und Dein Unternehmen aus der Masse herausstechen, solltet Ihr Euch Gedanken über Farben, Design und die Corporate Identity Deines Unternehmens machen. Wenn das nicht Deine Stärke

ist, solltest Du eine Agentur suchen, die Dir helfen kann. Denn das Design Deiner Produkte, Deines Logos, Deiner Website usw. sagt etwas über Dich und Dein Unternehmen aus. Hier solltest Du nicht die falschen Signale senden. Dieser Punkt sollte auch regelmäßig auf den Prüfstand gestellt werden. Warum hat wohl McDonalds von der roten Basisfarbe ihres Logos nun alles in ein gesundes und fittes Grün geändert? Farben und Design sprechen für sich.

- **Business-Organisation**
  Du solltest Dir Gedanken machen über die **Rollen**, die im Unternehmen ausgefüllt werden müssen. Diese sollten dann entsprechend besetzt werden. Je klarer ihr die Kompetenzen definiert, desto weniger Konflikte gibt es. Jeder sollte wissen, was er tut und für was seine Rolle in Eurem Vorhaben wichtig ist.

- **Definiere Fragebogen für Kundenkontakt**
  Was genau willst Du von den Kunden, mit denen Du in Kontakt bist, wissen? Je mehr Du Dich damit beschäftigst, desto souveräner wirst Du in Meetings mit neuen Kunden auftreten. Wir haben in unserem Fall einen Fragebogen aufgebaut, der rund 100 Fragen enthält. Je nach Phase des Projektes kommen andere Fragen zum Einsatz.

- **Firma gründen**
  Der Prozess der Firmengründung beginnt mit der Vorbereitung aller notwendigen Dokumente (öffentliche Urkunde, Handelsregisteranmeldung usw.). Wenn der Eintragungsantrag nicht korrekt ist, kann es passieren, dass die beabsichtigte Haftungsbeschränkung nicht zur Anwendung kommt. Deshalb solltest Du diesen Schritt sehr bedacht machen.
  Um eine Gesellschaft gründen zu können, muss bei einigen Rechtsformen (z.B. AG und GmbH) das Gründungskapital auf ein auf den Namen der Gesellschaft lautendes Geschäftskonto eingezahlt werden. Dieses

kann bei jeder Bank eingerichtet werden. Für die weitere Durchführung Deiner Firmengründung ist ein Nachweis über die Einzahlung des Gründungskapitals in Form eines Kontoauszugs erforderlich.
Um Deine Firma in das Handelsregister eintragen zu können, müssen bei einigen Gesellschaftsformen der Gesellschaftsvertrag und die zu leistenden Unterschriften von einem Notar öffentlich beglaubigt werden. Nach erfolgter notarieller Beglaubigung können die Dokumente zur Eintragung an das zuständige Handelsregisteramt geschickt werden.
Hier eine Übersicht der Schritte, die ich bei der Gründung meiner Firma unternommen habe:

- Gesellschaftsvertrag erstellen
- Beurkundung der Gründungsdokumente beim Notar
- Handelsregisteranmeldung durchführen
- Hinterlegung des Kapitals bei der Bank
- Anmeldung Industrie- und Handelskammer
- Anmeldung Berufsgenossenschaft
- Gewerbeanmeldung

Weitere Details zur Gründung findest Du auf der Website der für Dich zuständigen Kammer.

■ **Anmeldung bei der Berufsgenossenschaft**

Nach § 192 SGB VII ist man als Unternehmen verpflichtet, innerhalb einer Woche nach Gründung sein Unternehmen bei der zuständigen Berufsgenossenschaft anzumelden. Detaillierte Informationen darüber können unter anderem hier gefunden werden: www.dguv.de
Ich persönlich hatte unter der auf der Website angegebenen Nummer angerufen und gefragt, was ich konkret machen soll. Und mir wurde kompetent weitergeholfen. Lohnt sich also auch in diesem Fall einfach nett nachzufragen.

- **Social Media Accounts**
  Um die nötige Reichweite für Dein Unternehmen zu erlangen, macht es Sinn, einen Account bei mindestens einem Social Media Kanal anzulegen und mit neuen Informationen zu den Fortschritten Deiner Firma zu pflegen. Da mein Business Modell auf B2B fokussiert ist, habe ich mich dazu entschieden, mit meiner Firma der devmetal GmbH im ersten Schritt nur auf LinkedIn präsent zu sein: https://www.linkedin.com/company/65497865
  Da es hier um Business-Kontakte geht, habe ich das als strategisch am sinnvollsten empfunden.

> **Wir wollen unsere Ressourcen sinnvoll einsetzen und nicht die Luft schlagen.**

Natürlich kann auch Instagram, Facebook oder Tik Tok eine passende Plattform für Dich sein. Eine Freundin von mir vertreibt beispielsweise Beauty Produkte unter ihrer eigenen Marke und steht über Instagram mit ihrer Kundengruppe in Kontakt. So erhält sie Aufträge direkt über Instagram und kann durch Posts Neues mit ihren Kunden teilen.

- **Reputation aufbauen**
  Kern des Business meiner Firma ist es, Kunden in Digitalisierungsfragen zu beraten und ihnen beispielweise durch die Entwicklung innovativer Apps entsprechend auch bei der Umsetzung zu helfen. Da man aber von einem Tag auf den anderen keine Reputation aufbaut und einem die Kunden die Türe einrennen, habe ich mir eine Strategie überlegt wie wir Stück für Stück eine positive Reputation aufbauen können.
  Ein Baustein ist es, dieses Buch zu schreiben. Ein anderer ist es Projekte erfolgreich zu realisieren und den Fortschritt in unseren Medien-Kanälen wie LinkedIn und unsere Website mit unserer Kundengruppe zu teilen. So sorgen wir dafür, dass unser Unternehmen einen

guten Ruf aufbaut und als Konsequenz kommen immer mehr Kunden dazu die mit uns Projekte realisieren wollen.

- **Rechtlicher Rahmen**
  Da mein Unternehmen ein spezielles Arbeitsmodell sowie einen besonderen Vertragsrahmen vorsieht, habe ich mich sehr umfangreich mit der Erstellung von Verträgen mit unserem Rechtsanwalt auseinandergesetzt. Rückblickend ist die Position der Rechtberatung auch die teuerste Investition unserer Firma während der Gründung gewesen. Zu dem rechtlichen Rahmen gehören (zumindest in unserem Start-up) unter anderem folgende Punkte:
  - Allgemeine Geschäftsbedingungen
  - Datenschutzerklärung
  - Cookies
  - Sonstige rechtliche Hinweise auf der Website (Impressum)
  - Projektpartnervertrag
  - Agiler Softwareentwicklungsvertrag
  - Gesellschaftsvertrag
  - Geheimhaltungsvereinbarung
  - Markenrechte sichern (deutschland- und/oder europaweit)
  - Vertrag für freie Handelsvertreter

- **Kostenschätzung erstellen**
  Generell ist es gut, sich vor einem Projekt, egal ob im privaten oder geschäftlichen Umfeld, zu überlegen, welche Kosten entstehen und sich zu fragen: „Kann ich mir das überhaupt leisten?“

- **Wahl der Rechtsform**
  Die Wahl der Rechtsform hängt stark davon ab, wie viele Gründer es gibt, wie viel Kapital zur Verfügung steht und was die Strategie des Unternehmens ist. Hier macht es Sinn einen Wirtschaftsanwalt oder einen versierten Steuerberater zu Rate zu ziehen. Die einzelnen

Rechtformen und ihre Vor- und Nachteile werden auf diversen Websites wie die folgende beschrieben: https://www.fuer-gruender.de/wissen/existenzgruendung-planen/recht-und-steuern/rechtsform/
Wir haben uns dazu entschieden, eine GmbH zu gründen. Das hat zum einen mit der Reputation, die GmbH's im nationalen und internationalen Geschäftsumfeld genießen, zu tun. Zum anderen liegt es aber auch an der Haftungsbeschränkung, die mit einer GmbH einhergeht.

- **Definition des Gründungsstandortes**
  Du solltest Dir gut überlegen, in welchem Ort Du gründen möchtest. Das hat zum einen damit zu tun, wo Deine Kunden zu finden sind. Aber auch die Steuersätze können von Ort zu Ort variieren. Auch hier ist angeraten, einen Steuerberater zu konsultieren.
  Wir haben in Stuttgart gegründet, weil mein Lebensmittelpunkt sich hier bewegt und die meisten meiner Geschäftskontakte aus dem Umfeld von Stuttgart kommen. Dazu kommt noch, dass Stuttgart das wirtschaftliche Zentrum Baden-Württembergs ist, was es uns auch erleichtert, lokal mehr Kunden zu gewinnen. Die Wahl des Standortes ist auch ein Punkt, den man immer wieder auf den Prüfstand stellen sollte. Insbesondere wenn Du ein virtuell agierendes Unternehmen führst wie wir. Denn dann sind „Umzüge" nicht ganz so komplex, wie wenn man physische Büros an einem neuen Ort einrichten muss.

- **Unternehmensnamen prüfen**
  Bevor man beim Notar sitzt und seine GmbH gründet, ist es wichtig, sich über den Namen der Firma Gedanken zu machen. Zum einen darüber, was der Name der Firma aussagt, zum anderen aber auch, ob dieser Name überhaupt noch verfügbar ist. Wenn dem nämlich nicht so ist und das zuständige Amtsgericht den Namen bei der Gründung (im Falle einer GmbH) eintragen will, es aber nicht kann, weil der Name schon durch eine andere Firma belegt ist, kommen auf Dich

extra Gebühren zu, die es zu vermeiden gilt. Und die Gründung verzögert sich zusätzlich.
Die IHK bietet in diesem Zusammenhang einen kostenlosen Service, den Namen zu überprüfen und einen Indikator zu liefern, ob er noch verfügbar ist. Für 100%ige Sicherheit muss man aber umfangreicher recherchieren lassen und das kostet dann extra. Man muss hier abwägen, wie hoch das Risiko ist und ob man bereit ist, es einzugehen.
Für mich hat die Bestätigung der IHK ausgereicht als Sicherheit.
Unser Unternehmensname devmetal GmbH spaltet die Gemüter. Manche finden den Namen total cool und andere können sich gar nicht damit identifizieren, weil sie gleich das Unternehmen mit Death Metal in Verbindung bringen. Egal in welche Richtung das Pendel ausschlägt: Die Menschen können sich den Namen gut merken. Und da das unser Ziel war, haben wir kein Problem damit, dass kontrovers über unsere Firma geredet wird. Toughe Lösungen brauchen auch einen toughen Namen.

- **Förderungen prüfen**
  Pro Bundesland gibt es verschiedene Förderungen, die man als Unternehmer beantragen kann. Daran sind aber einige Anforderungen gebunden, die es einzuhalten gilt. Es macht Sinn, dass Du Dir dieses Thema für Deinen Einzelfall etwas genauer betrachtest. Eine Hilfestellung bietet Dir diese Website vom Bundesministerium für Wirtschaft und Energie: https://www.foerderdatenbank.de/FDB/DE/Home/home.html
  Da kannst Du genau die Förderungen ausfindig machen, die auf Deinen Fall zutreffen. Unter gewissen Voraussetzungen kann man einen Beratergutschein bekommen. So bekommt man vergünstigt die Möglichkeit, insbesondere in der ersten Phase des Unternehmens einen „wing man" an seine Seite zu bekommen, der einem bei schwierigen Fragen mit Rat zur Seite steht. Die Seiten startupbw.de und deutschland-startet.de können hierbei ebenfalls hilfreich sein.

- **Geschäftskonto anlegen**
  Es ist einem freigestellt, wo man ein Geschäftskonto anlegt. Sinnvoll ist es aber, wenn man mindestens bei einer Bank ist, bei der man ein gutes Verhältnis zu dem zuständigen Banker hat. Es ist auch hilfreich, sich ab und zu persönlich mit ihm zu unterhalten und das am besten nicht nur über das Bankengeschäft. Am Ende des Tages sind wir alle nur Menschen und es kommt sicher mal der Moment, wenn Du einen größeren Dispo brauchst. Dann wird Dir ein freundlich gestimmter Banker sicher freigiebiger mehr Spielraum einräumen als einer, für den Du nur eine Nummer bist.
  Noch zwei weitere Tipps: Wenn Du Dein erstes Konto anlegst, macht es Sinn, vorher bereits Dein Businessplan parat zu haben und diesen Deinem Banker vorzulegen. Zum einen hat er dann mehr vertrauen in Dich und Deine Idee. Zum anderen ist es auch ein guter Test, ob Dein Konzept Sinn macht und funktionieren kann. Wenn es möglich für Dich ist, solltest Du bei zwei verschiedenen Banken ein Geschäftskonto eröffnen. Denn dies ist auch eine Möglichkeit, für Liquidität bei Engpässen zu sorgen.

- **Erstelle ein Pitch-Deck**
  Ein Pitch-Deck ist ein kurzer prägnanter Foliensatz über Deine Idee und den Business Case dahinter. Da Du vor Kunden, Bankern, Investoren und ähnlichen Personengruppen immer wieder Deine Idee präsentieren und verteidigen musst, ist es gut, dieses Pitch-Deck schon früh zu erstellen und immer weiter daran zu schleifen.
  Hilfreich für mich war diese Erklärung:
  https://gruenderplattform.de/ratgeber/pitch

- **Definiere Dein USP**
  USP steht für Unique Selling Point. Also die Frage: „Warum genau ist Dein Produkt, Deine Firma oder Dein Service etwas Besonderes und warum sollte ich es kaufen?“ Um diese Fragestellungen baut sich

später sehr viel auf, was die weiteren Entwicklungsschritte Deines Unternehmens betrifft. Deshalb ist es wichtig, schon am Anfang Zeit für dieses Thema zu reservieren und ggf. mit Freunden und Verwandten zu besprechen, die keine Ahnung von Deinem Geschäft haben. Ich nenne das den „Granny-Test". Wenn Dein Business Deine Oma versteht, dann ist die Wahrscheinlichkeit groß, dass auch andere es verstehen werden.

- **Erstelle einen Businessplan**
  Spätestens im Rahmen der Erstellung Deines Businessplans wird Dir klar, dass zur erfolgreichen Führung eines Unternehmens mehr gehört, als nur gute Ideen zu haben. Dieses Dokument stellt Dein Konzept auf einen Prüfstand und wird von vielen Stationen auf Deinem Weg zu einem erfolgreichen Unternehmen angefragt. Du solltest Dich also auf jeden Fall damit befassen. Hier ein paar Punkte, die mindestens im Businessplan enthalten sein sollten:
  - Ein Business Summary – die Zusammenfassung Deines Businessplans
  - Finanzplan – alle Kosten und Einnahmen sollten transparent sein
  - Vorhabensbeschreibung
  - Was ist der Schmerz, den unsere Kunden haben, den wir mit unserem Service/Produkt heilen werden?

Den Businessplan für mein Unternehmen habe ich auf dieser Plattform geschrieben: https://gruenderplattform.de/businessplan. Dort findest Du viele nützliche Tipps und Tricks für Deine Gründung.

- **Anmeldung beim Finanzamt**
  Für Körperschaften wie eine GmbH gibt es in der Regel spezielle Finanzämter oder Abteilungen. Um offiziell Rechnungen schreiben zu können, benötigt Dein Unternehmen eine vom Finanzamt zugewiesene Steuernummer.

Diese habe ich über meinen Steuerberater beauftragen lassen und habe dann als Geschäftsleiter selber nachgefasst, da wir einen recht hohen Zeitdruck dahinter hatten, erste Rechnungen schreiben zu können. Nach dem ersten Anruf bei dem Sachbearbeiter wurde mir gesagt, dass es ca. 2-3 Monate dauern wird, bis die Steuernummer parat wäre. Natürlich kann ich keine 3 Monate warten, endlich mit meiner Firma Geld zu verdienen, da ja bereits laufende Kosten anfielen. Nach zwei Wochen rief ich also nochmal an. Die Antwort war dieselbe. Da ich nicht mehr länger warten konnte, bat ich um die Kontaktdaten des Vorgesetzten des zuständigen Sachbearbeiters. Nach einem netten Gespräch mit der Vorgesetzten war die Steuernummer am nächsten Tag da.
Natürlich ist nicht jeder Prozess wie dieser so dringend, dass man solche Schritte unternehmen muss. Aber es zeigt deutlich, dass man manchmal die CEO-Karte ziehen muss, um den Erfolg des Unternehmens zu gewährleisten.

- **Marketing-Strategie**
  Es ist toll, ein gutes Produkt anzubieten. Wenn aber keiner davon weiß, ist auch keinem geholfen. Deshalb musst Du Dir Gedanken machen, welche Marketing Aktivitäten in Deinem Fall Sinn machen. Meiner Meinung nach sollte man sich eher modernen Marketing-Instrumenten zuwenden, bei denen man direkt das Ergebnis der Investition in Zahlen zurückgespielt bekommt, anstatt auf Printmedien oder Ähnliches zu setzen. So wie Google AdWords oder Facebook Ads und viele weitere.
  In unserem konkreten Fall gehen wir sogar damit eher vorsichtig um, da wir Projekte machen, deren Volumen hochpreisig sind. Die Wahrscheinlichkeit wird nicht sehr groß sein, dass ein Kunde bei Facebook auf einen Link klickt, um eine App durch uns entwickeln zu lassen. Unser Business wird durch Empfehlung von Unternehmer zu Unternehmer weitergetragen. Das heißt, wir müssen gute Arbeit leisten, die-

se bekannt machen und dann kommen Projekte Stück für Stück von alleine. Dein Modell kann natürlich davon abweichen. Insbesondere wenn Du Produkte verkaufst, bei denen die Hemmschwelle nicht so groß ist, diese zu kaufen, weil sie günstiger sind. Je höher der Preis desto eher denkt man über die Kaufentscheidung nach.
In jedem Fall gilt aber der Grundsatz: „Tue Gutes und rede darüber."

- **Kontaktiere Business-Partner**
  Wenn Du bereits ein Netzwerk hast, auf das Du zurückgreifen kannst, solltest Du dieses nutzen, um von Deinen Business-Partnern zu lernen und Geschäftsbeziehungen aufzubauen. Spreche doch einfach mal in Deinem Freundes- und Verwandtenkreis an, was Du vor hast. Vielleicht ergeben sich so Synergien und Du kannst mit anderen Firmen Partnerschaften eingehen. Möglicherweise kannst Du auch „über Bande" spielen und Dein Netzwerk empfiehlt Dich weiter. Sei es, wie es sei: Du brauchst Leute um Dich herum, die Dich unterstützen. Je früher Du damit anfängst, desto eher können sie Dir auch helfen .
  Als ich das Konzept meines Unternehmens meinem Cousin und meinem Onkel bei einem gemeinsamen Abendessen präsentierte, sagte er mir am Ende: „Gründe Deine GmbH und ich kaufe Dir 20% ab." Bislang habe ich diese Karte noch nicht gezogen, aber es ist gut, direktes Feedback zu den Ideen zu erhalten, die man hat. Und jedes Gespräch, in dem man sein Konzept verteidigen muss, ist ein gutes Training für das nächste wichtige Meeting das auf dich wartet.

- **Definiere Deinen Kunden**
  Wie alt ist Dein Kunde? Welche Vorlieben hat er? Was macht er in seiner Freizeit? Welchen Bildungsstand hat er? Ist Dein Kundenkreis eher männlich oder weiblich? Wo wird Dein Kunde mit Deinem Produkt oder Service in Kontakt treten? Warum braucht Dein Kunde Dein Produkt? Welche Produkte kauft Dein Kunde bisher im gleichen Segment? Was kannst Du mit Deinem Produkt besser machen?

Diese und weitere Fragen helfen Dir, einen oder mehrere Avatare Deiner Kunden zu erstellen. Gib ihnen ruhig Namen und mal Dir auf, wie sie aussehen könnten. So kannst Du Deine Produktentwicklung genau auf ihre Bedürfnisse abstimmen.
Genauso bin ich vorgegangen, als ich mir überlegt habe, wer mein Buch kaufen und lesen wird. Wenn Du immer mal wieder die Avatare anschaust und sie mit Deinen Produkten vergleichst, wirst Du merken, wo noch Verbesserungspotenzial besteht.

- **Definiere Dein Angebot**
  Was genau bietest Du eigentlich an? Was soll es kosten? In welchen Fällen gewährst Du einen Rabatt und wann? Welche Varianten Deiner Produkte gibt es? Was ist Dein Gewinn pro verkauftes Produkt? Wie viele Produkte musst Du verkaufen, um rentabel zu arbeiten?
  Wenn Du diese Fragen klar beantworten kannst, fällt es Dir auch leichter, Deine Produkte zu verkaufen. Die Kunden merken nämlich ziemlich schnell, ob Du hinter Deinem Produkt und den dazugehörigen Preisen auch stehst.

- **Haftpflicht-Versicherung abschließen**
  Sicher gibt es je nach Branche noch weitere Versicherungen, über die Du Dir Gedanken machen solltest. Um Dein unternehmerisches Risiko aber auf ein verträgliches Maß zu reduzieren, solltest Du Dich von einem guten Berater über eine Versicherung in Deinem Unternehmensumfeld beraten lassen. Aber auch hier gilt: Viele Risiken sind ziemlich teuer zu versichern. Da kommt es dann darauf an, ob Du als Unternehmer das Risiko tragen möchtest.

- **Rentenvorsorge**
  Auch über Deine Rentenvorsorge solltest Du Dir Gedanken machen. Die Wahrscheinlichkeit ist groß, dass, wenn Du erfolgreich bist, in Deinem Unternehmen Du mehr Geld verdienst, als wenn Du irgend-

wo als Angestellter arbeitest. Nur solltest Du nicht vergessen, dass Du als Unternehmer auch an die Zeit nach der Arbeit denken musst. Ein guter Berater in Sachen Rentenvorsorge wird dir hier unter dir Arme greifen.

BUSINESS TALK

Was sind die größten Herausforderungen für Start-ups heutzutage?

„Ich glaube, dass vielleicht der eine oder andere der romantischen Vorstellung erliegt, dass etwas magisches Neues entsteht. Aber dass man das wirklich geschäftlich angeht: Leute einstellt, eine Firma gründet, Geld beschafft, fällt vielen erst spät auf.

Ich glaube, dass diese Start-up-Mentalität aktuell für viele etwas Attraktives ist. Aber am Ende geht's ums Geschäft. Wenn Du Investoren im Nacken hast, wird man schnell von der Realität eingeholt. Ich glaube, dass da viele zu spät die rosarote Brille ablegen und einen Tick zu naiv in die Sache reingehen.

Man denkt immer an Google, Facebook und Amazon, die jetzt große Konzerne sind. So viele Start-ups scheitern, weil es ihnen an Durchhaltevermögen fehlt oder andere Probleme aufgetreten sind. Aber das Raumschiff zum Start zu bringen, ist gar nicht so einfach.“

- Kai-Uwe Aescht

„Unter Corona-Bedingungen ist das Problem, dass die Investoren abspringen und das Fördergelder in die Erhaltung alter Geschäftsmodelle bei großen Unternehmen in Deutschland fließt (Maschinenbau, Automobil etc.).“

- Frank Mercier

„Es wird immer schwieriger, Investoren zu finden. Cash zu sammeln. Man muss aber dazu sagen, ein Start-up kann viel sein. Es kann eine kleine Softwarebude mit einem Rechner, aber eben auch ein riesiges Unternehmen sein.

Die größte Herausforderung ist es, das nötige Kapital aus dem Markt zu bekommen, sodass Dein Unternehmen rentabel wird. Zur Bank zu gehen, mit Deiner Vision und ihnen zu erzählen, dass Dein Unternehmen in fünf Jahren rentabel sein wird, stelle ich mir schwierig als Basis für eine Finanzierung vor. Ich habe tolle Ideen gesehen, aber es scheitert oft an der Umsetzung. Wenn Du was umsetzen willst, musst du Geld in die Hand nehmen. Und **Du brauchst einen langen Atem.** Wenn man glaubt, man hat heute eine Idee und dann morgen ein lukratives Unternehmen, dann wird man keinen Erfolg haben. Viele Unternehmen brauchen 3-5 Jahren, bis sie die schwarze 0 sehen. Viele Investoren suchen eine schnelle Exit-Strategie, um einen Vorteil zu bekommen. Sprich: Sie investieren in Dein Unternehmen, um es so schnell wie möglich mit Profit wieder zu verkaufen."

- Sven Scharf

„Überleben und Cashflow. Keine Kohle = Pleite
Da hilft dir das beste Produkt nichts, wenn Du kein Geld rein bekommst."

- Robert Riemann

Was sind die größten Chancen für Start-ups heutzutage?

„Durch Digitalisierung Geschäftsmodelle zu kreieren, die mitunter einen deutlich geringeren Fixkostenblock haben, weil Du Dinge von zu Hause machen kannst. Und Deine Mitarbeiter auf der ganzen Welt verteilt sind.

Man könnte mit weniger Arbeit genauso viel oder mehr Geld verdienen. Und man hat ggf. eine andere Flexibilität. Viele Modelle ermöglichen Outsourcing oder digitale Modelle."

- Kai-Uwe Aescht

„In den digitalen Märkten sind viele Möglichkeiten für Start-ups relativ schnell, relativ groß zu werden und relativ viel Geld zu verdienen. Alt eingesessene Unternehmen haben eingefahrene Strukturen und können nicht so schnell auf Anforderungen des Marktes reagieren. **Da ist Flexibilität gefragt, die die Start-ups mitbringen.**"

- Sven Scharf

„Dass sie ihre Nische finden, die relevant ist und in der Sie Ihr Business aufbauen können. Der Begriff Start-up impliziert ja, dass man ein neues Business macht. Wenn ein neuer Schreiner aufmacht, ist das kein Start-up. Ganz viele Leute versuchen, neue Ideen umzusetzen. Die haben alle das Risiko, das die Nische zu aufwendig ist und sie kein Geld verdienen."

- Robert Riemann

„Durch Corona findet ein riesen Umdenken statt. Dies eröffnet neue Geschäftsmodelle."

- Frank Mercier

Welche Tipps und Tricks kannst Du jungen Gründern mitgeben?

„Achtet aufs Geld. In der Anfangsphase ist es kriegsentscheidend, dass Du genügend Geld auf dem Konto hast. **Unternehmen scheitern nicht am bilanziellen Verlust, sondern an der Insolvenz. Und die liegt ausschließlich an der Liquidität.** Auf die Ausgaben schauen und schauen, dass man Einnahmen macht. So merkt man rechtzeitig, ob man insolvent wird. Sonst führt es zu einem strafrechtlichen Prozess. Mit dem Blick aufs Geld kommst Du auch aus dieser romantischen Produktidee heraus, dass jeder Dein Produkt haben will. **Was Du verkaufst, muss nicht Dir gefallen, sondern dem Kunden.** Es hilft, wenn es beiden gefällt. Aber **Du solltest das Produkt den Bedürfnissen des Kunden so anpassen, dass es auch jemand kaufen will.**"

- Robert Riemann

„Sich auf jeden Fall mit den Finanzen zu beschäftigen. Mit dem Cashflow. Mit der wichtigsten Kenngröße Liquidität. Wie schaffe ich Liquidität am Anfang?

Am Schluss ist es immer die Frage: „Wie viel Geld ist am Ende auf dem Konto? Kann ich meine Rechnungen bezahlen?" Egal welches Geschäftsmodell man hat: Man muss sich überlegen, wie man das Ganze am Laufen hält. Ich hatte das am Anfang nicht und musste es dann auf die harte Tour lernen. Habe Möglichkeiten der Liquidität nicht ausgeschöpft. Beispielsweise zu viel Eigenkapital. Angenommen, Du hast auf dem Geschäftskonto 100.000€ und du willst Dein Büro renovieren. Das Projekt kostet Dich 60.000€. Dann könntest Du das zwar zahlen, aber wenn Du zwei Monate später einen großen wegbrechenden Kunden hast, dann fehlt Dir die Liquidität. Wenn Du von einer Bank ein Darlehen holst - mit einem günstigen Zinssatz, dann kannst Du Dir darüber Liquidität generieren."

- Kai-Uwe Aescht

„Wenn man einen Traum oder eine Vision hat, wird es sicher mal Tage geben, wo es mal nicht so funktioniert. Am Ende des Tages kann ich nur jedem empfehlen, wenn man eine Vision hat, dass man nicht aufgibt, sondern durchhält. Zuletzt habe ich ein Buch von Dieter Bohlen gelesen. Eine Anekdote ist in diesem Zusammenhang recht interessant. Bis er den ersten Plattenvertrag bekommen hatte, bekam er 150 Absagen von Plattenfirmen. **Wenn man nur hart genug kämpft, ist die Chance groß, dass man auch Erfolg hat. Das heißt, man muss sich dem Gegenwind stellen. Absolutes Durchhaltevermögen ist gefragt.** Man muss immer weiter an diesem Projekt arbeiten."

– Sven Scharf

„Auf den Punkt gebracht: **Erhalte Dir Deine Flexibilität, lerne aus den Fehlern der old economy und kopiere keine Best Practices von ihnen. Denn die Lösungen von früher sind die Probleme von heute.**

Gründe kein Start-up, um reich zu werden, sondern weil Du Bock auf die Sache hast. Wenn Du voll hinter Deiner Sache stehst, KVP machst, dann kommt die Kohle zwangsläufig von alleine. Wenn der Kunde auch Bock auf Deine Sache hat."

– Frank Mercier

Wenn Du Deine Firma nochmal komplett neu aufbauen könntest, was würdest Du anders machen?

„Ich würde zurückhaltender mit Wachstum umgehen. **Nicht um jeden Preis wachsen wollen** ist das Learning. Manchmal kommt man in einen Flow rein und dann ist es am Ende ein Ego-Thema.

Als ich mein MBA (Master of Business Administration) gemacht habe, sprach ich mit einem Mitschüler und er hat mir gesagt, er hat

150 Mitarbeiter, und ich hatte nur 9 Mitarbeiter. Und ich dachte, das brauche ich auch. Mein Learning ist daraus, dass Investitionen um jeden Preis keinen Sinn machen."

– Kai-Uwe Aescht

„Ich würde **andere Vertriebswege** suchen. Wir sind viel auf Messen gegangen. Die Kundenansprache muss eine andere sein. Wir müssen an Caterer rankommen und direkt die suchen, die die Veranstaltung machen. **Auf so Messen kann man ganz viel Geld ausgeben – für ganz wenig Wirkung. Wenn Du Wirkung erzielen willst mit Deinem Produkt, dann musst Du sehr viel Glück haben oder ein Netzwerk mit Millionen von Followern haben.** Du wirst nicht einfach im Internet gefunden, nur weil Du da bist. Du musst auch was dafür tun."

– Robert Riemann

Wenn Du Deine Firma nochmal komplett neu aufbauen könntest, was würdest Du genau gleich machen?

„**Den Mut haben, Erfahrungen zu sammeln.** Musst eine Entscheidung treffen und sagen: ‚Ich mache das jetzt.' Musst aber auch den Mut haben, Deine Situation zu bewerten und ggf. neu zu entscheiden. Jedes Projekt ist anders. Aber Erfahrungen sammeln ist wichtig."

– Robert Riemann

„Mit demselben Elan und derselben Freude an der Sache ran gehen. Das ist einer der Hauptpunkte für unseren Erfolg. **Wenn Du People Business machst, so wie wir, dann spüren die Kunden die Stimmung. Sie spüren die Intention dahinter. Wenn Du in ein Lokal gehst und Dich die Wirtin mit einem Lächeln begrüßt, dann ist das attraktiv,**

wenn jemand für seine Sache begeistert ist. Das zieht Kunden an, das zieht Mitarbeiter an."

– Kai-Uwe Aescht

„ewocon und Karon sind ja aus einer vorangegangenen Gesellschaft entstanden 2016. Und wir konnten durch die Neuausrichtung viele Fehler korrigieren, die wir bis dahin gemacht hatten. Das waren: **Verzetteln in einem zu breiten Portfolio, Mitschleifen von altem Mindset (Hierarchiedenken und Titeldenken, Statussymbole wie Firmenwagen) und zu große Ausrichtung auf finanzielle Ziele.**

Das sage ich als Manager dieser Unternehmen und als Organisations-Wissenschaftler: Ihr müsst als Team einem Ziel folgen, das größer ist als das Ego jedes Einzelnen. Ihr müsst das gemeinsame Ziel über Euer Ego stellen. Weil spätestens, wenn sich der Erfolg einstellt, kommt das Ego wieder hoch."

– Frank Mercier

„Alles. Die kleinen führungstechnischen Fehler gehören mit zur Entwicklung dazu."

– Sven Scharf

Was hilft Dir am besten, in Krisensituationen Deines Unternehmens einen kühlen Kopf zu bewahren?

„Krisensituationen zeichnen sich dadurch aus, dass Du Dich maximal darauf konzentrieren kannst. Insofern blendest Du alles andere aus und kannst den Rest außen vor lassen. Eine Krise kann also sehr entspannt sein. Weil Du Dich auf eine Sache konzentrieren kannst. **Alle geschäftlichen Krisen sind nicht lebensbedrohlich.** Erfahrung hilft da viel. Man muss die Herausforderung professionell angehen. Man muss das Problem analysieren und sich überlegen, wie man das Thema angehen kann. Regelmäßig eine Standortbestimmung machen. Krisen sind ja nicht nur ein Problem, sondern eine komplexe Verkettung von vielen Themen. Wenn ein Server ausfällt, dann kann das ein Problem sein. Aber Du setzt einen Experten hin, der das Thema aus der Welt bringt.

Krisen hast Du auch selten alleine zu bewältigen. Also, ist viel Kommunikation, reden und gut zuhören wichtig. Du musst diskutieren und viele verschiedene Meinungen zusammenbringen, die dann gemeinsam an der Problemstellung arbeiten. Wenn Du eine Krise hast, dann hast Du eine unklare Situation und musst sie aus ganz vielen Blickwinkeln betrachten. Entscheiden, wie es weiter gehen soll. Und das ist nicht einfach, weil Du ganz viele verschiedene Kompromisse eingehen musst. **In einer Krise stellt sich nicht die Frage, wie Du alle zufrieden stellen kannst, sondern wie Du es schaffst, so wenig wie möglich nicht zufrieden zu stellen.**"

– Robert Riemann

„**Ganz wichtig ist genügend Schlaf. Genügend Ruhe und Abstand.** Ein Beispiel: Corona-Zeit. Wenn Du gefordert bist ohne Ende, dann ist es wie beim American Football spielen. Ich stelle mir das oft so vor, dass ich den Ball bekomme und jetzt hängt es von mir ab. Wenn ich jetzt einen Fehler mache, ist der Spielzug durch. Dann stelle ich mir immer vor, ich bin in einer Glocke. Je unruhiger mein Gegenüber ist, desto entspannter bin ich. Weil ich nicht so sein will wie er. Ich behalte die Ruhe, auch wenn alles eskaliert."

– Kai-Uwe Aescht

„Wir achten sehr stark darauf, dass wir als Gesellschafter eine sehr große Gewinndifferenzierung gewährleisten. Das heißt **80% des Gewinns bleiben in der Gesellschaft. Das ist unser schwäbisches Instru-**

mental der Sparsamkeit. In guten Zeiten legen wir Geld weg, um in Krisenzeiten davon zehren zu können. Wenn keiner mehr investiert in Maschinen, dann kaufen wir. Wir verhalten uns also antizyklisch. Die Devise ist: In guten Zeiten sparen und in schlechten Zeiten ruhig bleiben."

- Sven Scharf

„Die durchschnittliche Lebensdauer eines Unternehmens beträgt statistisch ca. 10 Jahre.

Grundsätzlich muss man ein wachsames Auge haben, um die Situation und die Stimmung im Unternehmen wahrzunehmen. Das Unternehmen mit Engagement und Loyalität unterstützen. Aber wenn man merkt, dass das Unternehmen keine Überlebensperspektive hat, dann auch die Konsequenzen ziehen.

Mein Motto 2 von 3 Punkten müssen stimmen: ökonomische Situation (Gehalt, Arbeitsplatzsicherheit), Aufgabe (inhaltlich reizvoll) oder soziales Umfeld (Chefs, Kollegen usw.). Den Spruch hat mir mal vor vielen Jahren ein kluger Kollege gesagt."

- Peter W.

„Praktizierte Achtsamkeit und ein Ausgleich in Familie und/oder Sport."

- Frank Mercier

Wie schafft man es als Gründer eines Start-ups, dauerhaft leistungsfähig zu bleiben?

„Das ist ein tolles Thema. Das hat was mit Deiner Gesundheit zu tun. **Gesund bleibst Du, wenn Du Dich um Dich selbst kümmerst.** Die besten Vorbilder für mich sind Profisportler, die sehr lange im Top-Business bleiben. Die kümmern sich sehr viel um sich selbst. **Sie investie-**

ren sehr viel Geld in ihre Gesundheit und ihre Gesunderhaltung. Gut ernähren. Genügend schlafen, körperlich aktiv sein mit Sport. Und auch mental fit bleiben. Früher war der Manager der dicke Mann mit Zigarre und Whisky. Heute sind die Top-Manager die durchtrainierten Sportler. Gerade Sport lehrt Dich auch das Durchhalten. Das ist eine mentale Schulung."

- Kai-Uwe Aescht

„Schwierig. Weil Du auf der einen Seite diese intensive Verbundenheit mit dem brauchst, was Du machst. Das ist kein 9-5 Job. Deswegen ist die emotionale Verbundenheit mit dem Thema ganz wichtig. Die gibt Dir auch Kraft. Aber Du musst Dir Zeit nehmen, etwas ganz anderes zu machen. Du musst darauf achten, einen geregelten Tagesablauf zu haben. Ich versuche, einen geregelten Tagesablauf zu haben. Der darf auch gerne 10 h haben. Und falls etwas nicht rein passt: **gut priorisieren** und sich überlegen, was man am nächsten Tag machen kann. **Man muss also genau entscheiden, was tue ich jetzt und was nicht.** Sonst macht man sich kaputt."

- Robert Riemann

„Man muss dafür sorgen, dass man beständig auf den Markt, den man bedient, reagieren kann. Man muss ständig seine Produkte weiterentwickeln. In den letzten Jahren haben wir ein Produkt dreimal weiterentwickelt. **Man darf sich also nicht auf seiner Idee oder seiner initialen Vision ausruhen.** Sobald die Leute verstanden haben, dass man mit Deiner Idee Geld machen kann, dann wird auch sehr viel kopiert. Stillstand bedeutet also Rückschritt."

- Sven Scharf

„Auf die **Gesundheit** achten."

- Peter W.

Welche Tools, Methoden und Rituale kannst Du Start-ups empfehlen, um erfolgreich zu sein?

„Die Elemente von SCRUM wie ein Daily, auch gerne alleine mit sich selbst, um sich zu überlegen, was steht denn aktuell an. Eine Methodik wie ein **Backlog anzulegen**, um Themen zu sammeln. Ende der Woche ein **Review** machen sowie ein **Refinement**, um zu priorisieren, was gerade wichtig ist.

Als Start-up hast Du noch keine Stabilität. Da sind solche Methoden sehr hilfreich, weil man die Transparenz und den Überblick erhält. Was auch wichtig ist: Du siehst, was Du erledigt hast. Ich schaue ein bis zweimal im Monat, dass ich mir grob die Prioritäten setze, was ansteht. **Wenn ich mir die Prio setze, dann weiß ich auch, was ich tun muss.**

In meinem Fall habe ich auch ein hohes Maß an Fremdbestimmung. Mein Arbeitsumfeld, also meine Kundschaft, will in Form eines Lenkungskreises etwas von mir. Ich habe meine Mitarbeiter, die Bedürfnisse haben, damit sie weiterarbeiten können. Mein Chef hat auch Themen, die er gerne haben möchte. Und ich komme ja auch noch mit meinen Bedürfnissen."

- Robert Riemann

„Es ist definitiv gut, dass man auch als Team hin und wieder Events hat, in denen man Privates tut. Das ist sehr gut und wichtig für die Stimmung. Du brauchst alle Komponenten. Du brauchst „Driver", die das Business puschen. Es ist aber auch ganz wichtig, dass Du Leute hast, die sich um das Soziale kümmern. Die sagen: „Komm, lass uns mal übers Wochenende wegfahren oder als Team grillen." Das ist für viele wichtig, damit sie produktiv funktionieren. Am Ende sind wir alle Menschen."

- Kai-Uwe Aescht

Wie schafft man es, von einem Start-up zu einem etablierten Unternehmen zu werden?

„Ein etabliertes Unternehmen ist für mich ein Unternehmen, das in einer stabilen wirtschaftlichen Lage ist. Einen vernünftigen Cashflow hat. Das heißt nicht, dass alles entspannt ist. Aber Du musst nicht die ganze Zeit aufs Cash schauen, sondern kannst auch mal eine Strategie entwickeln. Dieser transformatorische Wandel ist ein schwieriger Prozess.

Wenn Du als Start-up erfolgreich sein möchtest, musst Du in jeder Phase Deines Unternehmens Dich auch weiterentwickeln. Die großen Ex-Start-ups Facebook, Twitter etc. haben es geschafft, zu Weltkonzernen zu werden. Das heißt, sie haben sich umorganisiert. **Sie haben an einem gewissen Punkt erkannt, dass sie sich neu aufstellen müssen. Ansonsten gehst Du an Deiner eigenen Struktur zugrunde.** Und mit jeder Wachstumsstufe verlierst Du an Flexibilität und Reaktionsgeschwindigkeit. Das heißt, die wichtigen Dinge, das Kerngeschäft sollten weiter agil sein. Hingegen sollte die Finanzbuchhaltung nicht agil sein, sonst bekommst Du Besuch von der Steuerbehörde."

– Robert Riemann

„Das ist eine sehr interessante Frage, weil sich ja mit der Zeit Organisation und Prozess-Denken einschleichen, wenn man wächst.

Bei uns in der Beratung habe ich es viermal selbst mitgetrieben, dass man von einer genialen Idee und Entrepreneuship getrieben ein Thema voranbringt. Beispiel: Wir waren in der Axentiv die Besten im Bereich SAP SCM (Supply Chain Management), sind gewachsen und bei etwa 80 Mann wurden wir gezwungen, uns neu zu organisieren. Das war der Anfang von Ende.

In der Beratung bei 80 Mann musst Du Dich entscheiden, ob Du Fraktale bildest, also ob Du es wieder unterteilst oder ob Du dramatisch wachsen kannst. In den Fällen, in denen ich dabei war, hat das

Ego der Inhaber diese Möglichkeiten unterbunden, sprich: In einem Fall wurden wir verkauft an die BMW-IT, mit allen Schmerzen, die eine Konzernstruktur mit sich bringt. Im anderen Fall wären wir zugrunde gegangen, wenn wir uns nicht in neuen Gesellschaften organisiert hätten."

– FRANK MERCIER

„Wenn man selbstständig bleiben will: Trends erkennen, die langfristig erfolgreich bleiben – nicht jeder Hype trägt. Auf gesundes Wachstum achten. Finanziell solide bleiben. Versuchen, die Know-how-Träger langfristig zu binden.

Wenn man übernommen werden will: Nischen besetzen, die für größere Unternehmen interessant sind und einen Kauf attraktiv machen."

– PETER W.

„Das ist, offen gesagt, schwierig. Für mich sieht der Übergang wie folgt aus: Wenn Du ein etabliertes Produkt/Dienstleistung hast, das nachhaltig und dauerhaft vertrieben wird. Wenn Du eine Kontinuität im Absatz Deiner Produkte drin hast, dann bist Du von einem Start-up in ein etabliertes Unternehmen übergegangen. Du wirst dann zu einem sicheren und potenziellen Arbeitgeber."

– SVEN SCHARF

„Die ersten Jahre zu überleben. Und sozusagen über den Punkt hinaus zu kommen und finanziell einigermaßen gesund zu sein. Wenn nach zwei Jahren schon Feierabend ist, dann war es eben nichts."

– KAI-UWE AESCHT

Was sind aus Deiner Sicht die größten Herausforderungen eines Start-ups in den ersten drei Jahren?

„**Schneller als andere aus Fehlern zu lernen** und darauf richtig zu reagieren."

- Peter W.

„Das ist schwer. Spontan würde ich Liquidität sagen. Aber ich kenne Beispiele, bei denen Investoren sehr viel Geld investieren, bei denen es dann aber an der Marktdurchdringung fehlt. Man hat in jeglicher Form einen Leistungsdruck, mit dem man klarkommen muss."

- Kai-Uwe Aescht

„Geld. Wenn Du das Cash-Problem im Griff hast, läuft alles."

- Robert Riemann

„Die passenden Strukturen zu haben, um ein erfolgreiches Unternehmen aufzubauen. So müssen Fragen geklärt werden wie: ‚Wer sind die Gesellschafter? Wer ist Teilhaber? Wie wird das Unternehmen finanziert?'"

- Sven Scharf

„**Investoren gewinnen** (Fundraising) und bei der Stange halten. Aus dem, was ich beobachte, nimmt der Speed dramatisch zu, mit dem ich skalieren muss."

- Frank Mercier

Hast Du sonstige Erfahrungswerte, die Du gerne teilen möchtest?

„Du musst den Mut haben, immer wieder die Veränderung mitzugehen und Dich aus Deiner Komfortzone wegzubewegen. Was mittlerweile nicht mehr geht: als Einzelkämpfer alles alleine zu meistern. Es gibt so Leute, die meinen, sie können Dinge alleine reißen.

Etwas, was ich früh kennengelernt habe, ist, dass Helden alle tot sind. Denn alle, die was reißen, leben noch und sind keine Helden. Wenn Dein Lebensziel ist, Held zu sein, dann wirst Du genau an dem Ziel sterben. **Wenn Du Dir die Schlachtreihen anschaust, dann stehen vorne die Helden und hinten der Feldherr.**"

– ROBERT RIEMANN

„Wenn Du mit jedem Menschen so umgehst, wie Du willst, dass man mit Dir umgeht, dann wirst Du erfolgreich sein.

Wir sind als Firma nur so stark wie das schwächste Glied im Unternehmen. Viele Manager haben ihren Fokus nur auf ihrer Ebene. Die ganz untere Mitarbeiterebene ist für sie oft nicht relevant. Aus meiner Sicht muss man sich als gute Führungskraft mit allen Ebenen beschäftigen. So ist man nahe am Produkt und nahe an den Mitarbeitern. Das merken die Kunden und schätzen auch Deine Mitarbeiter."

– SVEN SCHARF

„Ich bin dreißig Jahre mit meiner Frau zusammen und wir sind durch gute und durch schwierige Zeiten gegangen.

Wir haben zwei Kinder (16 und 20), die beide durch die Pubertät müssen/mussten. Ich engagiere mich mittlerweile in meiner Freizeit im Leistungssport meiner Kinder und der örtlichen Kirchengemeinde im Männerkreis.

Damit möchte ich keinen Musterkatalog auflegen und jeder „Jeck is anders" sagt man in Leverkusen/Köln, wo ich herstamme.

Ich habe aber gelernt/lernen müssen, dass es viel Ausgleich und Energie zurückbringt, wenn man sich nicht nur auf die eine berufliche oder auch sportliche Sache fokussiert.

Man verkrampft sonst allzu schnell, wenn es mal nicht so gut läuft und **man lernt, sich selbst und die Dinge nicht zu ernst zu nehmen.**"

- Frank Mercier

„Veränderungen sind meistens Chancen. Deshalb muss man mutig sein. Man sollte **Veränderungen aktiv angehen** und ihnen positiv gegenüber eingestellt sein. Man sollte nicht warten, bis jemand das Licht ausmacht. Wenn ich zurückblicke, dann waren 80% der Veränderungen Chancen für mich. **Bereit sein, einen Weg zu verlassen, wenn man merkt, dass er falsch ist.** "
- Peter W.

BEST PRACTICES

Unstimmigkeiten mit Partnern, Lieferanten und Kunden:

Das Beste ist immer, so schnell wie möglich eine gemeinsame Lösung zu finden. Denn, wenn ein Thema erst einmal vor Gericht vorgetragen wird, kostet es viel Zeit und trägt auch nicht zu einer positiven Reputation Deiner Firma bei. Deshalb sich am besten immer so schnell wie möglich gütlich mit dem Gegner einigen.

Versprechen halten:

Egal in Verbindung mit wem: Jeder unserer Partner - ob Banker, Lieferanten, Kunden oder andere - schätzt es, wenn wir unser Wort halten. Im Gegensatz dazu will keiner langfristige Geschäftsbeziehungen mit jemandem eingehen, der unehrlich ist oder sein Wort nicht hält. Hingegen, wenn man regelmäßig im Geschäftskontakt zu anderen zeigt, dass man vertrauenswürdig ist, sind zukünftige Geschäfte um einiges einfacher. Kunden kaufen mehr. Banker stellen weniger Fragen, wenn Du ein Darlehen brauchst usw. Es lohnt sich also, wenn das Ja, das man gibt, auch ein Ja bleibt.

Sei niemandem etwas schuldig:

Jede Schuld, die wir bei einer Bank, einem Kapitalgeber, Mitgesellschafter, einem Geschäftspartner oder jemandem anderen haben, macht uns von ihnen abhängig. Denn in der Regel schenkt uns niemand etwas. Manche wollen an uns verdienen, andere wollen Einfluss in unserem Unternehmen haben oder sie haben eine ganz andere Motivation.

Deshalb solltest Du immer sehr gut überlegen, ob es wirklich notwendig ist, fremde Kapitalgeber zur Finanzierung Deines Unternehmens einzuspannen. Manchmal geht das nicht anders. Aber selbst da solltest Du genau kalkulieren, wie viel Dein Unternehmen wirklich benötigt. Zusätzlich könntest Du neben finanziellen Mitteln auch einem Partner einen Gefallen schuldig sein. Auch das nimmt Dir Flexibilität, Agilität und Freiheit. Und hierbei geht es nicht nur um geschäftlichen Handelsspielraum sondern auch um mentale Freiheit. Deshalb solltest Du, sofern es in Deiner Macht steht, immer alle Schulden so schnell wie möglich zurückzahlen.

Business Partnerschaften eingehen:

Wir leben in sehr bewegten Zeiten. Manchmal können einzelne Entscheidungen oder Umstände einen vor schwere berufliche Herausforderungen stellen. Umso besser ist es da, wenn man von Anfang an auf Partnerschaften zu anderen Unternehmern setzt. Natürlich will jeder Partner auch einen Vorteil in einer solchen Partnerschaft haben.

Hier einige Beispiele: Wissenstransfers, Ressourcen-Bereitstellung bei Über-/Unterkapazitäten, Kapitalgeber, Teilen von Kontakten. Deshalb solltest

Du Deine Partner nie vergessen, wenn Du aufgrund der Hilfe von ihnen ein Geschäft machen konntest. Du kannst sie dabei mit einer Provision beteiligen oder ihnen ebenfalls Kunden und Aufträge zukommen lassen. Langfristig wird das Eure Geschäftsbeziehung stärken und sie werden Dir weiterhin dabei helfen, Projekte umzusetzen und erfolgreich zu sein.

Je größer das Partner-Netzwerk ist, desto weicher fällst Du, wenn Dein Unternehmen mal in eine wirtschaftliche Krise kommen sollte. Und diese wird früher oder später im Lebenszyklus deiner Firma kommen. Wenn Du aber niemanden hast, der Dich in dieser Situation abfedern kann, dann kann, dass das Aus für Deine Firma bedeuten.

Wichtig ist, dass Du ein feines Gespür dafür bekommst, wer Dir bei dem Aufbau Deines Unternehmens wirklich weiterhilft und wer nur seinen eigenen Vorteil im Sinn hat. Selbst wenn jemand eine durchweg gute Intention hat, solltest Du Dir immer Business-Partner suchen, die Dir dabei helfen, Dein Unternehmen erfolgreicher zu machen und Dir nicht nur Geld oder Zeit rauben. Denn wenn Du Leute um Dich scharst, die viel Wissen und Weisheit haben, wirst Du automatisch davon lernen und ebenfalls bessere Entscheidungen treffen. Leider geht das umgekehrt genauso.

Mitarbeiter angemessen bezahlen:

Deine Mitarbeiter sollten für ihre Leistung ein angemessenes Gehalt bekommen. Warum ist das so wichtig? Wenn Du an einer langfristigen Mitarbeiterbindung interessiert bist, solltest Du die Motivation Deiner Mitarbeiter hochhalten. Mal abgesehen von dem moralischen Aspekt, ist ein Mitarbeiter, der angemessen bezahlt ist, motivierter, weniger krank und bringt mehr kreative Ideen in Dein Unternehmen ein.

In Zeiten der Globalisierung ist ein angemessenes Gehalt aber relativ. Wenn zwei Mitarbeiter dieselben Skills haben, der eine aber in Südamerika wohnt und arbeitet und der andere in Deutschland, ist die Wahrscheinlichkeit groß, dass Du dem Mitarbeiter in Deutschland mehr bezahlen musst als dem in Südamerika. Das liegt schon alleine daran, dass die

Lebenshaltungskosten in vielen Ländern unterschiedlich sind. Demnach ist es empfehlenswert, sich gut zu überlegen, welche Aufgaben man an wen in welchem Land auslagern kann, um Kosten zu sparen und so im Markt konkurrenzfähiger zu sein.

Gelassen bleiben

Das Business, in dem wir agieren, ist ein Haifischbecken. Und jeder kämpft um sein Stück des Kuchens. Deshalb kann es vorkommen, dass man verbal oder in anderer Form angegriffen wird. Das Schlechteste, was man in diesem Fall tun kann, ist, genau mit gleicher Münze und gleicher Aggression zurückzuzahlen. Denn so schaukeln sich Konflikte auf und kosten nicht nur viel Geld und Zeit, sondern können Dich auch Deine Gesundheit kosten (Bluthochdruck, Schlafstörungen, Burnout, Herzinfarkt, um nur einige zu nennen).

Deshalb sollte man sich immer wieder sagen: „Es geht nur ums Geschäft, es ist nichts Persönliches." Also, gelassen bleiben. Wenn man wütend ist, ist es besser, sich Zeit zu nehmen, bevor man eine Mail, einen Brief oder einen Anruf tätigt. Oftmals wird einem schon nach einer Nacht, die man über die Sache geschlafen hat, klar, dass sich der ganze Ärger gar nicht lohnt. Falls es doch notwendig erscheint, sich zu verteidigen, lohnt es sich immer, einen engen Draht zu einem guten Anwalt zu haben. In unserem Fall ist das die Anwaltskanzlei Liebenstein Law in Frankfurt (www.liebenstein-law.de). Falls Du diese Kanzlei konsultieren solltest, sag meinem Freund Rechtsanwalt Professor Dr. jur. Hans-Herrmann Dirksen einen Gruß von mir.

Einheit fördern:

Warum ist Einheit so wichtig? Einheit ermöglicht es, eine Gesellschaft zu festigen. Das kleinste gesellschaftliche Format ist die Familie. Nach der Familie kommen Dörfer und Städte, danach Länder, dann Kontinente und danach die ganze Welt. Je mehr Einheit unter diesen gesellschaftlichen Strukturen herrschen, desto stabiler und produktiver ist die Gesellschaft. Wenn dem nicht so ist, dann bringt das automatisch Instabilität, Zwist und Unzufriedenheit mit sich. Sogar Weltreiche wie das römische Reich zerbrachen unter anderem daran, dass es keine Einheit gab. Kaiser wurden ermordet und das Großreich zerbrach.

Wahrscheinlich fällst Du nicht auf mysteriöse Art und Weise einem Meuchelmord zum Opfer. Aber die Geschichte zeigt, dass es wichtig ist, Einheit in Deinem Unternehmen und in der gesamten Firmenstruktur zu schaffen. Das kannst Du damit schaffen, indem Du ein gemeinsames Teamgefühl schaffst. Dass Du eine klare Zielsetzung im Unternehmen hast und jeder Mitarbeiter genau weiß, welchen Anteil er daran hat, dieses übergeordnete Ziel zu erreichen. Deine Mitarbeiter sollten weniger an sich selbst denken und mehr an den Vorteil des gesamten Unternehmens. So schaffst Du eine Atmosphäre der Zusammenarbeit, des betriebswirtschaftlichen Denkens und die Mitarbeiter fühlen sich als ein Teil des großen Ganzen und nicht nur als eine unbedeutende Nummer.

Offen sein für internationale Märkte:

Oftmals wird „der Prophet aus dem eigenen Land" nicht wirklich geschätzt. Oder in anderen Worten der Aufwand, sich in einen regionalen Markt zu etablieren, kann manchmal größer sein als einen komplett neuen zu erschließen. Warum ist das so? Wir Menschen lieben das Besondere, das Neue, das Außergewöhnliche. Was in unserer Region oder in unserem Land als nichts Besonderes gilt, kann anderen Orts ein richtiger Kassenschlager sein. So gibt es beispielsweise ein Export-Bier, das in dem Herkunftsland Deutschland kein Mensch kennt, in Südamerika aber der Inbegriff von deutscher Bierkultur ist.

Oder der deutsche Daniel Lindemann der in Südkorea ein TV-Star und Moderator ist, den aber in Deutschland die wenigsten kennen. Zwei Beispiele dafür, dass es sich lohnt, in Märkte einzusteigen, in denen das Unbekannte das Kaufinteresse der Kunden reizt. Sei also offen für Neues.

Guter Ratgeber:

In einem sehr schlauen Buch steht:

> „Mit weiser Anleitung wirst Du Deinen Krieg führen, und mit vielen Ratgebern erringt man den Sieg.“
> (Neue-Welt-Übersetzung der Heiligen Schrift, Sprüche 24:6)

Wenn man sich in einem Gebiet noch nicht zu 100% auskennt, ist es immer ratsam jemanden zu befragen, der mehr Erfahrung auf diesem Gebiet hat. Selbst dann, wenn man schon erfahren ist, können andere Sichtweisen manchmal ganz neue Impulse liefern und einem helfen, wichtige Entscheidungen zu treffen.

Bei den Ratgebern sollte man aber natürlich wählerisch sein. Denn in der Beratungsindustrie gibt es genügend schwarze Schafe. Am besten ist es, wenn man sich anschaut, welche Referenzprojekte derjenige Berater vorweisen kann. Oder für welche Firmen dieser gearbeitet hat. Und man sollte sich nicht auf langfristige Beratungsverträge einlassen, wenn man den Berater noch nicht kennt und noch kein Vertrauen zu ihm aufgebaut hat. Eine Empfehlung ist eine 3-Monatige-Testphase zu vereinbaren und sich danach die Ergebnisse anzusehen. Wenn ein Berater darauf eingeht, dann ist die Wahrscheinlichkeit groß, dass er auch in den vereinbarten drei Monaten einen signifikanten Mehrwert für Dich erbringt.

Und noch eine Empfehlung: Wenn es um eine Grundsatzentscheidung geht, bei der es um viel Geld geht und die Zukunft Deiner Firma auf dem Spiel steht, dann spare nicht an guten Beratern. Die richtig guten wissen, dass sie gut sind, und kosten auch ihr Geld. Tagessätze von 1.000-2.000€ Netto sind da keine Seltenheit und – wie so häufig – gibt es nach oben keine Grenzen.

Nicht nur gut sein. Auch darüber reden:

Eine Erfahrung, die ich immer wieder mache, ist, dass Unternehmen geniale Ideen haben, aber oftmals nicht wissen, wie sie diese an den Mann bringen sollen. Das ist einfach nicht Dein Steckenpferd und das muss es auch nicht sein. Was jedoch wichtig ist, dass Du diese wichtige Funktion, wenn Du sie nicht selber bedienen kannst, an andere delegierst. Es gibt so viele freischaffende Handelsvertreter, Sales Agents und Agenturen, die Dir liebend gerne für eine entsprechende Entlohnung ein Vertriebskonzept auf die Beine stellen und auch gleich den Verkauf ankurbeln.

Erst kürzlich hatte ich eine interessante Erfahrung dazu, als ich einen Freund besucht hatte: Dort war auch noch jemand anderes eingeladen und in gemütlicher Atmosphäre kamen wir über unsere Berufe ins Gespräch. Er sagte mir, dass er im Vertrieb tätig ist und Staubsauger von Haus-zu-Haus an den Mann bringen würde. Interessiert von der Methodik, da ich selber einen Sales Agent suchte, wollte ich wissen, wie er seine Kunden überzeugt, einen Staubsauger für 2.000€ zu kaufen, wenn diejenigen ja noch einen funktionierenden besitzen. Er hatte sehr viele Argumente und psychologische Tricks auf Lager, die es dem Kunden schier unmöglich machten, Nein zu sagen. Und dieser Sales Agent verkaufte nicht nur Staubsauger, sondern machte auch noch Geld mit Online Marketing und Ebay-Geschäften, bei denen er Ware von Amazon kaufte und über Ebay anbot. Die Differenz des Preises war sein Gewinn.

Kurzum: Wenn Sales Aktivitäten nicht Dein Kerngeschäft sind, dann solltest Du diesen Prozess den Experten übergeben. Ein möglicher Anbieter ist www.agentur-platzhirsch.de. Unternehmen mit ähnlichem Angebot gibt es aber viele im Netz. Gib einfach „Vertriebsagentur“ in die Suchmaschine Deines Vertrauens ein.

Verträge sind wie der Handlauf einer Hängebrücke. Sie geben den Beteiligten Halt:

Manche mögen jetzt sagen: „Wenn Du in der Zusammenarbeit mit Deinen Geschäftspartnern Verträge brauchst, dann läuft schon was schief!" Das mag zu einem späteren Zeitpunkt einer Geschäftsbeziehung stimmen, aber am Anfang sollte allen Beteiligten klar sein, was von ihnen erwartet wird und auf was sie sich einlassen. Deshalb ist es wichtig, dass Du dafür sorgst, dass Deine Verträge und Vertragsbedingungen einfach zu verstehen sind. Wenn Du sie nicht verstehst, wie sollen sie dann andere verstehen können?

Wichtig ist auch, dass die Verträge auf den konkreten Fall zugeschnitten und anwendbar sind. So besteht für alle Parteien bei einer Unstimmigkeit immer Klarheit und man kann auf die Verträge verweisen.

„Vertrauen ist das Fundament, auf das Deine Geschäftsbeziehung aufbaut, gute Verträge, die beide Parteien akzeptieren und tragen wollen, sind aber die Stützpfeiler, die die Decke tragen."

Werde ein „Pazifist":

Was soll damit gemeint sein? Egal ob Kunden, Mitarbeiter, Geschäftspartner oder Sonstige, mit denen Du Berührung in Deinem Geschäftsleben hast: Wenn Du sie aus irgendeinem Grund vergraulst, dann werden sie nicht mehr positiv über Dich reden. Und sie werden Dich nicht mehr so unterstützen wie vorher. Sie werden auch Dir Informationen bewusst vorenthalten und möglicherweise sogar direkt gegen Dich arbeiten, um Dir zu schaden.

Deshalb lohnt es sich, genau abzuwägen, wie aufwendig es ist, wieder Frieden mit dem Geschäftspartner zu schließen. Denn auf Dauer ist das Deinem Unternehmen immer zuträglicher, als wenn Du viele Konflikte mit

Dir rumträgst. Auf der anderen Seite ist die psychologische Hemmschwelle, Dich schlecht zu behandeln, bei weitem höher für andere, wenn Du sie immer gut behandelt hast, als wenn das Gegenteil der Fall war. Das heißt natürlich nicht, dass Dich niemand in der Zukunft mehr „auf dem Kicker" haben wird, aber Du reduzierst die Wahrscheinlichkeit auf ein Minimum.

Du willst den Krieg gewinnen. Und nicht nur eine Schlacht:

Die Grundphilosophie Deiner geschäftlichen Aktivitäten sollte immer sein, dass Du abwägst, wann Du eine Schlacht verlieren kannst und wann nicht.

> Denn das Hauptziel ist, den Krieg zu gewinnen und nicht eine einzelne unbedeutende Schlacht.

Wie kann man das auf Dein Unternehmen anwenden? Manchmal ist es besser, bei Entscheidungen den Kürzeren zu ziehen oder augenscheinlich als Verlierer vom Platz zu gehen. Wenn Du dafür insgesamt aber einen Vorteil für Deine unternehmerischen Ziele erreichst, dann ist es dieses Opfer wert. Das Big Picture ist wichtiger.

Auf Positives fokussieren:

Bei der Gründung eines Unternehmens macht man verschiedene Phasen durch. Von himmelhochjauchzend bis zur tiefen Depression kann alles dabei sein. Deshalb sollte man sich immer auf die positiven Aspekte fokussiere. Die Punkte, die man bereits erreicht hat, und vor allen auch die, die noch vor einem liegen.

Einer schwangeren Frau, die in ihren Wehen liegt, fällt es sicher schwer, während ihrer Schmerzen und der Ängste ihrer Geburt daran zu denken, wie schön es sein wird, ihr Baby in den Armen zu halten. Wenn es aber so weit ist, sind die ganzen Strapazen die hinter ihr liegen auf einmal vergessen, und sie konzentriert sich nur noch auf das Gute, was sie in diesem Moment mit ihrem Kind erleben kann. Wenn Du Dich also in einer schwierigen Phase Deines Unternehmens befindest, dann erinnere Dich daran, welche großen Hürden Du bereits erfolgreich überwinden konntest und was noch vor Dir liegt, wenn diese Durststrecke erst einmal überstanden ist.

Entscheidungen treffen

Insbesondere am Anfang Deines Start-ups musst Du viele wichtige Entscheidungen treffen. Wenn es um viel Geld oder strategische Entscheidungen geht, kann das einem ganz schön Kopfzerbrechen bereiten. Wie kannst Du also Entscheidungen in solchen Fällen treffen?

Jeden Tag treffen wir Entscheidungen. Manche sind einfacher zu treffen und andere schwerer. Manche haben größere Auswirkungen, andere geringere. Wichtig ist aber, die Vorteile den Nachteilen gegenüberzustellen und abzuwägen, was die beste Entscheidung in diesem Moment ist.

Für meine Entscheidungen nutze ich gerne eine Entscheidungs-Waage. Wir wollen weg von der emotionalen Ebene hin zur analytischen Eben kommen. So lässt es sich nämlich viel entspannter Entscheidungen treffen. Dafür sind folgende Parameter wichtig, damit Du fundierte Entscheidungen treffen kannst. Schreibe Dir also auf einem Blatt folgende Punkte zu Deiner Entscheidung auf:

- Kurze Entscheidungsbeschreibung
- Konkrete Frage zur Entscheidung
- Mögliche Vorteile
- Mögliche Nachteile

Um diese Informationen als Entscheidungshilfe zu nutzen, müssen wir den Parametern Werte geben. So musst Du Deinen definierten Vorteil- oder

Nachteil-Blöcken ein Gewicht von 1 bis 10 zuordnen. Eins steht dabei für leicht, also einen geringen Vorteil, und Zehn für schwer, also einen großen Vorteil. Diese Blöcke multiplizierst Du nun mit einem Auswirkungswert von 1 bis 10. Eins steht für geringe Auswirkung und Zehn steht für sehr hohe Auswirkung. Danach ordnest Du das Ergebnis den bereits genannten Blöcken zu. Nun errechnest Du aus der Summe der Block-Werte jeweils für die Seite der Vorteile und die Seite der Nachteile das Gesamtgewicht.

Wenn das Ergebnis nun dazu führt, dass eine der Seiten schwerer wiegt, dann ist das ein guter Indikator, diesem Schwerpunkt zu folgen. Also, die Entscheidung für Pro oder Contra ausgehen zu lassen. Diese Entscheidungsvorlage solltest Du so vielen Menschen wie möglich vorlegen und sie eigenständig dasselbe Prinzip anwenden lassen. Aus den Ergebnissen errechnest Du ein finales Ergebnis mit dem finalen Gewicht. Je weitreichender die Entscheidung, desto mehr Leute solltest Du Fragen, um eine ausgeglichene Entscheidung zu treffen.

Hier siehst Du ein Beispiel für so eine Entscheidungs-Waage:

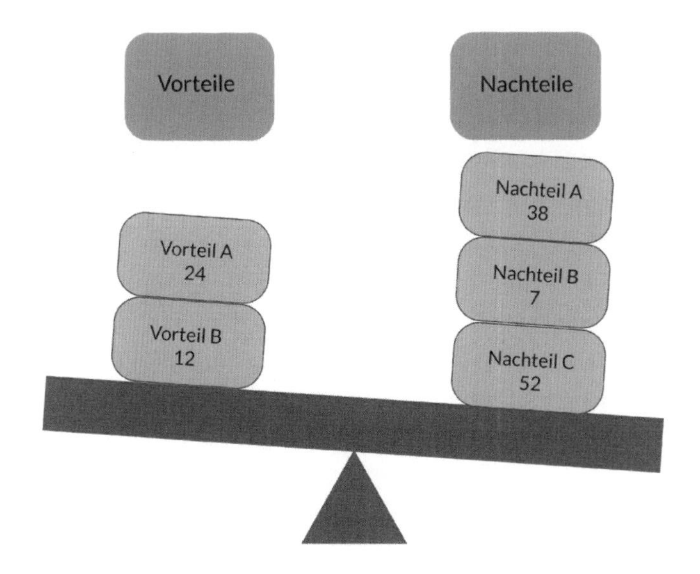

AUSBLICK UND SCHLUSSWORT

Vielen Dank, dass Du mein Business Coaching Buch gelesen hast. Ich hoffe, die Tipps haben Dir geholfen und Du kannst sie in Deinem Business anwenden. Gerne freue ich mich über Dein Feedback und Deine Erfahrungen. Schreibe mir gerne über folgende E-Mail-Adresse: bcb@devmetal.tech

Wenn mich mein beruflicher Werdegang, mein bisheriges Leben, meine kürzlich durchgeführte Weltreise, die Gründung meiner Firma, und das schreiben dieses Buches eines gelehrt hat, dann dass man mutig sein muss, in dieser instabilen Welt, in der wir leben:

Mutig, um Neues zu erforschen.
Mutig, um Risiken einzugehen.
Mutig, um Ängste zu überwinden.
Mutig, um an sich selber zu glauben.
Mutig, um sich Fehler einzugestehen.
Mutig, um sich kontinuierlich zu verbessern.
Mutig, um neue Wege zu gehen.
Mutig, um die persönliche Sicht zu verteidigen.
Mutig, um zu lieben.
Mutig, um zu leben.

Deshalb endet dieses Buch mit den passenden Schlussworten:

Sei mutig und lass Dir von niemandem Deinen Traum ausreden. Nur weil sie etwas nicht können, heißt das noch lange nicht, dass Du es auch nicht kannst. Kämpfe für Deine Ziele und glaube an Dich. Dann wirst Du Erfolg haben.

Alles Gute
Dennis Hollmann

LITERATURVERZEICHNIS

Allmann, J. F. (11. Juni 2018). *www.manager-magazin.de*. Von https://www.manager-magazin.de/unternehmen/karriere: https://www.manager-magazin.de/unternehmen/karriere/clean-desk-policy-muss-ordnung-sein-a-1212223.html abgerufen

Böcher, W. (1996). *Selbstorganisation. Verantwortung. Gesellschaft.* Opladen: Westdeutscher Verlag.

Böcher, W. (1996). *Selbstorganisation. Verantwortung. Gesellschaft.* Opladen: Westdeutscher Verlag GmbH.

Gawande, A. (04. 11 2011). *Checklist Manifesto.* Picador Paper.

Gawande, A. (2011). *Checklist Manifesto.* Picador Paper.

ANHANG

E-MAIL ZUM INTERVIEW „HALLO XYZ!"

Wie geht es Dir? In letzter Zeit doch eine wichtigere Frage denn je.

Habe in diesen stürmischen Zeiten gerade sehr interessante Projekte vor mir. Zusätzlich zu der Gründung meines Start-ups habe ich noch ein anderes Projekt, an dem ich arbeite. Ich habe einen Autorenvertrag, um ein „Business Consulting Buch für kleine und mittelständische Unternehmen" zu schreiben. Da ich aber gerne in mein Buch nicht nur mein Wissen, sondern in einem noch größeren Maß das Wissen von erfahrenen und gestandenen CEOs, Managern und Führungskräften in mein Buch einfließen lassen möchte, wollte ich Dich fragen, ob Du mir ein paar Fragen für mein Buch beantworten könntest? Aber hier erstmal ein Abriss zum Buch:

- Themengebiete werden die folgenden sein:
- Digitalisierung
- Prozessmanagement / Prozessdesign
- Gute Führungskräfte / Führungskultur
- Start-ups und digitale Transformation

Das Buch baue ich in folgender groben Kapitelstruktur auf (am Beispiel Digitalisierung):

DIGITALISIERUNG

Was bedeutet „Digitalisierung“?
Wie wird mein Unternehmen digitaler?
Business Talk

- Was sind die größten Herausforderungen für Start-ups heutzutage?
- Was sind die größten Chancen für Start-ups heutzutage?
- Welche Tipps und Tricks kannst Du jungen Gründern mitgeben?
- Wenn Du Deine Firma nochmal komplett neu aufbauen könntest, was würdest Du anders machen?
- Wenn Du Deine Firma nochmal komplett neu aufbauen könntest, was würdest Du genau gleich machen?
- Was hilft Dir am besten, in Krisensituationen Deines Unternehmens einen kühlen Kopf zu bewahren?
- Wie schafft man es als Gründer eines Start-ups, dauerhaft leistungsfähig zu bleiben?
- Welche Tools, Methoden und Rituale kannst Du Start-ups empfehlen, um erfolgreich zu sein?
- Wie schafft man es, von einem Start-up zu einem etablierten Unternehmen zu werden?
- Was sind aus Deiner Sicht die größten Herausforderungen eines Start-ups in den ersten drei Jahren?
- Hast Du sonstige Erfahrungswerte, die Du gerne teilen möchtest?

BEST PRACTICES

Insbesondere bei den Punkten „Business Talk“ und „Best Practices“ würde ich gerne Deine Expertise miteinfließen lassen. Gerne kann ich Dich und Dein Unternehmen (Website) auch namentlich nennen, wenn Du Interesse daran hast (im Sinne vom Marketing sicher zuträglich).

Deshalb hier nun eine Reihe von Fragen, die ich Dich bitten würde, zu beantworten. Wenn Du zusätzliche Methoden, Techniken oder Erfahrungen hast, die noch nicht mit den folgenden Fragen abgedeckt sind, dann bin ich natürlich auch dankbar dafür, wenn Du mir diese mitteilst, und ich versuche, sie da, wo passend, im Buch unterzubringen (am besten schreibst Du Deine Antworten farbig direkt unter die Fragen):

- Wie heißt Deine Firma/Firmen?
- Was bietet Ihr dem Kunden für ein Produkt oder Service?
- Wie viele Mitarbeiter hat Deine Firma?
- Was ist Deine offizielle Website?
- Was ist Deine Funktion innerhalb Deiner Firma?
- Warum hast Du Dich dazu entschieden, Führungskraft zu werden?
- Was ist Dein Lieblingszitat, welches im Geschäftsumfeld anwendbar ist, und von wem stammt es?
- Wie viel Umsatz habt Ihr im Unternehmen im Durchschnitt in den letzten drei Jahren erwirtschaftet?
- Was macht für Dich eine gute Führungskraft aus?
- Was macht für Dich eine schlechte Führungskraft aus?
- Was würdest Du gerne jungen Führungskräften mitgeben, um ein „Good Leader" zu werden?
- Was waren die drei schwierigsten Entscheidungen, die Du in Deiner Funktion als Führungskraft getroffen hast?
- Was sind die drei besten Entscheidungen, die Du in Deiner Funktion als Führungskraft getroffen hast?
- Was ist Deine tägliche Routine, um „Good Leadership" vorzuleben?
- Welche Tools, Methoden und Rituale kannst Du empfehlen, die Dir in Deiner Funktion als Führungskraft helfen?
- Welche Tools, Methoden und Rituale kannst Du nicht empfehlen, da Du sie bereits getestet hast, aber sie Dir keinen Mehrwert beim Thema „Führung" gebracht haben?

- Welches ist Dein Lieblingsbuch, Zeitschrift, Zeitung, Website, um Dich als Führungskraft immer auf dem neuesten Stand zu halten?
- Wie wird sich „Führung" in den nächsten 5 Jahren entwickeln?
- Was sind Deine Best Practices zum Thema „Good Leadership"?
- Was bedeutet für Dich und Dein Unternehmen Digitalisierung?
- Warum ist aus Deiner Sicht Digitalisierung so wichtig für den Erfolg Deines Unternehmens?
- In welche Projekte investiert Ihr in den nächsten drei Jahren in Digitalisierung?
- Wie konkret arbeitet jeder Mitarbeiter bei Dir daran, seinen Arbeitsalltag digitaler zu gestalten?
- In welchem Bereich bringt Deinem Unternehmen die Digitalisierung am meisten: Effizienzsteigerung, Kostenersparnis, Qualitätssteigerung, Geschwindigkeit der Bereitstellung Deiner Produkte und Services, Sonstiges?
- Welche Bedeutung hat Prozessoptimierung bei Dir im Unternehmen?
- Wie konkret setzt Ihr Prozessoptimierung bei Euch im Unternehmen um?
- Welche Methodiken, Tools und Rituale setzt Ihr bei Euch im Unternehmen ein, um Prozessoptimierung durchzuführen?
- Welche Tools, Methoden und Rituale kannst Du nicht empfehlen, da Du sie bereits getestet hast, aber sie Dir keinen Mehrwert beim Thema „Prozessoptimierung" gebracht haben?
- Wie würdest Du Agilität im Geschäftsumfeld definieren?
- Welche Bedeutung hat Agilität in den Geschäftsprozessen Deines Unternehmens?
- Welche Methoden, Tools und Rituale führt Ihr in Deinem Unternehmen durch, um agiler zu sein?
- Welche Tools, Methoden und Rituale kannst Du nicht empfehlen, da Du sie bereits getestet hast, aber sie Dir keinen Mehrwert beim Thema „Agilität" gebracht haben?

- Was sind die größten Herausforderungen für Start-ups heutzutage?
- Was sind die größten Chancen für Start-ups heutzutage?
- Welche Tipps und Tricks kannst Du jungen Gründern mitgeben?
- Wenn Du Deine Firma nochmal komplett neu aufbauen könntest, was würdest Du anders machen?
- Wenn Du Deine Firma nochmal komplett neu aufbauen könntest, was würdest Du genau gleich machen?
- Was hilft Dir am besten, in Krisensituationen Deines Unternehmens einen kühlen Kopf zu bewahren?
- Wie schafft man es als Gründer eines Start-ups, dauerhaft leistungsfähig zu bleiben?
- Welche Tools, Methoden und Rituale kannst Du Start-ups empfehlen, um erfolgreich zu sein?
- Wie schafft man es, von einem Start-up zu einem etablierten Unternehmen zu werden?
- Was sind aus Deiner Sicht die größten Herausforderungen eines Start-ups in den ersten drei Jahren?
- Hast Du sonstige Erfahrungswerte, die Du gerne teilen möchtest?

Falls Du noch weitere interessante Manager kennst, die inhaltlich etwas zu dem Buch beitragen könnten und auch Interesse daran haben, dies zu tun, dann freue ich mich, wenn Du mich mit diesen in Kontakt bringst.

Viele Grüße, danke vielmals für Deine Hilfe und bleib gesund.
Dennis

P.S.: Das Buch sollte bis Ende des Jahres fertig sein und dann spätestens nächstes Jahr in den Handel kommen. Als Dankeschön neben der Möglichkeit der Werbung Deiner Firma innerhalb des Buches bekommst Du natürlich eine gedruckte Erstausgabe (in Deutsch)."

EINLADUNG ZU EINEM MEETING

Meta-Daten:
Betreff: Projekt XYZ | Statusmeeting
Ort: Zoom-Meeting, Link siehe Fließtext
Zeit: 09:05 - 09:50 Uhr (45min) - GMT+2

„Hallo Vanessa,
in diesem Meeting würde ich gerne über folgende Themen mit Dir sprechen:

- Aktueller Status des Projektes XYZ in Bezug auf Time, Budget und Quality
- Aktuelle Herausforderungen im Projekt
- Bei welchen Themen kann man Dich unterstützen?

Deine Aufgaben während des Meetings:

- Präsentation des Projektplanes, der Budgetübersicht und der Abnahmeprotokolle

Erwartetes messbares Ergebnis dieses Meetings:

- Klare Sicht auf Projektstatus
- Definition weiterer Schritte, um Projekterfolg zu gewährleisten.

Vielen Dank im Voraus & viele Grüße
Dennis

Link: Zoom-Link“

MUSTERVORLAGE FEHLER-REPORTING

Fehlerkurzbeschreibung: Unterschiedliche Dateibenennung im Filesystem

Fehlerbeschreibung: Durch die neu hinzugewonnenen Mitarbeiter gibt es viele verschiedene Arten, Dateien und Dokumente im Filesystem abzuspeichern.

Auswirkung des Fehlers: Da Dokumente nicht einheitlich abgespeichert werden, gehen Dateien verloren oder Dateisuchen gestalten sich aufwendiger als mit einem standardisierten Vorgehen bei der Dateibenennung. Dies kostet täglich viel Zeit.

Vorgängerprozess: Dateierstellung in den nativen Programmen wie Word, PhotoShop usw.

Folgeprozess: Weiterverarbeitung der Dokumente durch andere Teams und Abteilungen.

Verantwortlicher Fehler-Manager: Tom Muster

Erstmaliges Auftreten des Fehlers: 01.04.2019

Maßnahmen zur Fehlerbehebung: Im Schulungskonzept wird der Prozess der Dateibenennung geschult. Ein Filemanagementsystem wird eingeführt, bei dem man Dateien verschlagworten kann. Dies erhöht die Trefferquote beim Suchen.

Meilensteine zur Fehlerbehebung:

1. Analyse der Fehlersituation – bis 05.04.2019
2. Definition Maßnahmen – bis 10.04.2019
3. Anpassung Schulungskonzept und Schulungsunterlagen – 30.04.2019
4. Einführung Filemanagementsystem bis 29.10.2019

STAKEHOLDER-ANALYSE

Die Stakeholder-Analyse hilft Dir, die richtigen Stakeholder für Dein Vorhaben zu identifizieren. Es handelt sich hierbei um Personen, die aus verschiedenen Motivationen heraus ein berechtigtes Interesse an dem Projekt haben. Das können Geldgeber, Auftragnehmer, Auftraggeber, Endnutzer, Staatliche Stellen usw. sein. Diese Stakeholder können zum Projekt positiv gestimmt sein, aber genauso auch negativ.

Denn: Veränderungen bringen immer auch Ängste mit sich. Ein Beispiel zur Verdeutlichung: Wenn ein neuer Windpark in ein unbewohntes Gebiet gebaut werden soll. Dann gibt es sicher einige Befürworter dafür. Denn sicher freut sich der Landwirt, der seinen Acker zu einem hohen Preis als Bauland verkauft, oder der Energieunternehmer, der nun günstigen grünen Strom einkaufen kann. Auch der Produzent von Windmühlen wird positiv gestimmt sein zu diesem Projekt. Möglicherweise verfolgen Tierschützer aber andere Interessen und wollen den Bau des Windparks sogar verhindern, um die Vogelpopulation in diesem Gebiet nicht zu gefährden. Dieses Beispiel verdeutlicht, dass bei einem Projekt immer verschiedene Interessensgruppen zusammenstoßen. Wenn man das nicht gut managet, dann kann das im schlimmsten Fall sogar zum Scheitern des Projektes führen. Und deshalb lohnt es sich, von Zeit zu Zeit eine solche Stakeholder-Analyse durchzuführen.

Nachdem wir besprochen haben, was eine Stakeholder-Analyse ist und warum sie sinnvoll ist. Hier nun die Herangehensweise, wie man eine Stakeholder-Analyse erstellt:

Zunächst einmal sollte man sich Gedanken machen, welche Stakeholder von dem Projekt direkt oder indirekt betroffen sein können. Am besten macht man das in einem Brainstorming mit dem Projektteam. Das Ergebnis könnte so aussehen (zur Einfachheit bleiben wir bei dem Beispiel mit dem Windpark):

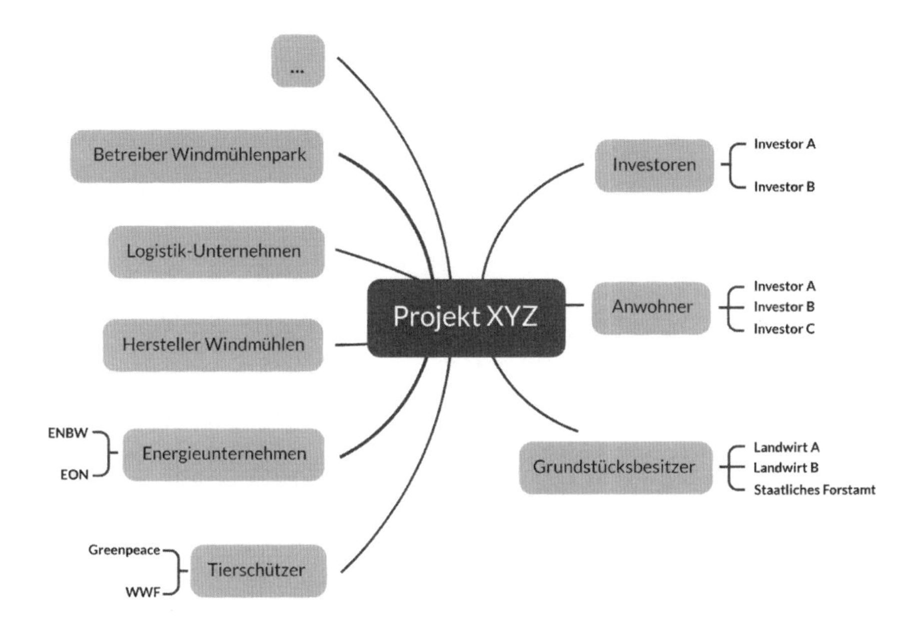

Auf Basis dieses Brainstormings kann nun die Stakeholder-Analyse erstellt werden. Denn nachdem wir nun das „Wer?“ geklärt haben, kommen wir nun zu dem Punkt, dass wir uns Gedanken machen müssen, welche Interessen die identifizierten Stakeholder haben.

Stakeholder-Analyse des Projektes XYZ

ID	Stakeholder	Interessensgruppe	Bedürfnisse, Wünsche, Anforderungen	Macht/Einfluss Bewertung: 1-5; 1 = wenig Einfluss; 5 = hoher Einfluss	Stimmung zum Projekt Bewertung: 1-5; 1 = positiv gestimmt; 5 = negativ gestimmt	Auswirkung Macht x Stimmung	Maßnahmen
1	Landwirt A	Grundstücksbesitzer	Hohen Preis für sein Land	3	1	3	keine Aktivität
2	Landwirt B	Grundstücksbesitzer	Wiese mähen für Heu	3	2	6	Vertrag über Pacht
3	Staatliches Forstamt	Grundstücksbesitzer	Hohen Preis. Naturschutz	4	3	12	Auflagen erfüllen
4	Dorf A	Anwohner	Kein Lärm	4	4	16	Information & Motivation
5	Dorf B	Anwohner	Finanzieller Mehrwert	4	2	8	keine Aktivität
6	Dorf C	Anwohner	Windparkgegner	4	5	20	Information & Motivation
7	Investor A	Investoren	Rendite	4	1	4	keine Aktivität
8	Investor B	Investoren	So ökologisch wie möglich	4	2	8	keine Aktivität
9	Greenpeace	Tierschützer	Bedrohte Art schützen	2	5	10	Vertrag über Tierschutz
10	WWF	Tierschützer	Investition in Schutzgebiet	2	3	6	Vertrag über Tierschutz
11	ENBW	Energieunternehmen	X KW Leistung	4	2	8	keine Aktivität
12	EON	Energieunternehmen	X KW Leistung	4	2	8	keine Aktivität
13	Hersteller Windmühle	Hersteller Windmühle	Viele Windmühlen verkaufen	3	1	3	keine Aktivität
14	Betreiber Windmühlenpark	Betreiber Windmühlenpark	Abnahme und Übergabe professionel	3	2	6	keine Aktivität

Wie man bei dem Beispiel gut sehen kann, gibt es Interessensgruppen, bei denen man aktiver werden muss, und manche, bei denen man fast gar nicht gegensteuern muss, um den Projekterfolg zu gewährleisten. Im Laufe des Projektes kann die Bewertung sich auch positiv oder negativ entwickeln. Je nachdem ob die Maßnahmen erfolgreich durchgeführt wurden. Im Schaubild wurden die Top-Stakeholder markiert. So kann man sehen, wo welche Energie investiert werden sollte. Oftmals liegt die Unzufriedenheit der Stakeholder darin, dass ihnen Informationen fehlen.

BUSINESS INTERVIEWS – LANGVERSIONEN

Interview Frank Mercier - ewocon Advisory GmbH

- **Wie heißt Deine Firma/Firmen?**
  ewocon Advisory GmbH – Gesellschafter & CEO
  Karon Beratungsgesellschaft mbH – Muttergesellschaft, Minderheitsbeteiligung

- **Was bietet Ihr dem Kunden für ein Produkt oder Service?**
  ewocon = Management C-Level Advisory für die Digitalisierung in der Fertigungsindustrie, Projektbesetzung mit Prozess- und IT-Experten
  Karon = Prozess- und Implementierungsberatung im Bereich PLM (Product Livecycle Management – Produktentstehung, Start of Production in der Produktion, Engineering, Vertrieb, Aftersales, Abkündigung) und Manufacturing. PDM (Product Daten Management) – Reine Prozessbetrachtung

- **Wie viele Mitarbeiter hat Deine Firma?**
  ewocon = 5 + 50 (Freelancer)
  Karon= 40 + x (Freelancer)

- **Was ist Deine offizielle Website?**
  www.ewocon.de

- **Was ist Deine Funktion innerhalb Deiner Firma?**
  ewocon = Geschäftsführender Gesellschafter

- **Warum hast Du Dich dazu entschieden, Führungskraft zu werden?**
  Ich war lange Zeit (16 Jahre) reiner vertriebsverantwortlicher Manager, z.B. in der BMW-Group (SoftLap heute NTT DATA). Salopp gesagt, war ich es leid, immer durch reine Umsatzzielvorgaben getrie-

ben zu agieren. Meine Idee war, wenn ich eine Stufe höher rutsche (in die Geschäftsleitung), komme ich aus dem Hamsterrad raus. Danach war ich 8 Jahre getrieben in einem Geschäftsführer-Hamsterrad.

- **Was ist Dein Lieblingszitat, welches im Geschäftsumfeld anwendbar ist, und von wem stammt es?**
  „Du sollst die Menschen dort abholen, wo sie stehen, nicht wo sie sein sollten." – Lao-Tse (Gründer des Daoismus, 4. Jahrhundert v. Chr.)

- **Wie viel Umsatz habt Ihr im Unternehmen im Durchschnitt in den letzten drei Jahren erwirtschaftet?**
  ewocon = 2 mio. Euro
  Karon = 12 mio. Euro

- **Was macht für Dich eine gute Führungskraft aus?**
  Eine gute Führungskraft ist der, der seine Mitarbeiter in ihren Stärken coacht. Also, die Stärken stärken.

- **Was macht für Dich eine schlechte Führungskraft aus?**
  Derjenige, der seinen Mitarbeitern ihre Schwächen vorhält. Es gibt zwei Grundmuster, die beeinflusst werden von Narzissmus und gelerntem Verhalten. Historisch ist Führung autoritär/autokratisch, da sie ursprünglich aus dem Militär stammt. Das wird deutlicher, wenn man den Taylorismus und Fordismus analysiert. Teilung der Arbeiten in einzelne Arbeitsschritte ist hier ein Haupt-Fokus gewesen.

- **Was würdest Du gerne jungen Führungskräften mitgeben, um ein „Good Leader" zu werden?**
  Punkt 1: Er sollte in den fachlichen Themen, die sein Team bewegen, ein Vorbild sein, fachlich wie menschlich.
  Punkt 2: Er sollte das Dao de Jing lesen. Siehe oben (Verfasser)

- **Was waren die drei schwierigsten Entscheidungen, die Du in Deiner Funktion als Führungskraft getroffen hast?**
  Grundsätzlich ist es immer schwer, etwas loszulassen, was nicht funktioniert, in das man Herzblut reingesteckt hat, weil man daran geglaubt hat. Konkret haben wir für eine neue Funktion der SAP im SCM (Supply Chain Management) ein neues Team aufgebaut. Das Thema haben wir als Beratungsansatz inhaltlich entwickelt. Als wir gemerkt haben, dass wir am Markt zu früh mit unserem Angebot waren, mussten wir uns entscheiden, das Thema nicht weiter zu verfolgen und die beteiligten Mitarbeiter zu entlassen (Deutschland 6 und in den USA 4). Das ist mir dreimal widerfahren.
  Learning: Das WAS ist nicht so entscheidend, sondern das WIE. Das Thema war nicht das Problem, sondern die Art und Weise und der Zeitpunkt, wie wir rangegangen sind.

- **Was sind die drei besten Entscheidungen, die Du in Deiner Funktion als Führungskraft getroffen hast?**
  Die beste Entscheidung, die ich jemals in meinem Leben getroffen habe (Jahreswechsel 2013/2014). Da habe ich zwei gute Nachwuchskräfte auf meinen Platz gelassen und bin auf Seite gegangen in eine Tochtergesellschaft.
  Dadurch konnten wir uns in beiden Gesellschaften besser fokussieren, konkret in der heutigen Karon auf PLM Manufacturing. Und in der ewocon auf das heutige Portfolio (siehe oben). Vorher hatten wir zu viele „Menüs" auf der Speisekarte. Und wir haben den Bauchladen nicht auf die Straße bekommen.

- **Was ist Deine tägliche Routine, um „Good Leadership" vorzuleben?**
  Grundsätzlich kann man sagen, ich übe mich in Achtsamkeit jeden Moment und stelle mir die Frage: Was kann ich hier geben, meinen Mitarbeitern, meinen Kunden, meinen Kollegen?
  Früher habe ich mir, getrieben durch die Zielvorgabe, zu oft die Frage

gestellt: „Was kann ich aus der jeweiligen Beziehung herausholen?“ Meine Beziehungen sind besser geworden und ich bin innerlich gelassener. Das bezieht sich nicht nur auf das Berufsleben, sondern auf alle Bereiche des Lebens.

- **Welche Tools, Methoden und Rituale kannst Du empfehlen, die Dir in Deiner Funktion als Führungskraft helfen?**
  Die Microsoft Office Welt, vor allen Dingen aber kollaborative Tools. MS Teams, SAP PPM (Portfolio Projektmanagement) usw.
  E-Mail-Kommunikation ist sehr ineffizient. Ich kenn noch die Zeit, in der man Briefe geschrieben hat. Dann gab es E-Mails und ich arbeitete in dem Konzern IBM-Lexmark. Man hatte bei jedem kleinen Thema Gott und die Welt auf CC gesetzt. E-Mails sollte man sehr gezielt nutzen und nicht als Ablage. „Ich habe Dir doch vor 7 Wochen eine E-Mail geschrieben.“ Das stört jede Beziehung. Man sollte als Führungskraft E-Mails sehr gezielt nutzen, um die Erwartungshaltung zu kommunizieren. Wer schreibt, der bleibt. Es gibt Leute, die ballern ihre Mitarbeiter mit E-Mails zu. Ihr Gedanke: „Je mehr Text, desto besser“. Nur das liest am Ende keiner.
  Wichtig generell ist, dass Tools nicht zum Selbstzweck eingesetzt werden sollten. Das passiert in großen Unternehmen sehr oft. Das Tool sollte einem mehr geben, als dass es von einem abverlangt. Jeder ist gezwungen, am Ende des Tages noch ein Report zu machen. Manche sagen: „Ich habe 10 Stunden gearbeitet und danach noch E-Mails geschrieben.“ Als ob E-Mails keine Arbeit sind. Wenn es mich in meiner Arbeit nicht unterstützt, sollte ich es auf ein Minimum reduzieren.

- **Welche Tools, Methoden und Rituale kannst Du nicht empfehlen, da Du sie bereits getestet hast, aber sie Dir keinen Mehrwert beim Thema „Führung“ gebracht haben?**
  Die Steuerung meiner Mitarbeiter über quantitative Zielvorgaben hat sich für mich nicht als sinnvoll erwiesen. Qualitative Zielvorgaben

sind hier wichtiger. Generell, was sich nicht bewährt hat, ist kleinteiliges Mikromanagement auf Arbeitsschrittebene. Sondern eine klare Erwartung gegenüber den zu erreichenden Zielen ausformulieren ... oder auch diskutieren. Arbeiten wir am richtigen Problem? Ist das Ziel überhaupt sinnvoll oder muss man es verändern?

- **Welches ist Dein Lieblingsbuch, Zeitschrift, Zeitung, Website, um Dich als Führungskraft immer auf dem neuesten Stand zu halten?**

Hier möchte ich kein spezielles Buch zum Thema „Führung" nennen. Ich habe an der Universität Organisationsforschung studiert in den 80er Jahren und im Nebenfach Industriesoziologie. Denn die Frage ist auch, wie sich die industrielle Entwicklung jeweils auf die Menschen und die Gesellschaft auswirkt.
Wir stehen alle an einem Wendepunkt, getrieben durch Industrie 4.0, Digitalisierung und Corona. In den 80er Jahren war der Trend weg von Taylorismus/Fordismus hin zu Lean-Management und -Production.
Das heißt konkret: Man hat kleinteilige Arbeitsvorgänge angereichert mit eher gleichwertigen Arbeiten (Job Rotation) und auch anspruchsvolleren Aufgaben (Job Enrichment). Später kamen dann japanische Einflüsse (Kaizen, Kanban). Die basieren auf Anwendungsfällen in der Produktion, aber haben dann auch in administrativen Bereichen Einzug gehalten. Lean Administration. Alles war Lean.
Der nächste Entwicklungs-Schritt kam dann in die Agilität auf der Organisationsseite und Digitalisierung auf der Technologie-Seite.
Ein Buch, was ich dazu empfehlen würde, ist „Reinventing Organizations: Ein Leitfaden zur Gestaltung sinnstiftender Formen der Zusammenarbeit" von Frederic Laloux.

- **Wie wird sich „Führung" in den nächsten 5 Jahren entwickeln?**

Zum heutigen Zeitpunkt 14.08.20 mitten in der Corona-Krise: Würde ich keine konkrete Vision formulieren wollen.
Aber Führung wird sich weiterhin wegbewegen von narzisstischem

Autokratismus mit Befehl und Gehorsam. Hin zu einem agilen und partizipativen Führungsstil. Das heißt flexibel der Situation entsprechend und partizipativ einbeziehen des Mitarbeiters. Wichtig dabei ist die Zunahme auch an Fehlertolleranz. Früher wurde man für Fehler bestraft, heute sollte man sie machen dürfen.

- **Was sind Deine Best Practices zum Thema „Good Leadership“?**
  Generell zum Thema Best Practices würde ich mich gerne äußern: Man kann immer davon lernen. Oft sind die aber mit einem Hip-Hip-Hurra-Mindset angereichert. Und entsprechen nicht der jeweiligen eigenen Realität.
  Oft kann man aus Worst Practices mehr lernen. Aus den Fehlern anderer oder der eigenen, wenn sie zugegeben werden. Am Beispiel von oben: Wenn ich noch in meinem alten Narzissmus hausen würde, würde ich nicht zugeben, dass ich drei Fehler gemacht habe. Diese Fehlertolleranz, die ich meinen Mitarbeitern gebe, die nehme auch ich in Anspruch. Es ist oft besser zu wissen, was man nicht tun sollte.

- **Was bedeutet Digitalisierung für Dich und Dein Unternehmen?**
  Da wir unsere Kunden zu dem Thema beraten unter dem Motto „Digitalisierungsprojekte erfolgreich durchführen und die Organisation mitnehmen“, stellt die Digitalisierung eine unserer Kernkompetenzen dar.
  Digitalisierung richtet den Blick für mich auf das optimale Zusammenspiel von meinem:
  Business-Modell, schließt in der inneren Organisation Prozesse und dynamische Fähigkeiten ein und im außen meine Kunden und meine Lieferanten. Mehr dazu auf der Landing-Page unserer Website: https://www.ewocon.de
  Technologien, die ich dazu einsetze, das betrifft die IT wie aber auch Maschinen, die ich digital vernetze, beispielsweise bei einem Produzenten (Industrie 4.0: Internet of Things). Bei einem Logistiker setzt man ggf. Augmented Reality-Tools zur Digitalisierung der Lager ein.

Außerdem muss ich mich auf die wachsende Digitalisierung im Markt einstellen. Das digitale Nutzerverhalten meiner Kunden miteinbeziehen. Wenn ich heute einem meine Fax-Nummer gebe, um ein Bestell-Fax zu erhalten, dann wird derjenige nichts damit anfangen können. Technologien sollen insgesamt in der Lage sein, meine dynamischen Fähigkeiten zu unterstützen. Wenn ich hoch-agil eine schlechte Standardsoftware einführe, dann habe ich zwar ein agiles Projekt gehabt, aber unter Umständen eine Software im Einsatz, die mir als User mehr abverlangt, als sie mir gibt. Damit bin ich als Unternehmen durch neue digitale Technologien nicht dynamischer geworden.
Verfahren und Methoden, nach denen ich meine Produkte entwickle, produziere, verkaufe und warte. Diese Verfahren und Methoden determinieren auch wieder den Einsatz meiner Technologien und umgekehrt. Beispiel: Wenn ich in meiner Produktentwicklung flexibler werden will, weil sich die Marktanforderungen immer schneller ändern, dann benötige ich auch dynamische Verfahren und Methoden (Stage-Gate Advanced Product Quality Planning-Verfahren, ein Produkt muss verschiedene Quality Gates durchwandern, bis es die Reife für den Markt hat).

- **Warum ist aus Deiner Sicht Digitalisierung so wichtig für den Erfolg Deines Unternehmens?**

Weil wir uns alle in einer immer digitalisierteren Welt bewegen. Wenn wir nicht aktiv digitalisieren würden, dann würden wir uns von der Geschäftswelt verabschieden.

- **In welche Projekte investiert Ihr in den nächsten drei Jahren in Digitalisierung?**

Unsere Kunden investieren in den nächsten Jahren sehr stark in Flexibilisierung ihrer Systeme und Prozesse in der Organisation.
Wenn Du Deine Organisation vom Markt her betrachtest, dann wirst Du feststellen, dass Du mit einem starren Produkt oder Service-An-

gebot mittel-/langfristig erfolglos sein wirst. Das Schlagwort in der Organisationsforschung war „Disruptive". Produkte, Organisation und Prozesse müssen disruptive betrachtet und bewertet werden. Durch Corona öffnet sich die Schere zwischen Gewinner und Verlierer enorm. Tech-Unternehmen (Online-Plattformen, Google) und Logistiker (Amazon) sind auf der Gewinnerseite. Traditionelle Unternehmen aus dem Maschinenbau und Automotive tun sich schwer.

- **Wie konkret arbeitet jeder Mitarbeiter bei Dir daran, seinen Arbeitsalltag digitaler zu gestalten?**
  Konkret sind wir Berater und können durch Corona nicht On-Site beraten und verlagern unser Beratungsangebot deshalb auf Remote Work oder hybride Ansätze (das heißt reduzierte Vor-Ort-Termine).

- **In welchem Bereich bringt Deinem Unternehmen die Digitalisierung am meisten: Effizienzsteigerung, Kostenersparnis, Qualitätssteigerung, Geschwindigkeit der Bereitstellung Deiner Produkte und Services, Sonstiges?**
  Als Berater stelle ich fest, dass ich remote effizienter bin, als wenn ich bei jedem Kunden eine Vor-Ort-Beratung durchführe und dabei auch noch die Umwelt belaste.
  Manche Formate funktionieren remote nicht so gut. Wie beispielsweise agile Workshop-Methoden. Diese remote vorzubereiten ist für uns ein enormer Aufwand. Das, was uns bisher ausgemacht hat in unseren Workshops vor Ort, muss jetzt digitalisiert werden und kostet uns enorme Kräfte.

- **Welche Bedeutung hat Prozessoptimierung bei Dir im Unternehmen?**
  Bei mir im Unternehmen weniger als Berater. Aber es ist unser Thema beim Kunden. Einer der Gründe, warum der Kunde uns beauftragt.
  Früher hat man nicht von Prozessen gesprochen, sondern von einer Aufbauorganisation und einer Ablauforganisation. Dann wollte man

abteilungs- oder bereichsübergreifender arbeiten und hat in den 90er Jahren Enterprice Ressource Planning-Software (ERP) eingeführt, wie zum Beispiel SAP. Im Grunde motiviert dadurch, dass man Angst hatte das andere einen abhängen die das machen.
Nach den ersten Einführungen von SAP R2 und R3 kam die Welle der Prozessoptimierung Ende der 90er/Anfang der 2000er Jahre. Man hatte festgestellt, dass die funktional (Human Ressources und Finance, Produktion) eingeführte Software die tatsächlichen gelebten Informationsprozesse nicht unterstützt. Stichwort: Silo-Denken.

- **Wie konkret setzt Ihr Prozessoptimierung bei Euch im Unternehmen um?**
  Wir helfen Kunden konkret dabei, mit einem agilen Discovery-Verfahren den Prozess-Organisationsbeteiligte-Informationsfluss des Kunden sehr schnell aufzunehmen und in eine Übersicht zu bringen. Dadurch können wir die Komplexität im Prozess aufzeigen und reduzieren und legen eine Grundlage für ein Solution-Design einer einzusetzenden Software (Lasten-/Pflichtenheft).

- **Welche Methodiken, Tools und Rituale setzt Ihr bei Euch im Unternehmen ein, um Prozessoptimierung durchzuführen?**
  Change- und Transformationsmanagement in Kombination zu der Frage eins weiter oben.

- **Welche Tools, Methoden und Rituale kannst Du nicht empfehlen, da Du sie bereits getestet hast, aber sie Dir keinen Mehrwert beim Thema Prozessoptimierung gebracht haben?**
  Diese Frage würde ich gerne ändern in: Wo kommt Prozessoptimierung an ihre Grenzen?
  Wir befinden uns möglicherweise am Ende der Prozessoptimierungs-Ära. Die Luft ist raus, in starren Prozessen zu denken, weil es die dynamischen Fähigkeiten nicht weiter nach vorne bringt. Ein Beispiel: Bei

einem Autobauer ist die Supply-Chain so was von durchoptimiert in ihren Prozessen, dass nichts mehr aus den Prozessen herauszuholen ist. Die Supply-Chain war eine der ersten Prozesse, der durchoptimiert wurden (Just-In-Sequenz, Just-in-Time). Andere Prozesse im gesamten Unternehmen folgten. Trotz aller Prozessoptimierung wurde dann oft eine unflexible Standardsoftware eingeführt oder durch Zusatzprogramme verbogen. Bei der nächsten Prozessänderung, getrieben durch den Markt, hatte man wieder ein Software-Projekt vor der Brust. All das belastet natürlich die Linienorganisation. Was gerade passiert, ist dass neue Technologien wie Augmented Reality/Virtual Reality und Big Data etc. die alten Tanker-Installationen rechts überholen.
Wir denken nicht mehr in End-to-End-Prozessen (die sind ja abgebildet), sondern in End-to-End-Communication. Das heißt, ich bin heute in der Lage, einen direkten Verknüpfungspunkt zwischen Informationsentstehung, Beispiel: Technische Dokumentation im Engineering, und dem Informations-Konsumenten herzustellen, Beispiel: Servicetechniker im Feld bekommt über eine Augmented Reality-Applikation alle Informationen, die er für seine Arbeit benötigt, auf eine Brille oder auf sein Tablet geschossen. Mit den neuen Technologien bekomme ich neue Use-Cases sehr schnell abgebildet und damit auch die Möglichkeit/Chance, mein Geschäftsmodell zu verändern. Beispiel: Ein Produzent von fahrbaren Schwerlastkränen kann sich ein neues Geschäftsfeld im Aftersales-Service erschließen.
Durch die einfache Wiederverwendung bestehender Konstruktionsdaten für 3D-animierte Service- und Reparaturleitfäden, die er den Technikern einfach auf Tablets oder 3D-Brillen schiebt, bringt er das Know-how direkt zum Techniker ins Feld weltweit und in allen Sprachen – der Expert/der Engineer kann die Field-Leute zusätzlich über Remote-Funktionen supporten.
Konkret ist er in der Lage, durch die Brille des Field-Service-Kollegen aufs Problem zu schauen und diese direkt technischen Informationen (Notationen) auf die Brille zu geben.

Diese technischen Möglichkeiten lassen sich natürlich auf jedes andere Geschäftsmodell übertragen.
Auf der Markseite werden diese Möglichkeiten genutzt, um Produkte und/oder deren Benutzung intelligenter zu machen durch Service-Apps mit 3D-animierter Gebrauchsanleitung usw.

- **Wie würdest Du Agilität im Geschäftsumfeld definieren?**
Die eine Definition gibt es meiner Meinung nicht.
Ich kann sagen was Agilität nicht ist. Agilität ist nicht, wenn ich ein Projekt agil durchführe (nach Ken Schwaber - dem Erfinder des Scrum-Manifests) aber ein unflexibles Ergebnis mit dem Projekt erziele. Beispiel: Einführung einer Standardsoftware wie SAP.
Agil heißt auch nicht, dass ich 30% schneller und billiger bin und meine Anforderungen jeder Zeit ändern kann. Die Meinung in manchen Management-Etagen ist das man nur agil arbeiten muss und dann ist alles 30% günstiger, und permanente Änderungen wären möglich. Das ist es aber nicht. Denn ich muss über eine bestimmte Laufzeit meine Anforderungen stabil halten (iterativ). Man definiert Ziele und diese arbeitet man ab. Innerhalb dieser Iteration muss man die Anforderungen aber stabil halten. Und ich habe gerade bei agilen Projekten hohe Anforderungen an die Linien-Mitarbeiter. Denn Du musst, wenn Du agil arbeitest, Dich vollkommen auf ein Problem fokussieren können. „Im agilen Manifest wird beschrieben, dass das Problem die Organisation führt und nicht anders herum."

- **Welche Bedeutung hat Agilität in dem Geschäftsprozess Deines Unternehmens?**
Hat eine sehr hohe Bedeutung in unserem Beratungsansatz, weil wir hierzu eigene Methoden und Modelle haben, die wir aus einer jahrzehntelangen Arbeit in einer speziellen Problemlösungseinheit bei der SAP AG mitentwickelt haben, um die oben genannten Probleme von Standard-Software kundenindividuell zu lösen.

- **Welche Methoden, Tools und Rituale führt Ihr in Deinem Unternehmen durch, um agiler zu sein?**
  Das buchen wir unter Change- und Transformationsmanagement bei unseren Kunden.

- **Welche Tools, Methoden und Rituale kannst Du nicht empfehlen, da Du sie bereits getestet hast, aber sie Dir keinen Mehrwert beim Thema „Agilität" gebracht haben?**
  Meeting-Protokolle, zu viele Dokumentation und E-Mail-Kommunikation. Alles nicht agil. Wir dokumentieren in der agilen Phase überhaupt nichts, sondern gehen vom Discovery-Ergebnis sofort ins Solution-Design = Abbildung im lauffähigen IT-System.
  Wenn unsere Kunden nach X Iterationen etwa bei 70% Abbildung der Anforderungen abnicken, gehen wir von agil auf Wasserfall über und erstellen auch erforderliche Dokus im Rahmen der Implementierung. Bei einer SAP-Standardimplementierung dauert die agile Phase ca. 6-8 Wochen für einen End-to-End-Prozess.

- **Was sind die größten Herausforderungen für Start-ups heutzutage?**
  Unter Corona-Bedingungen ist das Problem, dass die Investoren abspringen und das Fördergelder in die Erhaltung alter Geschäftsmodelle bei großen Unternehmen in Deutschland fließen (Maschinenbau, Automobil etc.).

- **Was sind die größten Chancen für Start-ups heutzutage?**
  Durch Corona findet ein riesen Umdenken statt. Dies eröffnet neue Geschäftsmodelle.

- **Welche Tipps und Tricks kannst Du jungen Gründern mitgeben?**
  Auf den Punkt gebracht: Erhalte Dir Deine Flexibilität, lerne aus den Fehlern der old economy und kopiere keine Best Practices von ihnen. Denn die Lösungen von früher sind die Probleme von heute.

Gründe kein Start-up, um reich zu werden, sondern weil Du Bock auf die Sache hast. Wenn Du voll hinter Deiner Sache stehst, KVP (Kontinuierlicher Verbesserungsprozess) machst, dann kommt die Kohle zwangsläufig von alleine. Wenn der Kunde auch Bock auf Deine Sache hat.

- **Wenn Du Deine Firma nochmal komplett neu aufbauen könntest, was würdest Du anders machen?**
Ich persönlich würde es so machen, wie ich es oben den jungen Managern geraten habe. Das wäre nämlich anders.

- **Wenn Du Deine Firma nochmal komplett neu aufbauen könntest, was würdest Du genau gleich machen?**
ewocon und Karon sind ja aus einer vorangegangenen Gesellschaft entstanden 2016. Und wir konnten durch die Neuausrichtung viele Fehler korrigieren, die wir bis dahin gemacht hatten. Das waren: Verzetteln in zu einem breiten Portfolio, Mitschleifen von altem Mindset (Hierarchiedenken und Titeldenken, Statussymbole wie Firmenwagen) und zu große Ausrichtung auf finanzielle Ziele. Details weiter oben beim Thema „Führen über Ziele“.
Das sage ich als Manager dieser Unternehmen und als Organisations-Wissenschaftler: Ihr müsst als Team einem Ziel folgen, das größer ist als das Ego jedes Einzelnen. Ihr müsst das gemeinsame Ziel über Euer Ego stellen. Weil spätestens, wenn sich der Erfolg einstellt, kommt das Ego wieder hoch. Früher hat man gesagt: „Jede Organisation verhärtet sich natürlich über die Zeit in Hierarchien und Prozessen automatisch.“

- **Was hilft Dir am besten, in Krisensituationen Deines Unternehmens einen kühlen Kopf zu bewahren?**
Praktizierte Achtsamkeit und ein Ausgleich in Familie und/oder Sport.

- **Wie schafft man es als Gründer eines Start-ups, dauerhaft leistungsfähig zu bleiben?**
  Praktizierte Achtsamkeit und ein Ausgleich in Familie und/oder Sport.

- **Welche Tools, Methoden und Rituale kannst Du Start-ups empfehlen, um erfolgreich zu sein?**
  Weiter oben definiert.

- **Wie schafft man es, von einem Start-up zu einem etablierten Unternehmen zu werden?**
  Das ist eine sehr interessante Frage, weil sich ja mit der Zeit Organisation und Prozess-Denken einschleichen, wenn man wächst.
  Bei uns in der Beratung habe ich es viermal selbst mitgetrieben, dass man von einer genialen Idee und Entrepreneuship getrieben ein Thema voranbringt.
  Beispiel: Wir waren in der Axentiv die besten im Bereich SAP SCM (Supply Chain Management), sind gewachsen und bei etwa 80 Mann wurden wir gezwungen, uns neu zu organisieren. Das war der Anfang vom Ende. In der Beratung bei 80 Mann musst Du Dich entscheiden, ob Du Fraktale bildest, also ob Du es wieder unterteilst, oder ob Du dramatisch wachsen kannst. In den Fällen, in denen ich dabei war, hat das Ego der Inhaber diese Möglichkeiten unterbunden. Sprich: In einem Fall wurden wir verkauft an die BMW-IT, mit allen Schmerzen, die eine Konzernstruktur mit sich bringt, und im anderen Fall wären wir zugrunde gegangen, wenn wir uns nicht in neuen Gesellschaften organisiert hätten.

- **Was sind aus Deiner Sicht die größten Herausforderungen eines Start-ups in den ersten drei Jahren?**
  Investoren gewinnen (Fundraising) und bei der Stange halten. Aus dem, was ich beobachte, nimmt der Speed dramatisch zu, mit dem ich skalieren muss.

- **Hast Du sonstige Erfahrungswerte, die Du gerne teilen möchtest?**
  Ich bin dreißig Jahre mit meiner Frau zusammen und wir sind durch gute und durch schwierige Zeiten gegangen.
  Wir haben zwei Kinder (16 und 20), die beide durch die Pubertät müssen/mussten.
  Ich engagiere mich mittlerweile in meiner Freizeit im Leistungssport meiner Kinder und der örtlichen Kirchengemeinde im Männerkreis.
  Damit möchte ich keinen Musterkatalog auflegen und jeder „Jeck is anders" sagt man in Leverkusen/Köln, wo ich herstamme.
  Ich habe aber gelernt/lernen müssen, dass es viel Ausgleich und Energie zurückbringt, wenn man sich nicht nur auf die eine berufliche oder auch sportliche Sache fokussiert.
  Man verkrampft sonst allzu schnell, wenn es mal nicht so gut läuft und man lernt, sich selbst und die Dinge nicht zu ernst zu nehmen.

- **Unter welchen Kontaktdaten kann man Dich oder Dein Unternehmen am besten erreichen, falls ein Leser dies gerne tun würde?**
  E-Mail auf info@ewocon.de landet bei mir persönlich.

Interview Peter W. aus dem Bankenumfeld

Peter W. hat an der Stelle gebeten, seinen Namen und seine Firmenzugehörigkeit zu anonymisieren. Dem komme ich natürlich gerne nach.

- **Wie heißt Deine Firma/Firmen?**
  Peter W. arbeitet in der Bankenbranche.

- **Was bietet Ihr dem Kunden für ein Produkt oder Service?**
  Diverse Finanzservices. Baufinanzierung usw.

- **Wie viele Mitarbeiter hat Deine Firma?**
  Ca. 8.000. Wir sind Teil eines Konzerns.

- **Was ist Deine offizielle Website?**
  Kein Kommentar

- **Was ist Deine Funktion innerhalb Deiner Firma?**
  Qualitätssicherung in der Softwareentwicklung

- **Warum hast Du Dich dazu entschieden, Führungskraft zu werden?**
  Nachdem ich ein breites IT-Wissen erlangt hatte und Projektmanagement interessant fand, hatte ich mich dafür entschieden. Später wurde daraus ein Führungsjob in der Linie.

- **Was ist Dein Lieblingszitat, welches im Geschäftsumfeld anwendbar ist, und von wem stammt es?**
  „Wer immer das tut, was er kann, bleibt immer das, was er ist.“ (H. Ford)

- **Wie viel Umsatz habt Ihr im Unternehmen im Durchschnitt in den letzten drei Jahren erwirtschaftet?**
  Kein Kommentar

- **Was macht für Dich eine gute Führungskraft aus?**
  Begeisterungsfähigkeit, Vorbild sein, Authentizität, Bescheidenheit (ich weiß nicht alles – ihr seid die Fachleute), Fairness.

- **Was macht für Dich eine schlechte Führungskraft aus?**
  Arroganz, Egoismus, Parteilichkeit

- **Was würdest Du gerne jungen Führungskräften mitgeben, um ein „Good Leader" zu werden?**
  Wirklich gute Führungskräfte gibt es wenige. Als Empfehlung für Good Leadership: Lerne von den besten und sei selber ein gutes Vorbild. Eine Führungskraft ist ohne seine Mitarbeiter nutzlos. Sich den eigenen Grenzen bewusst zu bleiben, ist wichtig.

- **Was waren die drei schwierigsten Entscheidungen, die Du in Deiner Funktion als Führungskraft getroffen hast?**
  Kann ich nicht mehr genau sagen. Eines vielleicht: Bei einem Unternehmen zu lange bleiben, das eigentlich keine Perspektive mehr hat, was sich im Nachhinein als Fehler herausstellte.

- **Was sind die drei besten Entscheidungen, die Du in Deiner Funktion als Führungskraft getroffen hast?**
  Das sollten besser andere beurteilen...

- **Was ist Deine tägliche Routine, um „Good Leadership" vorzuleben?**
  Allgemein: Termin- und Zeitplanung, Besprechungen immer gut vorbereiten. Nicht in Besprechungen reinlaufen, sondern sich gut Zeit dafür zu nehmen. Besprechungen sind für Effizienz wichtig und man muss mit einem klaren Konzept in das Gespräch gehen. Man muss in der Lage sein, das Meeting selber effektiv führen zu können. Den Tag sollte man nicht zu mehr als 60% verplanen. Den Rest sollte man sich frei lassen, um flexibel zu bleiben.

- **Welche Tools, Methoden und Rituale kannst Du empfehlen, die Dir in Deiner Funktion als Führungskraft helfen?**
  Keine speziellen → Best Practices

- **Welche Tools, Methoden und Rituale kannst Du nicht empfehlen, da Du sie bereits getestet hast, aber sie Dir keinen Mehrwert beim Thema „Führung" gebracht haben?**
  Überlange Besprechungen, Protokolle, unkritische Verwendung agiler Methoden und Tools

- **Welches ist Dein Lieblingsbuch, Zeitschrift, Zeitung, Website, um Dich als Führungskraft immer auf dem neuesten Stand zu halten?**
  Nichts Spezielles. Um einen Überblick über die Branche zu haben, schaue ich auf heise.de und lese die Computerwoche. Aber man muss die Inhalte natürlich mit einer gewissen Distanz betrachten, da die Inhalte durch Werbung finanziert werden.

- **Wie wird sich „Führung" in den nächsten 5 Jahren entwickeln?**
  Die Linie ist rückläufig. Es wird mehr Projekte geben und die Eigenverantwortung des Mitarbeiters rückt immer mehr in den Fokus.

- **Was sind Deine Best Practices zum Thema „Good Leadership"?**
  Gutes persönliches Verhältnis zu den Mitarbeitern durch Wertschätzung und persönliches Interesse.
  Gutes Zeitmanagement, häufige, aber kurze Besprechungen mit kleinem Teilnehmerkreis.
  An die eigene Gesundheit denken.

- **Was bedeutet für Dich und Dein Unternehmen Digitalisierung?**
  Unser Unternehmen ist schon seit Jahrzenten digitalisiert. Deshalb ist Digitalisierung elementar für uns. Alle wichtigen Prozesse werden über IT-Systeme abgebildet. Das Geschäftsmodell wäre ohne Digita-

lisierung nicht möglich. Was sich aber zeigt, dass es ein verändertes Kundenverhalten gibt und dementsprechend müssen wir Vertriebskanäle und unsere IT auf den Kunden abstimmen.
Zunehmender Druck und Beschleunigung des Alltags.

- **Warum ist aus Deiner Sicht Digitalisierung so wichtig für den Erfolg Deines Unternehmens?**
  Überlebensfrage. Fintechs (kleine Start-ups, die einzelnen Finanzdienstleistungen anbieten) machen uns das Leben schwer durch ihre hohe Geschwindigkeit und Flexibilität. Sie können Services schneller in den Markt bringen als die großen Banken.

- **In welche Projekte investiert ihr in den nächsten drei Jahren in Digitalisierung?**
  Soweit es mir bekannt ist wird es Änderungen in den Kernsystemen geben bezüglich der Warenwirtschaft und der Kundenbetreuung.
  Änderung gewachsener IT-Altsysteme.
  Wir arbeiten an Multikanal-Kundenkommunikation, KI-Systemen, Prozessautomatisierung.

- **Wie konkret arbeitet jeder Mitarbeiter bei Dir daran, seinen Arbeitsalltag digitaler zu gestalten?**
  Aktuell arbeiten ca. 80% der Mitarbeiter im Home-Office (*das Feedback zu diesem Interview kam während der Corona-Pandemie*).

- **In welchem Bereich bringt Deinem Unternehmen die Digitalisierung am meisten: Effizienzsteigerung, Kostenersparnis, Qualitätssteigerung, Geschwindigkeit der Bereitstellung Deiner Produkte und Services, Sonstiges?**
  Alle Bereiche sind wichtig. Wie die genaue Gewichtung ist, kann ich nicht sagen.

- **Welche Bedeutung hat Prozessoptimierung bei Dir im Unternehmen?**
  Hohe Bedeutung. Wir müssen Kosten senken.

- **Wie konkret setzt Ihr Prozessoptimierung bei Euch im Unternehmen um?**
  Es gibt regelmäßige Kundenzufriedenheitsanalysen und wir versuchen, Potenziale zu heben, um Kosten zu sparen. Wir wollen den Kunden schneller und besser bedienen. Die Antwortzeiten reduzieren und Standardabläufe automatisieren.

- **Welche Methodiken, Tools und Rituale setzt Ihr bei Euch im Unternehmen ein, um Prozessoptimierung durchzuführen?**
  Alles, was mit agiler Softwareentwicklung zu tun hat. Jira, Confluence, HP ALM usw.

- **Welche Tools, Methoden und Rituale kannst Du nicht empfehlen, da Du sie bereits getestet hast, aber sie Dir keinen Mehrwert beim Thema „Prozessoptimierung" gebracht haben?**
  Nicht bekannt.

- **Wie würdest Du Agilität im Geschäftsumfeld definieren?**
  Im Wesentlichen Methode, schnell auf Kundenbedürfnisse reagieren zu können und Produkte passgenau und schneller an den Markt bringen zu können. Time-to-market ist hier ein wichtiges Schlagwort.

- **Welche Bedeutung hat Agilität in den Geschäftsprozessen Deines Unternehmens?**
  Im Moment ein großer Hype, der sicher auch Gutes hat, aber, falsch eingesetzt, die Produktivität und Qualität beeinträchtigen kann. Wenn Du schnell agil entwickelst und das Projekt zu groß ist und dann die Dokumentation hinten runterfällt, dann ist das gefährlich.

- **Welche Methoden, Tools und Rituale führt Ihr in Deinem Unternehmen durch, um agiler zu sein?**
  Wir setzten ein angepasstes SAFe-Modell ein.
  Agilität wird teilweise nur verwaltet und wird meines Erachtens falsch verstanden. Dies senkt die Produktivität.
  Die Produktivität leidet, wenn Du in Regelbesprechungen sitzt, aber viele von den angeschnittenen Themen Dich gar nicht berühren.

- **Welche Tools, Methoden und Rituale kannst Du nicht empfehlen, da Du sie bereits getestet hast, aber sie Dir keinen Mehrwert beim Thema „Agilität" gebracht haben?**
  Ein agiles Verfahren in reiner Linientätigkeit würde ich nicht empfehlen. In Projekten aber ja.

- **Was sind die größten Herausforderungen für Start-ups heutzutage?**
  Nicht bekannt.

- **Was sind die größten Chancen für Start-ups heutzutage?**
  Nicht bekannt.

- **Welche Tipps und Tricks kannst Du jungen Gründern mitgeben?**
  Nicht bekannt.

- **Wenn Du Deine Firma nochmal komplett neu aufbauen könntest, was würdest Du anders machen?**
  Nicht bekannt.

- **Wenn Du Deine Firma nochmal komplett neu aufbauen könntest, was würdest Du genau gleich machen?**
  Nicht bekannt.

- **Was hilft Dir am besten, in Krisensituationen Deines Unternehmens einen kühlen Kopf zu bewahren?**
  Die durchschnittliche Lebensdauer eines Unternehmens beträgt statistisch ca. 10 Jahre.
  Grundsätzlich muss man ein wachsames Auge haben, um die Situation und die Stimmung im Unternehmen wahrzunehmen. Das Unternehmen mit Engagement und Loyalität unterstützen, aber, wenn man merkt, dass das Unternehmen keine Überlebensperspektive hat, dann auch die Konsequenzen ziehen.
  Mein Motto 2 von 3 Punkten müssen stimmen: ökonomische Situation (Gehalt, Arbeitsplatzsicherheit), Aufgabe (inhaltlich reizvoll) oder soziales Umfeld (Chefs, Kollegen usw.). Den Spruch hat mir mal vor vielen Jahren ein kluger Kollege gesagt.

- **Wie schafft man es als Gründer eines Start-ups, dauerhaft leistungsfähig zu bleiben?**
  Auf die Gesundheit achten.

- **Welche Tools, Methoden und Rituale kannst Du Start-ups empfehlen, um erfolgreich zu sein?**
  Nicht bekannt.

- **Wie schafft man es, von einem Start-up zu einem etablierten Unternehmen zu werden?**
  Wenn man selbstständig bleiben will: Trends erkennen, die langfristig erfolgreich bleiben – nicht jeder Hype trägt. Auf gesundes Wachstum achten. Finanziell solide bleiben. Versuchen, die Know-how-Träger langfristig zu binden.
  Wenn man übernommen werden will: Nischen besetzen, die für größere Unternehmen interessant sind und einen Kauf attraktiv machen.

- **Was sind aus Deiner Sicht die größten Herausforderungen eines Start-ups in den ersten drei Jahren?**
  Schneller als andere aus Fehlern zu lernen und darauf richtig zu reagieren.

- **Hast Du sonstige Erfahrungswerte, die Du gerne teilen möchtest?**
  Veränderungen sind meistens Chancen. Deshalb muss man mutig sein. Man sollte Veränderungen aktiv angehen und ihnen positiv gegenüber eingestellt sein. Man sollte nicht warten, bis jemand das Licht ausmacht. Wenn ich zurückblicke, dann waren 80% der Veränderungen Chancen für mich.
  Bereit sein, einen Weg zu verlassen, wenn man merkt, dass er falsch ist.

Interview Sven Scharf BKT Bauer Kunststofftechnik GmbH

- **Wie heißt Deine Firma/Firmen?**
  BKT Bauer Kunststofftechnik GmbH
  SKT Solmser Kunststofftechnik GmbH

- **Was bietet Ihr dem Kunden für ein Produkt oder Service?**
  Wir sind Dienstleister im Bereich Werkzeugbau und Spritzguss. Wir machen aus der Vision des Kunden ein Negativ in Stahlform, um dann das Serienspritzteil zu fertigen.

- **Wie viele Mitarbeiter hat Deine Firma?**
  Unsere Unternehmensgruppe beschäftigt 95 Mitarbeiter.

- **Was ist Deine offizielle Website?**
  www.bkt-kunststoff.de

- **Was ist Deine Funktion innerhalb Deiner Firma?**
  Ich bin Geschäftsführender Gesellschafter.

- **Warum hast Du Dich dazu entschieden, Führungskraft zu werden?**
  Weil ich der Meinung bin, es gibt Menschen, die führen Dinge aus, und es gibt Menschen, die sind Macher und führen an. Ich habe mich schon immer als derjenige gesehen, der die Verantwortung übernimmt und Entscheidungen trifft. Ich wollte immer die Vision, die ich habe, auch selber umsetzen. Ich sehe mich nicht als Arbeitnehmer, sondern als Arbeitgeber. Meine Motivation war auch monetär getrieben. Denn in einem normalen Tarifgefüge als Mitarbeiter hast Du definierte Grenzen, was Deine Gehaltsperspektiven anbelangt. Als Unternehmer ist die Grenze eher darin gesteckt, wie viel Du bereit bist, einzusetzen.

- **Was ist Dein Lieblingszitat, welches im Geschäftsumfeld anwendbar ist, und von wem stammt es?**
  „Du musst das Unmögliche versuchen, um das Mögliche zu erreichen.“ - Hermann Hesse

- **Wie viel Umsatz habt Ihr im Unternehmen im Durchschnitt in den letzten drei Jahren erwirtschaftet?**
  12 Mio. Euro

- **Was macht für Dich eine gute Führungskraft aus?**
  Eine gute Führungskraft ist jemand, der die Mitarbeiter jeden Tag aufs Neue für das Produkt motivieren kann, was wir den Kunden anbieten. Sie dafür motivieren, die Vision der Geschäftsleitung 1:1 umzusetzen. Zusätzlich dazu benötigt man ein gutes Gespür dafür, welcher Mitarbeiter an welcher Stelle im Unternehmen die bestmögliche Performance bringen kann. Denn ein Unternehmen ist nur so gut wie seine Mitarbeiter.

- **Was macht für Dich eine schlechte Führungskraft aus?**
  Cholerisches Verhalten. Schlechte Mitarbeiterführung. Nicht teamfähig. Ein Unternehmen ist keine One-Man-Show. Wenn Du Deinem Mitarbeiter nicht das Vertrauen schenkst, dass er auch was selber machen kann, dann bist Du keine gute Führungskraft.

- **Was würdest Du gerne jungen Führungskräften mitgeben, um ein „Good Leader“ zu werden?**
  Erst mal sollte ein Mitarbeiter praktische Kenntnisse sammeln - und gerne auch in einer fremden Firma. Bereit sein, Opfer zu bringen, weil es immer schwieriger wird, sich in dem Marktumfeld zu behaupten. Arbeitet erst mal auch nach einem Studium, zwei-drei Jahre, lernt die internen Prozesse kennen. Und dann kann man besser entscheiden, ob man fähig ist, Menschen zu führen. Das kann man aber auch

lernen. Ich hatte einen Mentor, der mich mitgenommen hat und mir Dinge erklärte, die ich im Studiengang nicht gelernt habe. Zwischenmenschliche Dinge. Erst mal Hörner abstoßen und operativ arbeiten. Ein guter Geschäftsführer geht nicht mit 8 h am Tag aus dem Haus.

- **Was waren die drei schwierigsten Entscheidungen, die Du in Deiner Funktion als Führungskraft getroffen hast?**
Ich musste mich von Mitarbeitern trennen. Anfangs war das echt schwierig, da man dabei über Menschen und Schicksale entscheidet. Ich habe aber später erkannt, dass es meine Aufgabe ist, das Wohl der Firma im Blick zu haben. Also, das große Ganze zu sehen.
Den Weg, von einer gemieteten Immobilie in eine eigene Immobilie zu gehen, mit einer Investition von 4,5 Mio. Euro. Das Risiko war groß, nicht nur geschäftlich, sondern auch privat. Entscheidungen treffen über anorganisches Wachstum. Also, den Zukauf einer anderen Firma. Ist schwierig, da es oft nicht einfach ist, zu entscheiden, ob ein Zukauf passt.

- **Was sind die drei besten Entscheidungen, die Du in Deiner Funktion als Führungskraft getroffen hast?**
Meinen Fertigungsleiter in eine Führungsposition der Geschäftsleitung zu heben. Er ist dadurch aufgeblüht und ein anderer Mensch geworden. Den Weg, von einer gemieteten Immobilie in eine eigene Immobilie zu gehen mit 4,5 Mio. Euro. Das Risiko war groß auch privat. Deshalb war die Entscheidung schwierig, aber sie war auch die beste Entscheidung. Grundsätzliche Entscheidung, aus einer Insolvenz eine Firma neu aufzubauen. Das war eine Riesenentscheidung. Habe aus einer insolventen Firma am Ende ein vitales Unternehmen aufgebaut.

- **Was ist Deine tägliche Routine, um „Good Leadership" vorzuleben?**
Mein Motto ist: Behandle alle Mitarbeiter, wie Du selber behandelt werden möchtest. Ich verlange nichts von Ihnen, was ich nicht selber machen würde.

- **Welche Tools, Methoden und Rituale kannst Du empfehlen, die Dir in Deiner Funktion als Führungskraft helfen?**
  Jede Woche habe ich eine Besprechung mit meinen Mitführungskräften. Dieses Meeting geht ca. 2 h. In diesem Meeting sitzen wir zusammen und besprechen alles, was in der vergangenen Woche gut und was schlecht war. So sind immer alle auf dem neuesten Stand. Diesen regelmäßigen Termin haben wir vor drei Jahren eingeführt und er hat viele Probleme gelöst.

- **Welche Tools, Methoden und Rituale kannst Du nicht empfehlen, da Du sie bereits getestet hast, aber sie Dir keinen Mehrwert beim Thema „Führung" gebracht haben?**
  Was ich nicht empfehlen kann, ist ein laissez-fairer Führungsstil. Manche sagen, das sei besser, um kreativer zu sein. Wir haben die besten Erfahrungen mit einem kooperativen Führungsstil gemacht. Das heißt, wir als Führungskräfte arbeiten eng mit den Mitarbeitern in den Projekten zusammen.

- **Welches ist Dein Lieblingsbuch, Zeitschrift, Zeitung, Website, um Dich als Führungskraft immer auf dem neuesten Stand zu halten?**
  Die Lektüre, die ich gerne lese, ist der „Plasticker". Das ist eine Fachzeitschrift, in der es um die Themen „Wirtschaft, Entwicklungen für den Markt und Technologien" geht. Dort werden auch Interviews durchgeführt, die sehr interessant sind. Diese Zeitschrift passt zu unserer Branche in der Kunststoffindustrie.

- **Wie wird sich „Führung" in den nächsten 5 Jahren entwickeln?**
  Da ist es schwierig, eine genaue Prognose abzugeben. Ich glaube, dass Mitarbeiter in der Zukunft immer mehr Eigenverantwortung übernehmen werden. Man verteilt die Verantwortung also auf mehrere Schultern.

- **Was sind Deine Best Practices zum Thema „Good Leadership“?**
  Siehe Antworten zu Fragen oben.

- **Was bedeutet für Dich und Dein Unternehmen Digitalisierung?**
  Alle Prozesse können von einem Rechner aus gesteuert werden. Ich bekomme alle Daten von unseren Systemen auf meinen Rechner und ich kann alles von aller Welt aus steuern. Beispielweise Maschinendaten, Ausschuss einfach aller Produktionsdaten. Heutzutage nennt man das Produktion 4.0.

- **Warum ist aus Deiner Sicht Digitalisierung so wichtig für den Erfolg Deines Unternehmens?**
  Weil es hoch effektiv ist. Wir können dadurch ein hohes Sparpotential heben. Wir sparen uns zum Beispiel viele Wege. Wir können intern aber auch hin zum Kunden viel transparenter arbeiten. Es ist ein Verkaufsargument, dem Kunden mehr darstellen zu können – und das bei minimiertem Aufwand. Früher ist jede Spritzgussmaschine für sich separat gelaufen und heute läuft alles verbunden. So können wir die Nachhaltigkeit unserer Produkte besser abstimmen.

- **In welche Projekte investiert Ihr in den nächsten drei Jahren in Digitalisierung?**
  Alle Maschinen werden komplett digital vernetzt. Sprich: Industrie 4.0. Wir streben eine komplette Digitalisierung aller Maschinen an, die dann über ein zentrales Leitsystem gesteuert werden. Dafür müssen Maschinen teilweise umgebaut werden.

- **Wie konkret arbeitet jeder Mitarbeiter bei Dir daran, seinen Arbeitsalltag digitaler zu gestalten?**
  Kein Punkt zu nennen.

- **In welchem Bereich bringt Deinem Unternehmen die Digitalisierung am meisten: Effizienzsteigerung, Kostenersparnis, Qualitätssteigerung, Geschwindigkeit der Bereitstellung Deiner Produkte und Services, Sonstiges?**
  Den größten Mehrwert haben wir in der Qualitätssteigerung, weil alles miteinander vernetzt ist. An zweiter Stelle würde ich auch die Effizienz sehen, aber nicht so stark wie die Qualitätssicherung.

- **Welche Bedeutung hat Prozessoptimierung bei Dir im Unternehmen?**
  Prozessoptimierung ist für uns extrem wichtig. Über den Lebenszyklus eines Produktes optimieren wir die Prozesse immer weiter und arbeiten deshalb effizienter. Deshalb wird ein Produkt über seine Laufbahn immer lukrativer. Beispielweise können wir so Material günstiger einkaufen. Die Produktionszeiten werden schneller. Logistische Abläufe werden immer besser. Man kann also sagen: Ein Produkt wird immer besser und günstiger produziert werden können, je länger man daran arbeitet. Das kann man an einem Beispiel aus der Automobilbranche sehen. Als Zulieferer hast Du ein Jahr lang Zeit, um Dich mit den Prozessen zu beschäftigen. Und dann im Jahr zwei und drei musst Du den Preis reduzieren, da die Annahme ist, dass Du nun die Prozesse bereits optimiert hast. Umso besser Du etwas kennst, umso weniger Fehler machst Du.

- **Wie konkret setzt Ihr Prozessoptimierung bei Euch im Unternehmen um?**
  Wir setzen auf den KVP (Kontinuierlichen Verbesserungsprozess) und auf die Produkt FMEA (Fehlermöglichkeits- und Einflussanalyse). Diese Methoden werden ständig durchgeführt, um zu sehen, was verbessert werden kann. Des Weiteren führen wir ständige Nachkalkulation durch. Dabei wird die Wirtschaftlichkeit eines Produktes auf den Prüfstand gestellt. Wir achten hierbei auf Durchlaufzeiten, Rüstzeiten usw.

- **Welche Methodiken, Tools und Rituale setzt Ihr bei Euch im Unternehmen ein, um Prozessoptimierung durchzuführen?**
  Kein bestimmtes Tool zur Prozessoptimierung. Wir setzen das Warenwirtschaftssystem Alphaplus ein. In diesem System sind Tools für die wirtschaftlichen Analysen, FMEA, usw. bereits integriert. Wir können so besser überwachen, wie der aktuelle Status unserer Produkte ist.

- **Welche Tools, Methoden und Rituale kannst Du nicht empfehlen, da Du sie bereits getestet hast, aber sie Dir keinen Mehrwert beim Thema „Prozessoptimierung“ gebracht haben?**
  Da fallen mir gerade keine ein.

- **Wie würdest Du Agilität im Geschäftsumfeld definieren?**
  Schneller zu sein als meine Marktbegleiter. Denn: Zeit ist Geld. Mittlerweile ist der Faktor Zeit ein größerer Faktor für die Kunden als Geld. Wenn Du schnell liefern kannst, kannst Du mehr Kunden bedienen. Deshalb ist es wichtig, sehr geringe Durchlaufzeiten bei gleichbleibend hoher Qualität zu liefern.

- **Welche Bedeutung hat Agilität in den Geschäftsprozessen Deines Unternehmens?**
  Agilität ist eine essentielle Fähigkeit, um in der Branche existieren zu können. Wenn Du die Geschwindigkeit nicht an den Tag legst, wirst Du keinen Auftrag bekommen.

- **Welche Methoden, Tools und Rituale führt Ihr in Deinem Unternehmen durch, um agiler zu sein?**
  Keine

- **Welche Tools, Methoden und Rituale kannst Du nicht empfehlen, da Du sie bereits getestet hast, aber sie Dir keinen Mehrwert beim Thema „Agilität" gebracht haben?**
  Keine

- **Was sind die größten Herausforderungen für Start-ups heutzutage?**
  Es wird immer schwieriger, Investoren zu finden. Cash zu sammeln. Man muss aber dazu sagen, ein Start-up kann viel sein. Es kann eine kleine Softwarebude mit einem Rechner, aber eben auch ein riesen Unternehmen sein.
  Die größte Herausforderung ist es, das nötige Kapital aus dem Markt zu bekommen, dass Dein Unternehmen rentabel wird. Zur Bank zu gehen mit Deiner Vision und ihnen zu erzählen, dass Dein Unternehmen in fünf Jahren rentabel sein wird, stelle ich mir schwierig als Basis für eine Finanzierung vor. Hab tolle Ideen gesehen, aber es scheitert oft an der Umsetzung. Wenn Du was umsetzen willst, musst Du Geld in die Hand nehmen. Und Du brauchst einen langen Atem. Wenn man glaubt, man hat heute eine Idee und dann morgen ein lukratives Unternehmen, dann wird man keinen Erfolg haben. Viele Unternehmen brauchen 3-5 Jahren, bis sie die schwarze 0 sehen. Viele Investoren suchen eine schnelle Exit-Strategie, um einen Vorteil zu bekommen. Sprich: Sie investieren in Dein Unternehmen, um so schnell wie möglich mit Profit wieder zu verkaufen.

- **Was sind die größten Chancen für Start-ups heutzutage?**
  In den digitalen Märkten sind viele Möglichkeiten für Start-ups relativ schnell, relativ groß zu werden und relativ viel Geld zu verdienen. Alt eingesessene Unternehmen haben eingefahrene Strukturen und können nicht so schnell auf Anforderungen des Marktes reagieren. Da ist Flexibilität gefragt, die die Start-ups mitbringen.

- **Welche Tipps und Tricks kannst Du jungen Gründern mitgeben?**
  Wenn man einen Traum oder eine Vision hat, wird es sicher mal Tage geben, wo es mal nicht so funktioniert. Am Ende des Tages kann ich nur jedem empfehlen, wenn man eine Vision hat, dass man nicht aufgibt, sondern durchhält. Zuletzt habe ich ein Buch von Dieter Bohlen gelesen. Eine Anekdote ist in diesem Zusammenhang recht interessant. Bis er den ersten Plattenvertrag bekommen hatte, bekam er 150 Absagen von Plattenfirmen. Wenn man nur hart genug kämpft, ist die Chance groß, dass man auch Erfolg hat. Das heißt, man muss sich dem Gegenwind stellen. Absolutes Durchhaltevermögen ist gefragt. Man muss immer weiter an diesem Projekt arbeiten.

- **Wenn Du Deine Firma nochmal komplett neu aufbauen könntest, was würdest Du anders machen?**
  Gar nichts

- **Wenn Du Deine Firma nochmal komplett neu aufbauen könntest, was würdest Du genau gleich machen?**
  Alles. Die kleinen führungstechnischen Fehler gehören mit zur Entwicklung dazu.

- **Was hilft Dir am besten, in Krisensituationen Deines Unternehmens einen kühlen Kopf zu bewahren?**
  Wir achten sehr stark drauf, dass wir als Gesellschafter eine sehr große Gewinndifferierung gewährleisten. Das heißt, 80% des Gewinns bleiben in der Gesellschaft. Das ist unser schwäbisches Instrumental der Sparsamkeit. In guten Zeiten legen wir Geld weg, um in Krisenzeiten davon zehren zu können. Wenn keiner mehr investiert in Maschinen, dann kaufen wir. Wir verhalten uns also antizyklisch. Die Devise ist: in guten Zeiten sparen und in schlechten Zeiten ruhig bleiben.

- **Wie schafft man es, als Gründer eines Start-ups dauerhaft leistungsfähig zu bleiben?**
  Man muss dafür sorgen, dass man beständig auf den Markt, den man bedient, reagieren kann. Man muss ständig seine Produkte weiterentwickeln. In den letzten Jahren haben wir ein Produkt dreimal weiterentwickelt. Man darf sich also nicht auf seiner Idee oder seiner initialen Vision ausruhen. Sobald die Leute verstanden haben, dass man mit Deiner Idee Geld machen kann, dann wird auch sehr viel kopiert. Stillstand bedeutet also Rückschritt.

- **Welche Tools, Methoden und Rituale kannst Du Start-ups empfehlen, um erfolgreich zu sein?**
  Kein Tool.

- **Wie schafft man es, von einem Start-up zu einem etablierten Unternehmen zu werden?**
  Das ist, offen gesagt, schwierig. Für mich sieht der Übergang wie folgt aus: Wenn Du ein etabliertes Produkt/Dienstleistung hast, das/die nachhaltig und dauerhaft vertrieben wird. Wenn Du eine Kontinuität im Absatz Deiner Produkte hast, dann bist Du von einem Start-up in ein etabliertes Unternehmen übergegangen. Du wirst dann zu einem sicheren und potenziellen Arbeitgeber.

- **Was sind aus Deiner Sicht die größten Herausforderungen eines Start-ups in den ersten drei Jahren?**
  Die passenden Strukturen zu haben, um ein erfolgreiches Unternehmen aufzubauen. So müssen Fragen geklärt werden wie: Wer sind die Gesellschafter? Wer ist Teilhaber? Wie wird das Unternehmen finanziert?

- **Hast Du sonstige Erfahrungswerte, die Du gerne teilen möchtest?**
  Wenn Du mit jedem Menschen so umgehst, wie Du willst, dass man

mit Dir umgeht, dann wirst Du erfolgreich sein. Wir sind als Firma nur so stark wie das schwächste Glied im Unternehmen. Viele Manager haben ihren Fokus nur auf ihrer Ebene. Die ganz untere Mitarbeiterebene ist für sie oft nicht relevant. Aus meiner Sicht muss man sich als gute Führungskraft mit allen Ebenen beschäftigen. So ist man nahe am Produkt und nahe an den Mitarbeitern. Das merken die Kunden und schätzen auch Deine Mitarbeiter.

- **Unter welchen Kontaktdaten kann man Dich oder Dein Unternehmen am besten erreichen, falls ein Leser dies gerne tun würde?**
  info@bkt-kunststoff.de

Interview Kai-Uwe Aescht - PTA Center

- **Wie heißt Deine Firma/Firmen?**
PTA Center und Excellenceo GmbH

- **Was bietet Ihr dem Kunden für ein Produkt oder Service?**
PTA: Physiotherapie, Rehabilitation, Sportmedizin, Fitness, Betriebliches Gesundheitsmanagement (BGM), Full Service für Patienten aus dem Ausland. Excellenceo GmbH: Klinik und Fitness Design, Handelsgeschäfte, Beratung.

- **Wie viele Mitarbeiter hat Deine Firma?**
PTA: 8
Excellenceo: 3

- **Was ist Deine offizielle Website?**
Web: www.ptacenter.com
www.excellenceo.com (noch nicht online)

- **Was ist Deine Funktion innerhalb Deiner Firma?**
CEO und 100% Eigner beider Firmen

- **Warum hast Du Dich dazu entschieden, Führungskraft zu werden?**
Ich hatte mich entschlossen, ein Unternehmen zu gründen. Führungskraft zu sein, ist eine Konsequenz daraus. Es war in mir, meine eigene Firma zu gründen und meine Ideen umzusetzen. Ich glaube, es gibt Leute, die dieses Gen in sich haben, und andere eher nicht.

- **Was ist Dein Lieblingszitat, welches im Geschäftsumfeld anwendbar ist, und von wem stammt es?**
„Wo ich bin, will ich sein, alles andere war mir bisher in meiner Vorstellung zu teuer." - Jens Corssen

- **Wie viel Umsatz habt Ihr im Unternehmen im Durchschnitt in den letzten drei Jahren erwirtschaftet?**
  Rd. 750.000€

- **Was macht für Dich eine gute Führungskraft aus?**
  Das er sich selbst führen kann. Das setzt voraus, dass man sich selbst kennt, und das bedeutet, dass man sich mit seinen Wurzeln beschäftigt und was einen geprägt hat. Also, den Urgrund herausfindet, warum man führen will. Das Ego, die Motivation, andere Menschen voranzubringen. Also, die Beweggründe müssen klar sein, warum man das tut.

- **Was macht für Dich eine schlechte Führungskraft aus?**
  Im Prinzip das Gegenteil der vorigen Antwort. Wenn Du nicht weißt, warum Du da bist, wo Du bist. Einerseits vielleicht fremdgesteuert. Oder als Beispiel: Du willst etwas sein, ein bestimmter Titel auf der Visitenkarte zum Beispiel.
  Da ist immer die Frage: „Warum will ich das? Will ich die Anerkennung meines Vaters oder Ähnliches?" Die schlechte Führungskraft ist sich des „Warums?" nicht bewusst. Das geht auf Dauer nach hinten los. Persönlich oder unternehmerisch.
  Der Hardcore-Narzisst wird ein Großunternehmen führen können, aber die Frage ist, nach was man Erfolg misst. Die Zahlen verbessern oder Menschen entwickeln? Es bringt Dir auch nichts, wenn man tolle Menschen entwickelt hat, aber am Ende pleite ist. Es fokussiert sich also auch viel auf die erfolgreiche Umsetzung von Zielen.

- **Was würdest Du gerne jungen Führungskräften mitgeben, um ein „Good Leader" zu werden?**
  Hinterfrage Dich: „Warum möchtest Du das?"
  Lerne Dich kennen. Schaue nach Dir. Dann kannst Du besser in anderen erkennen, ob das Umfeld passt für Deinen Erfolg.

Ich glaube, dass bei vielen, die sich in ihrer Jugend mehr hinterfragt hätten, andere Lebenswege rausgekommen wären.
Es ist ganz wichtig, wenn Du ganz jung bist, aber ältere führst, dass Du Dich mit ihrem Hintergrund und ihrem Denken auseinandersetzt. Wenn man sich damit beschäftigt, ist es einfacher, sie zu führen, und man hat ein besseres Verständnis für ihre Situation. Ein 60-Jähriger, der kurz vor der Rente ist, hat oft weniger Motivation, in einem Change-Prozess noch mitzuwirken. Hingegen musst Du einen 30-Jährigen einbeziehen, sonst fühlt er sich nicht integriert.

- **Was waren die drei schwierigsten Entscheidungen, die Du in Deiner Funktion als Führungskraft getroffen hast?**
Einmal die Entscheidung, sowohl räumlich als auch in der Mitarbeiteranzahl zu wachsen. Fläche haben wir vervierfacht und die Mitarbeiteranzahl verdoppelt.
Schwierig ist es immer, wenn Du jemanden entlassen musst. Ich habe zu allen meinen Mitarbeitern ein sehr gutes Verhältnis gehabt und kenne auch viele privaten Dinge von ihnen. Mit einem war ich beispielsweise in der Ausbildung als Physiotherapeut. Wenn man die dann entlassen muss, dann ist es menschlich eine Herausforderung.
Es ist oft schwierig, zu entscheiden, will ich recht haben oder Umsatz machen. Manchmal kann man die Mitarbeiter oder die Kunden auf den Mond schießen und Du musst zurückstecken. Keiner bekommt es mit, aber Du musst es tun, damit die Show weitergeht.
Oder der erste Verlust ist meist der geringste. Manchmal tut es weh, eine Sache zu beenden, wie beispielsweise ein Projekt, in das man investiert hat, bei dem man aber weiß, dass es scheitern wird.

- **Was sind die drei besten Entscheidungen, die Du in Deiner Funktion als Führungskraft getroffen hast?**
Die besten Entscheidungen treffe ich, wenn ich weiß, was ich nicht gut kann und dafür andere Leute benötige. Dann kommen die besten

Ergebnisse raus. Eine meiner besten Eigenschaften ist es, Personen in eine Funktion zu heben, in der sie die bestmöglichen Leistungen bringen können.

- **Was ist Deine tägliche Routine, um „Good Leadership" vorzuleben?**
Ich versuche alles, was ich in irgendeiner Form strategisch zu entscheiden habe, nicht im Geschäft zu entscheiden oder vorzudenken. Ich gehe relativ spät ins Geschäft. Wenn ich im Geschäft ankomme, dann habe ich bereits Telefonate oder ähnliche Funktionen, die ich einfach nur noch ausführe. Wenn ich in meinem Büro im Unternehmen bin, bin ich nicht kreativ. Man muss sich Zeit und Raum schaffen, in denen man strategisches und kreatives entwickelt. Das ist bei jedem anders.
Ansonsten mache ich jeden Tag etwas, was nicht mit dem Geschäft zu tun hat. Ich höre Musik oder mach etwas anderes.
In Krisensituationen muss man natürlich Sichtbarkeit zeigen und vor Ort sein. Beispielweise bei Corona habe ich über einen längeren Zeitraum mehr in der Praxis gearbeitet.

- **Welche Tools, Methoden und Rituale kannst Du empfehlen, die Dir in Deiner Funktion als Führungskraft helfen?**
Ich versuche, aus dem Sport viel abzuleiten – und zwar aus den verschiedensten Sportarten. Das kann man nicht immer zu 100% übertragen. Aber ich beschäftige mich zum Beispiel mit den Führungsstilen von gewissen Trainern. Habe Top-Trainern in American Football und Fußball analysiert.
Ich frage mich dann immer: „Was kann ich über mich lernen und über die Führung?" Um ein Beispiel zu nennen: Anfangs dachte ich, ich kann alles steuern. Aber dem ist nicht so. Der Mensch ist komplex. Je mehr Du mit Menschen zu tun hast, desto mehr merkst Du, wie wenig Du vorausplanen kannst. Ich bin dazu übergegangen, nach der Natur zu gehen. So wie die Landwirte oder Gleitschirmflieger. Man kann alles ins Detail planen, aber wenn Du kein gutes Wetter hast, kannst

Du nicht ernten oder fliegen. Aus meiner Sicht ist das die klügere Variante: flexibel zu sein und auf die Rahmenbedingungen zu reagieren.

- **Welche Tools, Methoden und Rituale kannst Du nicht empfehlen, da Du sie bereits getestet hast, aber sie Dir keinen Mehrwert beim Thema „Führung“ gebracht haben?**
Im MBA-Studium habe ich sehr viel über diese Methodiken gelernt. Habe gemerkt, dass man nicht alles direkt umsetzen kann. So ist es ein großer Unterschied, ob Du einen Großkonzern oder ein Kleinunternehmen führst. Aus meiner Sicht ist es wichtig, dass die Führung authentisch bleibt. Ich versuche, nichts zu kopieren, sondern überlege mir immer, ob es zu mir passt oder nicht. Ich habe nie etwas probiert, von dem ich am Ende nicht überzeugt war.

- **Welches ist Dein Lieblingsbuch, Zeitschrift, Zeitung, Website, um Dich als Führungskraft immer auf dem neuesten Stand zu halten?**
Also, direkt habe ich da nichts. Als Buch-Tipp kann ich das Buch „The Subtle Art of not giving a F*ck" von Mark Manson empfehlen. Das ist allgemein zu Lebensfragen ganz interessant. Ein anderes gutes Buch ist von Jens Corssen „Der Selbstentwickler“.

- **Wie wird sich „Führung“ in den nächsten 5 Jahren entwickeln?**
Wir sind in Deutschland sehr hierarchisch geprägt. Da sind die Skandinavier deutlich flacher in ihrem Hierarchiedenken. Ich denke, es wird sich auch mehr in diese Richtung entwickeln.
Was ich aber auch glaube, dass viele junge Leute gerne die Bezeichnung als Manager haben wollen, aber nicht auch die Konsequenzen daraus. Irgendeiner muss den Job aber machen.
Ich glaube, dass der Mensch unterbewusst gerne eine Führungspersönlichkeit haben möchte, die den Ton angibt. Ich glaube auch nicht, dass das schlimm ist, solange diese Person sich selbst nicht über die Sache stellt.

- **Was sind Deine Best Practices zum Thema „Good Leadership“?**
  Ich bin nicht nachtragend. Und ich glaube, das ist wichtig, auch wenn mal was nicht gut läuft, dann klärt man das. Aber danach geht es dann normal weiter.
  Am Schluss muss man das vorleben, was Du von Deinen Mitarbeitern erwartest. Obwohl die auch in vielem besser sind wie Du. Aber die Richtung und die Struktur müssen klar sein.

- **Was bedeutet Digitalisierung für Dich und Dein Unternehmen?**
  Das bedeutet, dass wir das mit machen, was sinnig ist, z.B. papierlose Ablage. Wir schauen uns an, wie wir mit der Digitalisierung neue Geschäftsfelder erschließen können.
  Virtuell Unterrichten und nicht überall hinfliegen. Die Beratung der Patienten über Telemedizin einführen. Digitalisierung ist bei uns aber Mittel zum Zweck. Die Behandlung des Patienten wollen wir aber bewusst mit digitalem Detox durchführen. Deshalb haben wir auch keine Monitore in den Behandlungsräumen.

- **Warum ist aus Deiner Sicht Digitalisierung so wichtig für den Erfolg Deines Unternehmens?**
  Es eröffnet neue Geschäftsfelder. Du stellst Dich breiter auf und das kann Dir in Krisenzeiten die Firma retten oder den Fortbestand des Unternehmens. Genauso machst Du Dein Fachwissen einer breiteren internationalen Menge zugängig. Das wäre ohne Digitalisierung so nicht möglich.

- **In welche Projekte investiert Ihr in den nächsten drei Jahren in Digitalisierung?**
  Jetzt haben wir Corona. Da ist erst mal Investitions-Stopp. Was aber sicher kommen wird, ist Telemedizin.

- **Wie konkret arbeitet jeder Mitarbeiter bei Dir daran, seinen Arbeitsalltag digitaler zu gestalten?**
  Bei uns ist das kein großes Thema. Wir haben noch Nokia 3510.

- **In welchem Bereich bringt Deinem Unternehmen die Digitalisierung am meisten: Effizienzsteigerung, Kostenersparnis, Qualitätssteigerung, Geschwindigkeit der Bereitstellung Deiner Produkte und Services, Sonstiges?**
  Effizienz und Servicebereitstellung, Schulung und Telemedizin.

- **Welche Bedeutung hat Prozessoptimierung bei Dir im Unternehmen?**
  Für mich eine große. Meiner Erfahrung nach ist es als Leader oder Visionär Deine Aufgabe, Dinge früher und schneller zu sehen als alle anderen.
  Man kann es sich so vorstellen: Wenn Du bei einer Urwaldexpedition bist, die die Orientierung verloren hat, brauchst Du jemanden, der oben auf dem Baum sitzt und den Weg vorgibt, und einen anderen, der mit der Machete unten den Weg freischlägt.
  So ist es auch im Unternehmen. Du siehst auf einer anderen Flughöhe einfach mehr und kannst die Steuerung vorgeben. Letzten Winter habe ich die Kassenzulassung beantragt, da ich gesehen habe, dass die ausländischen privaten Patienten immer weniger wurden. Es gab Widerstand vom Team, weil sie den Weitblick nicht so hatten.
  Manchmal muss man solche Themen einfach durchboxen. Am Ende hat es uns mit durch die kritische Corona-Zeit gebracht.

- **Wie konkret setzt Ihr Prozessoptimierung bei Euch im Unternehmen um?**
  Ich erinnere meine Mitarbeiter tausendmal daran, das zu tun, was ich sage.
  Wir haben laufend Meetings, wie wir Abläufe optimieren können. Wie beispielsweise die Patientenübergaben optimiert werden können.

Kommunikation zu den fachlichen Themen. Das kommt oft von den Therapeuten. Es ist immer ein hin und her. Von der fachlichen Seite macht das Team Druck und ich mache Druck von der Marketingseite.
Wir haben Team-Meetings, eine WhatsApp-Gruppe und ein White-Board. Darauf tracken wir die Anzahl neuer Patienten. Woher kommen sie? Wer hat sie uns empfohlen? Wie viele Google Bewertungen usw.

- **Welche Methodiken, Tools und Rituale setzt Ihr bei Euch im Unternehmen ein, um Prozessoptimierung durchzuführen?**
  Siehe eins weiter oben.

- **Welche Tools, Methoden und Rituale kannst Du nicht empfehlen, da Du sie bereits getestet hast, aber sie Dir keinen Mehrwert beim Thema „Prozessoptimierung" gebracht haben?**
  Keine

- **Wie würdest Du Agilität im Geschäftsumfeld definieren?**
  Die Tage hatte ich mit einer Patientin geredet, die Unternehmenskundenberaterin ist. Sie sagte, dass wenn sie die letzten 30 Jahre zurückblickt, haben immer die Unternehmen überlebt, die anpassbar waren. Das sehe ich genauso. Man muss flexibel bleiben. Jemand, der sich sehr, sehr gut, was nicht unbedingt heißt schnell, denn das kann schlecht sein, anpassen kann. In der Corona-Krise haben sich viele Unternehmer Neues einfallen lassen und zeigten somit Agilität.

- **Welche Bedeutung hat Agilität in den Geschäftsprozessen Deines Unternehmens?**
  Ich glaube, wir sind extrem schnell, was gewisse Sachen angeht. Wir haben z.B. jetzt im Frühling innerhalb von 3 Wochen das Masken-Business eröffnet. Das Geschäft hat nur 3-4 Wochen angehalten, aber wir konnten aus der Not heraus den Leuten bei etwas helfen und das

hat Umsatz gebracht. Wir sind immer schon sehr schnell gewesen. Ich schaue immer nach Geschäftsmöglichkeiten/Business.

- **Welche Methoden, Tools und Rituale führt Ihr in Deinem Unternehmen durch, um agiler zu sein?**
  Da gibt es keine. Ich denke mir eine Vision aus und, da wir ein kleines Unternehmen sind, können wir diese schnell umsetzen. Das ist das Ritual: Ich komme morgens ins Büro und habe eine neue Idee.

- **Welche Tools, Methoden und Rituale kannst Du nicht empfehlen, da Du sie bereits getestet hast, aber sie Dir keinen Mehrwert beim Thema „Agilität" gebracht haben?**
  Keine

- **Was sind die größten Herausforderungen für Start-ups heutzutage?**
  Ich glaube, dass vielleicht der eine oder andere der romantischen Vorstellung erliegt, dass etwas magisches Neues entsteht. Aber dass man das wirklich geschäftlich angeht: Leute einstellt, eine Firma gründet, Geld beschafft, fällt vielen erst spät auf.
  Ich glaube, dass diese Start-up-Mentalität aktuell für viele etwas Attraktives ist. Aber am Ende geht's ums Geschäft. Wenn Du Investoren im Nacken hast, wird man schnell von der Realität eingeholt. Ich glaube, dass da viele zu spät die rosarote Brille ablegen und einen Tick zu naiv in die Sache reingehen.
  Man denkt immer an Google, Facebook und Amazon, die jetzt große Konzerne sind. So viele Start-ups scheitern, weil es ihnen an Durchhaltevermögen fehlt oder andere Probleme aufgetreten sind. Aber das Raumschiff zum Start zu bringen, ist gar nicht so einfach.

- **Was sind die größten Chancen für Start-ups heutzutage?**
  Durch Digitalisierung Geschäftsmodelle zu kreieren, die mitunter einen deutlich geringeren Fixkostenblock haben, weil Du Dinge von zu

Hause machen kannst. Und Deine Mitarbeiter auf der ganzen Welt verteilt sind. Man könnte mit weniger Arbeit genauso viel oder mehr Geld verdienen. Und man hat ggf. eine andere Flexibilität. Viele Modelle ermöglichen Outsourcing oder digitale Modelle.

- **Welche Tipps und Tricks kannst Du jungen Gründern mitgeben?**
  Sich auf jeden Fall mit den Finanzen zu beschäftigen. Mit dem Cashflow. Mit der wichtigsten Kenngröße Liquidität. Wie schaffe ich Liquidität am Anfang?
  Am Schluss ist es immer die Frage: „Wie viel Geld ist am Ende auf dem Konto? Kann ich meine Rechnungen bezahlen?" Egal welches Geschäftsmodell man hat: Man muss sich überlegen, wie man das Ganze am Laufen hält. Ich hatte das am Anfang nicht und musste es dann auf die harte Tour lernen. Habe Möglichkeiten der Liquidität nicht ausgeschöpft. Beispielsweise zu viel Eigenkapital. Angenommen, Du hast auf dem Geschäftskonto 100.000€ und du willst Dein Büro renovieren. Das Projekt kostet Dich 60.000€. Dann könntest Du das zwar zahlen, aber wenn Du zwei Monate später einen großen wegbrechenden Kunden hast, dann fehlt Dir die Liquidität. Wenn Du von einer Bank ein Darlehen holst mit einem günstigen Zinssatz, dann kannst Du Dir darüber Liquidität generieren.

- **Wenn Du Deine Firma nochmal komplett neu aufbauen könntest, was würdest Du anders machen?**
  Ich würde zurückhaltender mit Wachstum umgehen. Nicht um jeden Preis wachsen wollen ist das Learning. Manchmal kommt man in einen Flow rein und dann ist es am Ende ein Ego-Thema.
  Als ich mein MBA (Master of Business Administration) gemacht habe, sprach ich mit einem Mitschüler und er hat mir gesagt, er hatte 150 Mitarbeiter und ich hatte nur 9 Mitarbeiter. Und ich dachte: „Das brauche ich auch." Mein Learning ist daraus, dass Investitionen um jeden Preis keinen Sinn machen.

- **Wenn Du Deine Firma nochmal komplett neu aufbauen könntest, was würdest Du genau gleich machen?**
  Mit demselben Elan und derselben Freude an die Sache ran gehen. Das ist einer der Hauptpunkte für unsere Erfolg. Wenn du People Business machst so wie wir, dann spüren die Kunden die Stimmung. Sie spüren die Intention dahinter. Wenn Du in ein Lokal gehst und Dich die Wirtin mit einem Lächeln begrüßt, dann ist das attraktiv, wenn jemand für seine Sache begeistert ist. Das zieht Kunden an, das zieht Mitarbeiter an.

- **Was hilft Dir am besten, in Krisensituationen Deines Unternehmens einen kühlen Kopf zu bewahren?**
  Ganz wichtig ist genügend Schlaf. Genügend Ruhe und Abstand. Ein Beispiel: Corona-Zeit. Wenn Du gefordert bist ohne Ende, dann ist es wie beim American Football spielen. Ich stelle mir das oft so vor, dass ich den Ball bekomme, und jetzt hängt es von mir ab. Wenn ich jetzt einen Fehler mache, ist der Spielzug durch. Dann stelle ich mir immer vor, ich bin in einer Glocke. Je unruhiger mein Gegenüber ist, desto entspannter bin ich. Weil ich nicht so sein will wie er. Ich behalte die Ruhe, auch wenn alles eskaliert.

- **Wie schafft man es als Gründer eines Start-ups, dauerhaft leistungsfähig zu bleiben?**
  Das ist ein tolles Thema. Das hat was mit Deiner Gesundheit zu tun. Gesund bleibst Du, wenn Du Dich um Dich selbst kümmerst. Die besten Vorbilder für mich sind Profisportler, die sehr lange im Top-Business bleiben. Die kümmern sich sehr viel um sich selbst. Sie investieren sehr viel Geld in ihre Gesundheit und ihre Gesunderhaltung. Gut ernähren. Genügend schlafen, körperlich aktiv sein mit Sport. Und auch mental fit bleiben. Früher war der Manager der dicke Mann mit Zigarre und Whisky. Heute sind die Top-Manager die durchtrainierten Sportler. Das lehrt Dich auch das Durchhalten. Das ist eine mentale Schulung.

- **Welche Tools, Methoden und Rituale kannst Du Start-ups empfehlen, um erfolgreich zu sein?**
  Es ist definitiv gut, dass man auch als Team hin und wieder Events hat, in denen man Privates tut. Das ist sehr gut und wichtig für die Stimmung. Du brauchst alle Komponenten. Du brauchst „Driver", die das Business puschen. Es ist aber auch ganz wichtig, dass Du Leute hast, die sich um das Soziale kümmern. Die sagen: „Komm, lass uns mal übers Wochenende wegfahren oder als Team grillen." Das ist für viele wichtig, damit sie produktiv funktionieren. Am Ende sind wir alle Menschen.

- **Wie schafft man es, von einem Start-up zu einem etablierten Unternehmen zu werden?**
  Die ersten Jahre zu überleben. Und sozusagen über den Punkt hinaus zu kommen und finanziell einigermaßen gesund zu sein. Wenn nach zwei Jahren schon Feierabend ist, dann war es eben nichts.

- **Was sind aus Deiner Sicht die größten Herausforderungen eines Start-ups in den ersten drei Jahren?**
  Das ist schwer. Spontan würde ich Liquidität sagen. Aber ich kenne Beispiele, bei denen Investoren sehr viel Geld investieren, bei denen es dann aber an der Marktdurchdringung fehlt. Man hat in jeglicher Form einen Leistungsdruck, mit dem man klarkommen muss.

- **Hast Du sonstige Erfahrungswerte, die Du gerne teilen möchtest?**
  Kein Kommentar

- **Unter welchen Kontaktdaten kann man Dich oder Dein Unternehmen am besten erreichen, falls ein Leser dies gerne tun würde?**
  info@ptacenter.com

Interview mit Robert Riemann – Automotive

Robert Riemann hat an der Stelle gebeten, seine Firmenzugehörigkeit zu anonymisieren. Dem komme ich natürlich gerne nach.

- **Wie heißt Deine Firma/Firmen?**
  Ich arbeite in der Automobilindustrie, zusätzlich dazu haben meine Frau und ich ein Start-up gegründet: JuLeo GmbH (sie ist der Treiber).

- **Was bietet Ihr dem Kunden für ein Produkt oder Service?**
  Luxus-Sportwagen, Luxus-Bier

- **Wie viele Mitarbeiter hat Deine Firma?**
  Unser Start-up besteht nur aus meiner Frau und mir. Das Unternehmen, für das ich als Manager arbeite hat mehrere tausend.
  Verantwortung in der Abteilung: 110 interne Mitarbeiter + externe 500 Mitarbeiter

- **Was ist Deine offizielle Website?**
  Blondine und Brünette: www.blondine-brunette-beer.com

- **Was ist Deine Funktion innerhalb Deiner Firma?**
  Leiter IT Forschung und Entwicklung

- **Warum hast Du Dich dazu entschieden, Führungskraft zu werden?**
  Das war keine bewusste Entscheidung. Als ich bei meinem heutigen Arbeitgeber angefangen hatte, 1998, hatte ich ein Bewerbungsgespräch bei dem Finanzvorstand. Dem sagte ich, ich will Führungskraft werden. Habe mich dann mit dem Thema „Führung“ immer mehr beschäftigt. Dann ist es einfach passiert. Habe auch mal programmiert, aber für mich war es am Ende zu langweilig. Die Verantwortung für meinen ersten Mitarbeiter hatte ich bereits 1998, also vor 22 Jahren.

Ich bin immer einen Schritt weitergegangen und habe geschaut, wie weit ich komme.

- **Was ist Dein Lieblingszitat, welches im Geschäftsumfeld anwendbar ist, und von wem stammt es?**
  Da gibt es keines. Ich zitiere keine anderen Leute.

- **Wie viel Umsatz habt Ihr im Unternehmen im Durchschnitt in den letzten drei Jahren erwirtschaftet?**
  Mehrstelliger Milliardenbereich.

- **Was macht für Dich eine gute Führungskraft aus?**
  Jemand, der es schafft, die Mannschaft bei allen Changes an Board zu halten. Eine Führungskraft ist ein Veränderungsmanager, nahbar, offen, kritikfähig, transparent. Ein Überzeugungstäter, der die Veränderung vorlebt.

- **Was macht für Dich eine schlechte Führungskraft aus?**
  Hat kein Bedürfnis, sich positiv mit den Menschen zu beschäftigen. Das heißt nicht, dass man immer nur nett sein darf. Aber die Mitarbeiter müssen immer das Gefühl haben, der interessiert sich für mich. Also, eine Person, die nicht nur auf ihren eigenen Vorteil aus ist.

- **Was würdest Du gerne jungen Führungskräften mitgeben, um ein „Good Leader" zu werden?**
  Mit sich selbst „im Reinen" sein. Du musst immer erst mit Dir selbst zurechtkommen. Wer bin ich? Was bin ich? Was kann ich?
  Dann muss ich Interesse daran haben, mit den Menschen zu arbeiten. Wenn das anstrengend für mich ist, sollte ich keine Führungskraft werden.
  Man muss lernbereit sein. Verantwortung übernehmen. Mutig sein, Fehler zu machen und daraus zu lernen. Man muss Größe zeigen und

Fehler zugeben. Menschen danken das enorm mit Respekt. Die geben einem auch Feedback und man kann sie fragen, ob man seine Sache richtig macht.
Wichtig ist auch zuzuhören und schauen, was die anderen sagen. Da denke ich beispielsweise an Meetings mit meinen Teamleitern.
Eigentlich musst Du als Führungskraft alles daransetzen, so wenige Entscheidungen treffen zu müssen wie möglich. Du musst den Menschen um Dich herum helfen, dass sie ihre eigenen Entscheidungen treffen können. Natürlich darf gar nichts zu entscheiden nicht die Maxime sein. Du musst ab einem gewissen Punkt für das Team Entscheidungen treffen. Dieses Gespür musst Du entwickeln.
Du brauchst sehr viel Energie, Veränderungen voranzutreiben. Wichtig ist, nicht schnell aufzugeben, sondern langfristig zu denken.

- **Was waren die drei schwierigsten Entscheidungen, die Du in Deiner Funktion als Führungskraft getroffen hast?**

Ich musste mal einem Mitarbeiter kündigen. Das macht wirklich kein Spaß. Zu entscheiden, dass er nicht der Richtige für uns war, war nicht schwer. Aber den Weg zu gehen, sich definitiv von diesem Mitarbeiter zu trennen, war eine meiner schwersten Entscheidungen.
Als ich dem Mitarbeiter gekündigt hatte, war ich kurz davor in einem Konfliktmanagement-Seminar. Da habe ich gelernt, dass es bei einer Kündigung sehr wichtig ist, dass die Situation mich nicht persönlich kaputt macht. Dafür muss man sich auf so ein Kündigungsgespräch aber gut vorbereiten.
Wichtige Lektion für Führungskräfte: Man muss sich emotional von den Sachen lösen können. Am Ende des Tages muss man sagen können: „Das war ein Arbeitstag." Nicht mehr und nicht weniger. Eine gewisse Distanz ist wichtig fürs Überleben. Um Mitarbeiter richtig führen zu können, brauchst Du wiederum Nähe. Also, musst Du die richtige Balance finden.

- **Was sind die drei besten Entscheidungen, die Du in Deiner Funktion als Führungskraft getroffen hast?**
  Die beste Entscheidung war, den Perspektivwechsel zu machen (Abteilungswechsel von einer IT-Betriebsabteilung in einer IT-Prozessabteilung – jeweils bei meinem aktuellen Arbeitgeber). Das gibt einem viele Möglichkeiten, neue Sichten zu bekommen und viel neu zu lernen.
  Habe mich bewusst aus dem operativen Geschäft herausgezogen. So kann ich meiner Funktion als Abteilungsleiter besser nachkommen.
  Eine meiner besten Entscheidungen war, zu meinem aktuellen Arbeitgeber zu gehen.
  Das Leben besteht nicht aus großen Entscheidungen. Sondern aus vielen kleinen. Im Januar war ich in Las Vegas unterwegs auf der CES. Ich schau mir dort immer alles an. Am Ende des Besuchs bin ich 60 km gelaufen. Danach fragte mich jemand: What is the „One big thing" here? Weißt Du, das iPhone ist nicht deswegen so geil, weil es das tollste Smartphone auf der Welt ist. Nicht die großen Entscheidungen sind die wichtigen. Die große Zahl der kleinen sind es, aus denen Großes entsteht.
  Als Führungskraft muss man auch loslassen können. Den Dingen einen Impuls geben und dann schauen, wo es sich hin entwickelt. Und den Leuten ihre Möglichkeit geben, Entscheidungen zu treffen.

- **Was ist Deine tägliche Routine, um „Good Leadership" vorzuleben?**
  Du brauchst Disziplin. In der Kommunikation. Ganz simpel: Wenn Du etwas willst, dann bittest Du darum und sagst unten am Ende der Mail vielen Dank. Das nehmen Menschen unterbewusst wahr.
  Wenn Dich etwas spontan freut. Schreibe das Deinen Mitarbeitern und lobe sie. Authentisch und spontan sein. Sich nicht zu fein sein, Super, Danke, Schön, Prima usw. zu sagen. Wenn was schlecht ist, dann muss man nicht gleich jemanden runter machen und „Du, Depp" zu seinem Mitarbeiter sagen. Da muss man helfen. Und zeigen: Was kann man denn besser machen? Will ja keiner böswillig was falsch machen.

Auf Anfragen von Mitarbeitern zeitnah reagieren. Die Antwort kann auch sein: „Ich schaffe es gerade nicht." Du musst alles daransetzen, dass Du nur die Mails bekommst, die für Dich wichtig sind.
Ein guter Manager ist der, der keine volle Mailbox hat. Sondern der, der die Leute die Mails bekommen lässt, die dafür verantwortlich sind.
Man muss sich selbst und seine Aufgaben priorisieren können. Sich zum Beispiel fragen: „Was sind die Top-Themen, mit denen ich mich diesen Monat beschäftigen sollte?"
Du solltest sehr gut verstehen, wie das menschliche Gehirn funktioniert. Wenn Du den ganzen Tag stundenweise von Termin zu Termin hetzt. Und Du hast eine Stunde dazwischen Luft. Dann wirst Du in dieser freien Stunde nicht viel leisten können. Das ist Bio-Chemie. Musst Dir mindestens 15 min Pause gönnen, um wieder runterzukommen.
Musst Dich für Menschen interessieren. Biochemisch solltest Du verstehen: Wie reagieren Menschen im Stress? Was ist die Motivation des anderen? Das ist wichtig, um sich einen guten Zugang zum Verstehen des Handelns anderer zu verschaffen.
Bei einem emotionalen Meeting fragst Du Dich: „Warum hat der andere so reagiert? Wie schaffe ich es, dass ich nicht selbst in Stress komme?"

- **Welche Tools, Methoden und Rituale kannst Du empfehlen, die Dir in Deiner Funktion als Führungskraft helfen?**

Ich glaube nicht, dass alle Werkzeuge bei jedem in gleicher Weise anwendbar sind. Denn jeder ist ein anderer Typ. Man braucht ein Repertoire an Werkzeugen, die man wirklich intuitiv versteht.
Habe eine ganze Zeit lang mit Microsoft Planner gearbeitet. Du musst Dich immer fragen: „Was kann ich mit dem neuen Tool besser machen?" Man muss die Neuerungen annehmen und sich darin bewegen und man muss sich an die Möglichkeiten des Tools anpassen.
Persönlichkeitsprofile sind im Psychologiebereich sehr interessant. DISG-Modell von persolog. Das hilft mir, mich und andere richtig ein-

zuschätzen, und man bekommt einen Zugang dazu, wie Menschen funktionieren. Warum sie handel und wie sie handeln.
Da gibt es bei Menschen nicht nur eine Wahrheit, sondern es gibt verschiedene in verschiedenen Situationen.

- **Welche Tools, Methoden und Rituale kannst Du nicht empfehlen, da Du sie bereits getestet hast, aber sie Dir keinen Mehrwert beim Thema „Führung" gebracht haben?**
  Man muss einfach flexibel bleiben. Sich an die jeweilige Zeit anpassen und entsprechende Tools austauschen, wenn nötig. Wir leben in einer Zeit des Changes. Ich muss Veränderungen als etwas Positives annehmen.

- **Welches ist Dein Lieblingsbuch, Zeitschrift, Zeitung, Website, um Dich als Führungskraft immer auf dem neuesten Stand zu halten?**
  Keine aktuellen Bücher oder Zeitschriften. Ich finde das Buch „Monkey Management" für junge Führungskräfte sehr interessant. Aber da gibt es etliche Lösungen. Am besten ist es, wissenschaftliche Abhandlungen zu vermeiden, da Führungskräfte praktische Empfehlungen brauchen.

- **Wie wird sich „Führung" in den nächsten 5 Jahren entwickeln?**
  Ich glaube, dass man sich in den nächsten Jahren noch weiter von der Fachlichkeit weg entwickelt und noch mehr People Management macht. Wenn die fachliche Steuerung Aufgabe des Teams ist und nicht mehr Führungsaufgabe, musst Du Dich da nicht mehr mit beschäftigen. Fachkompetenz macht keine Führungskraft mehr aus.

- **Was sind Deine Best Practices zum Thema „Good Leadership"?**
  Mutig sein. Sich trauen.
  Du bewegst Dich immer auf ein dünnes Eis, wenn Du anderen vertrauen schenkst, weißt Du nie, ob es Dir gedankt wird. Du gibst immer

einen Vertrauens-Vorschuss. Wenn Du dieses Risiko eingehst, wirst Du nach meiner Erfahrung immer belohnt.

- **Was bedeutet für Dich und Dein Unternehmen Digitalisierung?**
  Für mein Unternehmen bedeutet Digitalisierung sehr viel. Es ist ein essentieller Zukunftsbaustein. Wir werden an der Digitalisierung des Produktes nicht vorbeikommen. Die Mitbewerber machen es auf jeden Fall. Für mich persönlich ist Digitalisierung ein Buzzword. Ich mache IT, das ist Digitalisierung von Haus aus.
  Das Spannende ist, neue Geschäftsfelder zu erschließen: Die Möglichkeiten der Informationstechnologie mit der analogen Welt zu verbinden. Apple ist da ein gutes Beispiel: Der iPod hätte auch einfach ein ganz normaler MP3-Player wie alle anderen sein können. Jedoch hatte keiner zu dieser Zeit einen MP3-Player mit dem passenden Öko-System angeboten, um immer die aktuellste Musik digital zur Verfügung zu haben. Das war der Game Changer. Die Weiterentwicklung davon ist das iPhone. Ein iPod, mit dem Du telefonieren kannst. Die wichtige Frage in diesem Zusammenhang ist: Was für einen Mehrwert bringst Du dem anderen?
  Deswegen scheitern ganz viele Start-ups. Sie haben coole Ideen, aber denken nicht daran, dass es auch jemanden geben muss, der es haben will.

- **Warum ist aus Deiner Sicht Digitalisierung so wichtig für den Erfolg Deines Unternehmens?**
  Siehe oben.

- **In welche Projekte investiert Ihr in den nächsten drei Jahren in Digitalisierung?**
  Alle Autos werden viel digitaler. Ein Beispiel für unsere Digitalisierungsbemühungen ist die Gründung einer speziellen „Digital-GmbH", deren Hauptaugenmerk darauf liegt, digitale Lösungen zu erarbeiten.

In unserer Konzern-Struktur wurde letzte Woche eine Software-Entwickler-Organisation live gesetzt. Das ist ein klares Statement in Richtung Digitalisierung. Wir bauen ein unternehmensweites eigenes Betriebssystem für unsere Fahrzeuge. Wir wollen unabhängig von Android und iOS sein. Dafür ziehen wir aus den Kernmarken Menschen zusammen, um am Ende ein gemeinsames eigenes OS zu haben.
Fahrzeugentwicklung braucht 48 Monate. Und da hängt auch die Digitalisierung dran. Da müssen wir schneller werden.

- **Wie konkret arbeitet jeder Mitarbeiter bei Dir daran, seinen Arbeitsalltag digitaler zu gestalten?**
  Home-Office, Video Conferencing, Arbeitsalltag digitalisiert.
  Ich unterschreibe nur noch digital mit PKI-Karte (eine Karte zur digitalen Identifikation des Benutzers). Wir verwenden weniger Papier. Zum Beispiel habe ich seit ca. 6 Monaten nichts mehr für die Arbeit ausgedruckt. Wir nutzen Teams zur Kollaboration. Da kommen ganz neue Fragen auf: „Wie macht man Online-Workshops?“ Du musst Dir vorher genau überlegen, was Du tust. Wie Du welche Prozesse digitalisieren willst.

- **In welchem Bereich bringt Deinem Unternehmen die Digitalisierung am meisten: Effizienzsteigerung, Kostenersparnis, Qualitätssteigerung, Geschwindigkeit der Bereitstellung Deiner Produkte und Services, Sonstiges?**
  Im Moment, aufgrund der Corona-Situation, haben wir sehr viel für Effizienz getan. Aktuell sind ca. 15.000 Mitarbeiter per Virtual Private Network (VPN) mit uns verbunden. Arbeiten also nicht im Büro. Strategisch wollen wir durch Digitalisierung aber Value also Mehrwert generieren. Produktmehrwert oder auch Prozesse müssen noch digitaler werden.
  Digitalisierung ist keine IT-Party. Da müssen alle ran. Es ist harte Arbeit. Wir müssen das gesamte Unternehmen verändern.

- **Welche Bedeutung hat Prozessoptimierung bei Dir im Unternehmen?**
  Extrem hoch.

- **Wie konkret setzt Ihr Prozessoptimierung bei Euch im Unternehmen um?**
  Unserer hauseigener Verbesserungsprozess. Der darauf abzielt, jedes Jahr eine definierte Menge an Einsparungen zu erzielen. Dabei geht es darum, im größeren Rahmen Prozesse zu optimieren und fest im Regelprozess zu verankert.

- **Welche Methodiken, Tools und Rituale setzt Ihr bei Euch im Unternehmen ein, um Prozessoptimierung durchzuführen?**
  Explizite Ziele für jeden in der Management-Position, um Effizienz zu steigern.

- **Welche Tools, Methoden und Rituale kannst Du nicht empfehlen, da Du sie bereits getestet hast, aber sie Dir keinen Mehrwert beim Thema „Prozessoptimierung" gebracht haben?**
  Ich kenn keine Methoden, die an der Stelle Zeitverschwendung sind. Aber man muss sich ganz genau ansehen, was man macht. Man stellt sich im Rahmen von Lean Management immer die Frage: „Wie kann man den Prozess noch weiter optimieren?" Aber man zoomt nicht raus und hinterfragt den Prozess. Macht er noch Sinn? Man ändert immer nur kleine Schritte und nie große.
  Ich rate jedem Unternehmen, eine Prozessoptimierung einzubauen. Aber daneben auch immer ein disruptives Element einzubauen, damit man größer denken und zu grundlegenden Veränderungen kommen kann.

- **Wie würdest Du Agilität im Geschäftsumfeld definieren?**
  Agilität ist, wenn Du die Verantwortung für Entscheidungen da hinbringst, wo das fachliche Verständnis ist. Sonst kannst Du nicht agil

sein. Der Zweck ist, agil und schnell auf Veränderung des Umfeldes zu reagieren. Die Frage ist: „Muss ich unbedingt agil sein, wenn mein Umfeld sich nicht ändert?" In diesem Fall würde Agilität nur höhere Kosten bedeuten.

- **Welche Bedeutung hat Agilität in den Geschäftsprozessen Deines Unternehmens?**
Eine große Bedeutung. Unser Geschäftsumfeld wird immer instabiler. Da ist hohe Flexibilität gefragt. Wenn ich das Bäckerhandwerk sehe, dann haben sie ein sehr stabiles Umfeld. Bei uns ist das nicht der Fall.

- **Welche Methoden, Tools und Rituale führt Ihr in Deinem Unternehmen durch, um agiler zu sein?**
Klassische Konzepte für agile Projekte. Scrum und Ähnliches. Wir versuchen, uns in kleinen Schritten in eine agilere Organisation zu transformieren. Wir versuchen, uns nach Scaled Agile Frameworks (SAFe) auszurichten. Ein Konzept, wie man in Unternehmen mit komplexeren Vorgängen agiles Vorgehen einbauen kann.

- **Welche Tools, Methoden und Rituale kannst Du nicht empfehlen, da Du sie bereits getestet hast, aber sie Dir keinen Mehrwert beim Thema „Agilität" gebracht haben?**
Da kenn ich nichts. Du musst es für Dein Unternehmen erfahren. Da kann man keine Blaupause nehmen und dann sagen, das passt. Du musst es Schritt für Schritt erfahren. Eine agile Organisation ist dann erfolgreich, wenn man die agilen Methoden auch anwenden kann. Und die Erfahrungen dann im agilen Umfeld machen kann.

- **Was sind die größten Herausforderungen für Start-ups heutzutage?**
Überleben und Cashflow. Keine Kohle = Pleite.
Da hilft Dir das beste Produkt nichts, wenn Du kein Geld rein bekommst.

- **Was sind die größten Chancen für Start-ups heutzutage?**
Dass sie eine Nische finden, die relevant ist, in der sie ihr Business aufbauen können. Der Begriff „Start-up" impliziert ja, dass man ein neues Business macht. Wenn ein neuer Schreiner aufmacht, ist das kein Start-up. Ganz viele Leute versuchen, neue Ideen umzusetzen. Die haben alle das Risiko, dass die Nische zu aufwendig ist und sie kein Geld verdienen.

- **Welche Tipps und Tricks kannst Du jungen Gründern mitgeben?**
Achtet aufs Geld. In der Anfangsphase ist es kriegsentscheidend, dass Du genügend Geld auf dem Konto hast. Unternehmen scheitern nicht am bilanziellen Verlust, sondern an der Insolvenz. Und die liegt ausschließlich an der Liquidität. Auf die Ausgaben schauen und schauen, dass man Einnahmen macht. So merkt man rechtzeitig, ob man insolvent wird. Sonst führt es zu einem strafrechtlichen Prozess. Mit dem Blick aufs Geld kommst Du auch aus dieser romantischen Produktidee heraus, dass jeder Dein Produkt haben will. Was Du verkaufst, muss nicht Dir gefallen, sondern dem Kunden. Es hilft, wenn es beiden gefällt. Aber Du solltest das Produkt den Bedürfnissen des Kunden so anpassen, dass es auch jemand kaufen will.

- **Wenn Du Deine Firma nochmal komplett neu aufbauen könntest, was würdest Du anders machen?**
(Spricht für sein Start-up) Ich würde andere Vertriebswege suchen. Wir sind viel auf Messen gegangen. Die Kundenansprache muss eine andere sein. Wir müssen an Caterer rankommen und direkt die suchen, die die Veranstaltung machen. Auf so Messen kann man ganz viel Geld ausgeben – für ganz wenig Wirkung. Wenn Du Wirkung erzielen willst mit Deinem Produkt, dann musst Du sehr viel Glück haben oder ein Netzwerk mit Millionen von Followern haben. Du wirst nicht einfach im Internet gefunden, nur weil Du da bist. Du musst auch was dafür tun.

- **Wenn Du Deine Firma nochmal komplett neu aufbauen könntest, was würdest Du genau gleich machen?**
  Den Mut haben, Erfahrungen zu sammeln. Musst eine Entscheidung treffen und sagen: „Ich mache das jetzt." Musst aber auch den Mut haben, Deine Situation zu bewerten und ggf. neu zu entscheiden. Jedes Projekt ist anders. Aber Erfahrungen sammeln ist wichtig.

- **Was hilft Dir am besten, in Krisensituationen Deines Unternehmens einen kühlen Kopf zu bewahren?**
  Krisensituationen zeichnen sich dadurch aus, dass Du Dich maximal darauf konzentrieren kannst. Insofern blendest Du alles andere aus und kannst den Rest außen vor lassen. Eine Krise kann also sehr entspannt sein. Weil Du Dich auf eine Sache konzentrieren kannst. Alle geschäftlichen Krisen sind nicht lebensbedrohlich. Erfahrung hilft da viel. Man muss die Herausforderung professionell angehen. Man muss das Problem analysieren und sich überlegen, wie man das Thema angehen kann. Regelmäßig eine Standortbestimmung machen. Krisen sind ja nicht nur ein Problem, sondern eine komplexe Verkettung von vielen Themen. Wenn ein Server ausfällt, dann kann das ein Problem sein. Aber Du setzt einen Experten hin, der das Thema aus der Welt bringt.
  Krisen hast Du auch selten alleine zu bewältigen. Also, ist viel Kommunikation, reden und gut zuhören wichtig. Du musst diskutieren und viele verschiedene Meinungen zusammenbringen, die dann gemeinsam an der Problemstellung arbeiten. Wenn Du eine Krise hast, dann hast Du eine unklare Situation und musst sie aus ganz vielen Blickwinkeln betrachten. Entscheiden, wie es weiter gehen soll. Und das ist nicht einfach, weil Du ganz viele verschiedene Kompromisse eingehen musst. In einer Krise stellt sich nicht die Frage, wie Du alle zufrieden stellen kannst, sondern wie Du es schaffst, so wenig wie möglich nicht zufrieden zu stellen.

- **Wie schafft man es als Gründer eines Start-ups, dauerhaft leistungsfähig zu bleiben?**
  Schwierig. Weil Du brauchst auf der einen Seite diese intensive Verbundenheit mit dem, was Du machst. Das ist kein 9-5 Job. Deswegen ist die emotionale Verbundenheit mit dem Thema ganz wichtig. Die gibt Dir auch Kraft. Aber Du musst Dir Zeit nehmen, etwas ganz anderes zu machen. Du musst darauf achten, einen geregelten Tagesablauf zu haben. Ich versuche, einen geregelten Tagesablauf zu haben. Der darf auch gerne 10 h haben. Und falls etwas nicht rein passt, gut zu priorisieren und sich zu überlegen, was man am nächsten Tag machen kann. Man muss also genau entscheiden: „Was tue ich jetzt und was nicht?“ Sonst macht man sich kaputt.

- **Welche Tools, Methoden und Rituale kannst Du Start-ups empfehlen, um erfolgreich zu sein?**
  Die Elemente von SCRUM wie ein Daily, auch gerne alleine mit sich selbst, um sich zu überlegen, was denn aktuell ansteht. Eine Methodik wie ein Backlog anzulegen, um Themen zu sammeln. Ende der Woche ein Review machen sowie ein Refinement, um zu priorisieren, was gerade wichtig ist.
  Als Start-up hast Du noch keine Stabilität. Da sind solche Methoden sehr hilfreich, weil man die Transparenz und den Überblick erhält. Was auch wichtig ist: Du siehst, was Du erledigt hast. Ich schaue ein bis zweimal im Monat, dass ich mir grob die Prioritäten setze, was ansteht. Wenn ich mir die Prio setze, dann weiß ich auch, was ich tun muss.
  In meinem Fall habe ich auch ein hohes Maß an Fremdbestimmung. Mein Arbeitsumfeld, also meine Kundschaft, will in Form eines Lenkungskreises etwas von mir. Ich habe meine Mitarbeiter, die Bedürfnisse haben, damit sie weiterarbeiten können. Mein Chef hat auch Themen, die er gerne haben möchte. Und ich komme ja auch noch mit meinen Bedürfnissen.

- **Wie schafft man es, von einem Start-up zu einem etablierten Unternehmen zu werden?**
  Ein etabliertes Unternehmen ist für mich ein Unternehmen, das in einer stabilen wirtschaftlichen Lage ist. Einen vernünftigen Cashflow hat. Das heißt nicht, dass alles entspannt ist. Aber Du musst nicht die ganze Zeit aufs Cash schauen, sondern kannst auch mal eine Strategie entwickeln. Dieser transformatorische Wandel ist ein schwieriger Prozess. Wenn Du als Start-up erfolgreich sein möchtest, musst Du in jeder Phase Deines Unternehmens Dich auch weiterentwickeln. Die großen Ex-Start-ups Facebook, Twitter etc. haben es geschafft, zu Weltkonzernen zu werden.
  Das heißt, sie haben sich umorganisiert. Sie haben an einem gewissen Punkt erkannt, dass sie sich neu aufstellen müssen. Ansonsten gehst Du an Deiner eigenen Struktur zugrunde. Und mit jeder Wachstumsstufe verlierst Du an Flexibilität und Reaktionsgeschwindigkeit. Das heißt, die wichtigen Dinge, das Kerngeschäft sollten weiter agil sein. Hingegen sollte die Finanzbuchhaltung nicht agil sein, sonst bekommst Du Besuch von der Steuerbehörde.

- **Was sind aus Deiner Sicht die größten Herausforderungen eines Start-ups in den ersten drei Jahren?**
  Geld. Wenn Du das Cash-Problem im Griff hast, läuft alles.

- **Hast Du sonstige Erfahrungswerte, die Du gerne teilen möchtest?**
  Spontan fällt mir nichts ein.
  Du musst den Mut haben, immer wieder die Veränderung mitzugehen und Dich aus Deiner Komfortzone wegzubewegen. Was mittlerweile nicht mehr geht: als Einzelkämpfer alles alleine zu meistern. Es gibt so Leute, die meinen, sie können Dinge alleine reißen.
  Etwas, was ich früh kennengelernt habe, ist, dass Helden alle tot sind. Denn alle, die was reißen, leben noch und sind keine Helden. Wenn Dein Lebensziel ist, Held zu sein, dann wirst Du genau an dem Ziel

sterben. Wenn Du Dir die Schlachtreihen anschaust, dann stehen vorne die Helden und hinten der Feldherr.

- **Unter welchen Kontaktdaten kann man Dich oder Dein Unternehmen am besten erreichen, falls ein Leser dies gerne tun würde?**
  Keine Angabe.

ZUGANGSCODE – KOSTENFREIES E-BOOK

Gehen Sie auf https://link.cherrymedia.de/EPUB und geben Sie Ihren Zugangscode ein um Ihr kostenfreies e-Book herunterzuladen.

PPLF-FJWL-FWJS

Praxisbuch Führungskraft – Bewährte Führungstechniken, Führungsmethoden und Führungsstile für den Praxiseinsatz

In diesem Buch lernen die Leserinnen und Leser, was den „Servant Leader", sprich die „dienende Führungskraft" ausmacht und wieso dieser neue Ansatz nicht nur Abteilungen, sondern ganze Unternehmen voranbringen und konkurrenzfähiger machen kann. Es wird gezeigt, was eine gute Führungskraft auszeichnet und wie die unternehmensinterne Kommunikation verbessert wird - zum Beispiel mithilfe des Kommunikationsquadrats. Die Autorin stellt ihre Big Five Werkzeuge vor, die jede Führungskraft anwenden sollte. Außerdem werden besonders erfolgreiche Mitarbeiter und Führungskräfte befragt, was eine gute Führungskraft auszeichnet. Dank des durchgehenden Bezugs zur Praxis sind die Inhalte nicht nur leicht verständlich, sondern direkt umsetzbar. Nach der Lektüre verfügen die Leserinnen und Leser über das Wissen, ihre Führungsqualitäten zu steigern und Team, Abteilung und Unternehmen erfolgreicher zu machen.

https://link.cherrymedia.de/PraxisbuchF

Achtung, Geld weg! – Faule Investments, Anlagebetrug und Finanzkrisen

„Der Anleger ist immer der Dumme!" Aber weshalb ist das so und wieso kommen die Banken mit ihren spekulativen Entscheidungen stets davon, während Anleger und Steuerzahler die Zeche für Versäumnisse der Banken zahlen? All diese Fragen beantwortet der Autor Dr. Walter Späth im Rahmen dieses Buches. Er beschreibt verschiedene Betrugsmodelle und zeigt auf, wie sich Anleger auf wirksame Art vor faulen Investments schützen können. Die zehn Gebote der Kapitalanlage und des Kapitalanlageschutzes werden ebenso behandelt, wie die Frage, ob sich heutzutage noch eine Investition in Kryptowährungen, wie den Bitcoin, lohnen. Unter anderem wird auch der Wirecard-Skandal unter die Lupe genommen.

https://link.cherrymedia.de/AchtungGeldweg

WirmachenDruck.de
Sie sparen, wir drucken!